C000109174

José I[...]

jihernandezg@cantv.net

Mary **RAMOS FERNÁNDEZ**, Secretaria de Redacción
mary-ramos@cantv.net

Revista de Derecho Público
Email: revistadederechopublico@bblegal.com

Fundación Editorial Jurídica Venezolana, Avda. Francisco Solano López, Torre Oasis, P.B., Local 4, Sabana Grande, Caracas, Venezuela. Telf. (58) 212 762-25-53/38-42/ Fax. 763-52-39
Apartado N° 17.598 – Caracas, 1015-A, Venezuela.

Email: fejv@cantv.net
Pág. web: http://www.editorialjuridicavenezolana.com.ve

© 1980, FUNDACIÓN DE DERECHO PÚBLICO/EDITORIAL JURÍDICA VENEZOLANA

Revista de Derecho Público
N° 1 (Enero/marzo 1980)
Caracas.Venezuela

Publicación Trimestral

Hecho Depósito de Ley
Depósito Legal: pp 198002DF847
ISSN: 1317-2719
1. Derecho público–Publicaciones periódicas

Normas para el envío de originales

La Revista de Derecho Público aceptará artículos inéditos en el campo del derecho público. Los artículos deberán dirigirse a la siguiente dirección secretaria@revistadederechopublico.com

Se solicita atender a las normas siguientes:

1. Los trabajos se enviarán escritos a espacio y medio, con una extensión aproximada no mayor de 35 cuartillas tamaño carta.

2. Las citas deberán seguir el siguiente formato: nombre y apellidos del autor o compilador; título de la obra (en letra cursiva); volumen, tomo; editor; lugar y fecha de publicación; número de página citada. Para artículos de revistas u obras colectivas: nombre y apellidos del autor, título del artículo (entre comillas); nombre de la revista u obra colectiva (en letra cursiva); volumen, tomo; editor; lugar y fecha de publicación; número de página citada.

3. En su caso, la bibliografía seguirá las normas citadas y deberá estar ordenada alfabéticamente, según los apellidos de los autores.

4. Todo trabajo sometido deberá ser acompañado de dos resúmenes breves, en español e inglés, de unas 120 palabras cada uno y con una palabras clave (en los dos idiomas)

5. En una hoja aparte, el autor indicará los datos que permitan su fácil localización (N° fax, teléfono, dirección postal y correo electrónico). Además incluirá un breve resumen de sus datos académicos y profesionales.

6. Se aceptarán para su consideración y arbitraje todos los textos, pero no habrá compromiso para su devolución ni a mantener correspondencia sobre los mismos.

La adquisición de los ejemplares de la Revista de Derecho Público puede hacerse en la sede antes indicada de la Fundación Editorial Jurídica Venezolana, o a través de la librería virtual en la página web de la Editorial: http://www.editorialjuridicavenezolana.com

La adquisición de los artículos de la Revista en versión digital puede hacerse a través de la página web de la Revista de Derecho Público: http://www.revistadederechopublico.com

Las instituciones académicas interesadas en adquirir la Revista de Derecho Público mediante canje de sus propias publicaciones, pueden escribir a canje@revistadederechopublico.com

La Revista de Derecho Público se encuentra indizada en la base de datos CLASE (bibliografía de revistas de ciencias sociales y humanidades), Dirección General de Bibliotecas, Universidad Nacional Autónoma de México, LATINDEX (en catálogo, Folio N° 21041), REVENCYT (Código RVR068) y DIALNET (Universidad de la Rioja, España).

Portada: Lilly Brewer (1980)

Diagramado y montaje electrónico de artes finales: Mirna Pinto, en letra Times New Roman 9,5, Interlineado 10,5, Mancha 20x12.5

Hecho el depósito de Ley
Depósito Legal: DC2017000545
ISBN Obra Independiente: 978-980-365-385-9

Impreso por: Lightning Source, an INGRAM Content company
para Editorial Jurídica Venezolana International Inc.
Panamá, República de Panamá.
Email: ejvinternational@gmail.com

N° 121

Enero – Marzo 2010

Director Fundador: Allan R. Brewer-Carías
Editorial Jurídica Venezolana

SUMARIO

ESTUDIOS

Artículos

Comentarios Monográficos

LEGISLACIÓN

Información Legislativa

JURISPRUDENCIA

Información Jurisprudencial

ESTUDIOS

Artículos

Influencia hispánica en la adopción del federalismo en Venezuela

Manuel Rachadell
Profesor de la Universidad Central de Venezuela

Resumen: *Sin mayor reflexión se afirma frecuentemente que la consagración de la forma federal del Estado en la Constitución de 1811 no fue sino el producto de una imitación servil de la Carta Fundamental de los Estados Unidos de Norteamérica, y ello no es cierto. En este artículo no se consideran las diferencias de nuestra ley suprema con la de los Estados Unidos, que son muchas, sino que se sustenta la tesis de que en la Península Ibérica se habían generado unas instituciones autonómicas que adquirieron mayor fuerza en Hispanoamérica –sobre todo en el territorio de lo que después fue Venezuela-, las cuales se unieron a las particularidades de nuestra idiosincrasia para fundamentar la exigencia, en el momento de la Emancipación, de un sistema político que garantizara, al mismo tiempo, la unión de las provincias y la autonomía de cada una de ellas. Por supuesto que las fórmulas federales norteamericanas fueron conocidas y aprovechadas por nuestros primeros constituyentes, pero a medida que se profundiza en el conocimiento de nuestra historia se evidencia que la idea federal –sin esta denominación- se había venido macerando en los siglos de la dominación española, hasta el punto de que si el federalismo no hubiera existido habríamos tenido que inventarlo para organizar políticamente la nueva República.*

Palabras claves: *federalismo, Municipio, Provincias, autonomía, Constitución, emancipación.*

I.   INTRODUCCIÓN

Las fórmulas jurídicas que resultaron de los grandes debates de la Convención de Filadelfia en el verano de 1787, y que dieron origen a la Constitución de los Estados Unidos de América sancionada ese año, fueron estudiadas y aprovechadas por nuestros primeros constituyentes para formar la unión de las Provincias, sin menoscabo de sus autonomías[1]. Según Parra Pérez, "Es sabido que la revolución de los Estados Unidos produjo en materia constitucional tres textos capitales: 1° Los artículos de Confederación y de Unión Perpetua, suscritos por los delegados de las provincias insurgentes el 9 de julio de 1778; 2° la Constitución dictada por la Convención el 17 de septiembre de 1787; 3° Las Enmiendas o Adiciones a la Constitución, de las cuales las diez primeras componen el *bill of rights* y que fueron ratificados de 1789 a 1791." Los documentos citados en primer y segundo lugar se incluyeron, traducidos al castellano, en el libro *La Independencia de la Costa Firme justificada por Tomás Paine treinta años ha,* publicado por el venezolano Manuel García de Sena en Filadelfia en 1811,[2] y que contiene, además, el texto de la *Declaración de la Independencia de los Estados Unidos*, los *Artículos de Confederación y Perpetua Unión*, la *Constitución de los Estados Unidos* y las constituciones de *Massachusetts, Connecticut, New Jersey, Pennsylvania y Virginia*. El libro de García de Sena, que circuló por toda Hispanoamérica, fue conocido por los integrantes del Congreso que se reunió en Caracas ese año.[3] Por esta razón, se ha sostenido que nuestra primera Constitución fue una imitación de la Carta norteamericana, pero no es cierto. Entre nosotros se dio un conjunto de circunstancias que indujeron a nuestros primeros constituyentes a consagrar una unión que garantizara al mismo tiempo la autonomía de las partes integrantes, y a estos fines se tuvo presente el modelo norteamericano, el cual no se siguió fielmente; pero la necesidad de diseñar un sistema político con esas características tiene su raíz en exigencias de nuestra realidad, entre las cuales el influjo de los antecedentes hispánicos tuvo una significación capital. En las consideraciones que siguen nos limitaremos a destacar la influencia de la evolución política española en la decisión de adoptar el federalismo como forma para el Estado que se estaba creando.

En efecto, la mayor parte de los autores que han estudiado los antecedentes de la idea federal plasmada en nuestra primera Constitución, sin dejar de reconocer la importancia del ejemplo norteamericano, dan por sentado que la forma de Estado acogida fue el producto de un sentimiento autonomista que se había forjado en los siglos de la dominación española. Para Vallenilla Lanz, "El hecho de que el federalismo fuera tan popular en casi todo nuestro Continente, es la más elocuente comprobación de que correspondía a un sentimiento instintivo, cuyas raíces se hundían no sólo en las tradiciones coloniales y autóctonas, contra las cuales no hemos reaccionado todavía, sino en las propias tradiciones de la Madre Patria".[4]

Ese sentimiento autonomista fue inducido por las instituciones municipales peninsulares, que alcanzaron particular desarrollo en el nuevo mundo, por la estructura de provincias existente al momento de la emancipación y por el ejemplo de la Madre Patria, donde las Juntas Provinciales se proclamaron titulares de la soberanía ante la invasión Napoleónica.

---

1   José Brito González: "Bases reales de la Constitución de 1811 y pervivencias federales ante tendencias centralistas posteriores", en la *Revista Politeia* Nº 5, Instituto de Estudios Políticos de la UCV, Caracas, 1976, pp. 253 a 272.

2   Caracciolo Parra Pérez. *Historia de la Primera República de Venezuela*, Caracas, 1939, p, 163.

3   Reimpresa en 1949 por el Instituto Panamericano de Geografía e Historia, Comisión de Historia, Caracas, con Estudio Preliminar de don Pedro Grases.

4   Laureano Vallenilla Lanz: *Disgregación e Integración, Ensayo sobre la formación de la nacionalidad venezolana*. Segunda Edición, C.A. Tipografía Garrido, Caracas, 1953, p. LVIII.

II. LA AUTONOMÍA MUNICIPAL

Según Arcaya, "En el alma popular estaba muy arraigado el régimen municipal español. Habían conquistado al través de sus cabildos las prerrogativas y fueros de que estaban orgullosos. A la América los trajeron y los implantaron".[5] Pero ha sido Vallenilla Lanz quien mejor ha trazado la evolución de las instituciones locales de España, su adaptación a la realidad americana y su significación en la conformación de nuestras nacionalidades.[6] A continuación nos proponemos glosar las ideas de este autor.

En el largo y esforzado proceso de la reconquista de España frente a los árabes, "a medida que los príncipes cristianos se iban apoderando de las ciudades establecían en ellas colonias militares que venían a ser centros de resistencia contra los retornos ofensivos del enemigo, y hogares donde se organizaban nuevas empresas".[7] Ocupada la ciudad, se dividían las casas y las tierras "entre los miembros de la familia real, la Iglesia, las órdenes militares, los jefes y soldados del ejército, y todo aquél que se comprometía a fijar en ella su domicilio; todo el resto formaba el dominio inalienable de la comunidad".[8] Las ciudades reconquistadas debían conservarse en armas y enviar contingentes de tropas al Rey, que ellas debían mantener. Como recompensa a esos sacrificios, las ciudades fueron adquiriendo inmensas propiedades, el derecho de jurisdicción y una cuasi soberanía. En el curso del tiempo, las comunidades se constituyeron compuestas de una metrópoli (ciudad o villa) y de un territorio poblado de burgos tributarios (villas y aldeas) sometidas al Consejo, Consistorio o Cabildo capitular, el cual tenía facultad para establecer los impuestos y reglamentos para la administración de la comunidad. Los reyes otorgaron a las comunidades cartas pueblas y franquicias (Cartas Forales), en las que estaban preceptuados los deberes de los habitantes respecto del Soberano (contribución real y servicio militar) y los derechos y privilegios de que debían gozar. "En virtud de estas concesiones –dice Vallenilla- que al principio fueron puramente graciosas, pero que más tarde, por su duración, se convirtieron en contratos respetables, alcanzó el poder municipal castellano una independencia de que no hubo ejemplo en el resto de Europa".

Una evolución en sentido contrario se inició –ocasionada por las recomendaciones de los legistas a los reyes-, en la dirección de aumentar la autoridad real sobre los territorios conquistados. Ejemplo de ello fueron los intentos de Alfonso X El Sabio de establecer una legislación general para todo el reino, conforme a la cual se subordinaban los fueros municipales a las leyes y los tribunales de la Corona se imponían sobre las justicias municipales. En cuanto a la administración de las comunas, comenzó una lucha que duró varios siglos por la pretensión de los monarcas de remplazar a magistrados electos por las comunidades (los regidores) por funcionarios designados por el Rey (los corregidores), que aún duraba cuando se produce el descubrimiento de América. No obstante, como las Cortes (parlamentos) estaban formadas por representantes de las ciudades –pues España no podía considerarse entonces sino como una federación de comunas cuyo único vínculo era el monarca, al decir de Vallenilla- la Corona debía tratarlas con cuidado para obtener que votaran la autorización para establecer impuestos y concedieran los subsidios para mantener los ejércitos reales. Por

---

5   Pedro M. Arcaya, "Discurso de recepción en la Academia de la Historia", Caracas, 1910, *cit.* por José Gil Fortoul: *Historia Constitucional de Venezuela*, Tomo I, p. 23.

6   Laureano Vallenilla Lanz: Disgregación e Integración, *op. cit.*

7   *Ibídem*, p. 29.

8   *Ibídem.* p. 29.

estas razones, "Cuando las comunas querían obtener algún privilegio, solicitar alguna gracia, hacerse otorgar justicia, quejarse de la conducta del corregidor o protestar contra alguna medida fiscal que hiriese sus intereses, o influir, en fin, de algún modo sobre las resoluciones del gobierno 'enviaban sus comisionados a la Corte, donde eran tratados a la par de los embajadores extranjeros'".[9]

Al realizarse la conquista de América, los españoles –al igual que hicieron los ingleses– trasladaron al nuevo mundo sus instituciones de gobierno. Pero en Hispanoamérica los cabildos tuvieron una libertad más amplia que en la Península, circunstancia ésta atribuida a las grandes distancias y a la necesidad de encontrar soluciones rápidas a las cuestiones que pudieran presentarse. El caso venezolano, sin embargo, es particularmente notable en cuanto a la autonomía que llegaron a tener las instituciones locales. Guillermo Morón concuerda con Vallenilla Lanz y con Pedro Manuel Arcaya en la importancia que éstos atribuyen al hecho de que no hubo entre nosotros una Real Audiencia sino en el último cuarto de siglo de la dominación española, lo que impidió que dicha institución asumiera muchas de las funciones municipales, como ocurrió en casi todas las otras posesiones españolas. Morón agrega como elemento importante para explicar este fenómeno "el mestizaje venezolano, que fue un factor democratizante que influyó mucho en la vivacidad política, característica de nuestro pueblo. La ausencia de grandes masas indígenas, de culturas aborígenes importantes, hizo también posible que la ciudad nuestra fuera más igualitaria, más dentro del espíritu de la cultura cívica antigua –medieval, si se quiere– española".[10]

Desde muy temprano en nuestra historia, los Cabildos o Ayuntamientos comenzaron a reunirse en Congresos de Ciudades o Congresos de Municipalidades, para ejercer con mayor fuerza ante la Corte el derecho de representación y petición que les garantizaba la tradición española, como ocurrió en 1560 y 1576. Pero la especial autonomía de los Cabildos de la futura Venezuela se manifiesta particularmente en la facultad de que gozaron los Alcaldes – elegidos anualmente por los Cabildos– de remplazar en sus jurisdicciones correspondientes a los Gobernadores de las Provincias, designados por el Rey, en caso de muerte o ausencia. Este privilegio se inicia en 1560, cuando el Rey aceptó la petición formulada en tal sentido por el conquistador Sancho Briceño, en representación de las ciudades y villas de la Provincia de Venezuela, y así fue consagrado en la ley 12 de las Leyes de Indias. Las vicisitudes de esta facultad han sido ampliamente estudiadas y su análisis desbordaría las presentes consideraciones, por lo que remitimos a las detalladas investigaciones de Guillermo Morón, quien concluye en que "El auge y gloria de los Cabildos venezolanos –provincialmente hablando– tiene así tres etapas: la primera hasta 1560, cuando eligen Alcaldes, Regidores y demás oficios concejiles de su propio seno; la segunda desde 1560 hasta 1676, la época de mayor autonomía, cuando cada Cabildo en su ciudad adquiere gran fuerza, hasta el punto de gobernar sus Alcaldes como Gobernadores en las interinarias por muerte del Gobernador; y la tercera etapa entre 1676 y 1736, cuando los Alcaldes Ordinarios de Caracas resumen en sus manos el

---

9   L. Vallenilla Lanz, *op. cit.*, p. 39. En este aspecto, Vallenilla cita el libro de Bovadilla *Política para Corregidores*, lib. III, cap. 8.

10   Guillermo Morón: *Historia de Venezuela*, Tomo 4, Editorial Britannica, 1971, pp. 146 y 147.

privilegio de la interinaria en toda la Provincia".[11] Un testigo de la época decía que llegaron a ser "demasiado diestros los Alcaldes en el asunto de apear Gobernadores".[12]

Pero además, los Cabildos hispanoamericanos, y especialmente el de Caracas, tuvieron la facultad de "suspender el cumplimiento de las órdenes reales si en su concepto perjudicaban los usos y costumbres establecidos o que pudieran alterar el orden público, apelando directamente al Rey para su supresión o modificación".[13] En tal sentido, se recuerda la suspensión de la aplicación de la Real Cédula llamada de "gracias al sacar", de 1795, por la cual se dispensaba de la condición de pardos a las personas que pagaran una cantidad de dinero, que hicieron los cabildos de Caracas y de Maracaibo, alegando los grandes daños que originaría su sola publicación. En este caso la decisión real fue la de ratificar la Cédula suspendida en su aplicación, y Díaz Sánchez considera que "si se recuerda que ya para aquella fecha existía una manifiesta rivalidad entre la aristocracia criolla y los representantes peninsulares de la Corona, no resulta aventurado pensar que el Monarca quisiese poner en práctica una política demagógica destinada a soliviantar la pardocracia contra los orgullosos mantuanos".[14] En otros casos, como ocurrió con la Real Cédula del 28 de agosto de 1733, en la que se ordenaba establecer contribuciones especiales para la realización de determinadas obras públicas en Caracas, ante la protesta del Cabildo y del Gobernador de la Provincia, el Rey decidió que las obras se llevasen a cabo con los recursos ordinarios de la ciudad, sin nuevas contribuciones.[15]

El análisis de esta evolución es lo que permite a Gil Fortoul afirmar lo siguiente:

> En la historia de la Colonia y en la revolución de Independencia los Ayuntamientos adquieren mayor importancia que en la metrópoli, hasta convertirse en institución peculiarmente americana. Órgano al principio de los conquistadores y pobladores, únicos dueños de la tierra y amos de todo, fueron poco a poco convirtiéndose en especie de "parlamentos", donde, si bien predominaba la voz del Gobernador o Capitán general, representante ejecutivo de la Corona, se oía también el eco de una aspiración, confusa primero, sonora después, a establecer otra organización nacional o criolla. En las postrimerías del régimen puramente español, cuando a fines del siglo XVIII y comienzos del XIX aparece y se va rápidamente propagando el movimiento revolucionario, se verá que los Ayuntamientos, a semejanza de los parlamentos europeos enfrente del monarca, reivindican prerrogativas nuevas, se alzan contra el Poder Ejecutivo, se arrogan de hecho el gobierno local y admiten en su seno representantes del "pueblo", de los "pardos", ya constituyendo así la patria libre.[16]

Vinculando la autonomía de los Cabildos con la forma de Estado federal adoptada en la Constitución de 1811, Vallenilla expresa que "Cuando estalle la revolución y los Cabildos envíen sus representantes, primero a la Junta Suprema y luego al Congreso, se manifestarán más claramente las tendencias localistas de aquellos hombres, que por ningún respecto se

---

11   *Ibídem*, p. 191.

12   La frase, del padre Blas José Terrero, la cita Augusto Mijares en: Coordenadas para nuestra historia. *Temas de historia de Venezuela, Obras Completas*, Tomo VI, Monte Ávila Editores Latinoamericana, Caracas, 2000, p. 29.

13   Laureano Vallenilla Lanz, *op. cit.* p. 82.

14   Estudio Preliminar a las Actas del Congreso Constituyente de 1811-1812, Actas del Congreso Constituyente de 1811-1812, Ediciones Conmemorativas del Bicentenario del Natalicio del Libertador Simón Bolívar, Caracas, 1983, Tomo I, p. XLIX.

15   *Ídem*, pp. 85 a 88.

16   José Gil Fortoul. *Historia Constitucional de Venezuela*, 5ª Edición, Caracas, 1967, Tomo I, p. 107.

hallaban dispuestos a ceder a favor de un gobierno central, cuya creación era de imprescindible necesidad, un ápice de su autonomía, y se agarraron al **Federalismo** como a la única
doctrina constitucional que podía responder en cierto modo al espíritu cantonalista que los
animaba".[17]

Pero esta transición del municipalismo al federalismo no es exclusiva de Venezuela, sino que se manifiesta en toda Hispanoamérica desde los inicios mismos del movimiento
emancipador. A los Estados que hoy mantienen la forma federal se habían sumado en esa
oportunidad Chile y Colombia, y en Centroamérica se había constituido una federación con
un grupo de países que antes eran Provincias del Virreinato de Nueva España.[18]

III. LA ESTRUCTURA PROVINCIAL

A medida que avanzaba la fundación de ciudades y pueblos en el Nuevo Mundo, la Corona española fue creando unas divisiones territoriales que llamó provincias, término que se
aplicó "a cualquiera de las concesiones que el rey hacía a los conquistadores y pobladores
para establecer su dominio en las vastas regiones del Continente"[19] y cuya significación más
adecuada correspondía al equivalente de Gobernación.[20] Así, en la capitulación o contrata
hecha en Madrid por los agentes de los Belzares, Enrique Ehinguer y Gerónimo Sailler, con
la Reina Gobernadora Doña Juana, llamada La Loca, el 28 de marzo de 1528, se creó la Provincia de Venezuela, la cual se puso bajo la autoridad de un funcionario que tenía la condición de Gobernador y Capitán General de la Provincia.[21] Las funciones de Gobernador se
referían a los aspectos administrativos y las de Capitán General a las competencias militares,
es decir, a todas las que implicaran el mando de tropas. Ambas funciones podían coincidir en
una misma persona, pero podían también ser atribuidas a funcionarios distintos.

Posteriormente se crearon otras provincias, bajo diversas denominaciones y con límites
que variaron en el tiempo, pero las mismas fueron consideradas como jurisdicciones independientes unas de otras y subordinadas todas a la Corona española, no como colonias sino
como partes del Reino. Con respecto a las provincias andinas, ha expresado Mario Briceño
Iragorri que "Los actuales Estados de Occidente, Táchira, Mérida, Zulia, Barinas y Apure,
formaban una Provincia, primero llamada de Mérida, después de Maracaibo, que dependía en
lo político, judicial y militar de Santa Fe de Bogotá"[22]. En efecto, en 1676, la jurisdicción de
Maracaibo fue separada de la antigua Provincia de Venezuela y unida con las anteriores para
formar la Provincia de Maracaibo. En cuanto al oriente, "en 1569 sale de España Diego
Fernández de Serpa, portador de una capitulación para gobernar y poblar las tierras de 'Cumaná, Guayana y Caura, que habían de intitularse Gobernación de la Nueva Andalucía'".[23]

En 1717 se constituye en Virreinato la Audiencia de Santa Fe de Bogotá, con jurisdicción, entre otras, sobre las provincias que después formarán la unión venezolana. En 1723 se

17   Disgregación e Integración, *cit.*, p. 97.

18   Jorge Carpizo (coord.): *Federalismo en Latinoamérica*, UNAM, Instituto de Investigaciones
      Jurídicas, México, 1973.

19   L. Vallenilla Lanz, *op. cit.*, p. 26.

20   Guillermo Morón, *op. cit.*, Tomo 4, p. 476.

21   *Ídem*, tomo 3, p. 23 y ss.

22   Mario Briceño Iragorry: *Tapices de Historia Patria*, Tercera Edición, Bogotá, 1950, pp. 48 y 49.

23   J. Gil Fortoul, *op. cit.*, Tomo I, p. 56.

extingue el Virreinato, volviéndose las cosas a su estado anterior. En 1739 se reconstituye como Virreinato el Nuevo Reino de Granada, con jurisdicción similar.[24] Al poco tiempo se inicia una evolución hacia la configuración de un centro político en lo que hoy es Venezuela, para, entre otros propósitos, defender mejor el territorio frente a las asechanzas de los piratas ingleses y holandeses, y cuyos hitos principales son los siguientes:

1. La Provincia de Venezuela, por órgano de su Gobernador Gabriel de Zuluaga, protestó por su inclusión en el Virreinato de Santa Fe, "no sólo por la obvia razón de que un poder ejercido desde Bogotá no surtirá efectos en lugares tan alejados, sino también porque la coherencia de relaciones entre las Provincias se distorsionaba".[25] En respuesta, y como parte de las reformas que introducen los Borbones en la organización política y administrativa, el Rey Felipe V emite el 12 de febrero de 1742 la Real Cédula por la cual se libera a la Provincia de Venezuela de toda dependencia del Virreinato de la Nueva Granada, "no obstante lo dispuesto por mí en la cédula de 20 de agosto de 1739", se restituyen a sus Gobernadores privilegios de que antes habían gozado en cuanto a gobierno, guerra, hacienda y Patronato y se atribuye al Gobernador y Capitán General de dicha provincia la autoridad para combatir el contrabando en las Provincias de Maracaibo (que incluía los Andes), Cumaná, Margarita, Trinidad y Guayana.

2. El 8 de diciembre de 1776, el Rey Carlos III crea la Intendencia de Ejército y Real Hacienda con jurisdicción en las Provincias de Venezuela, Cumaná, Guayana y Maracaibo y las Islas de Trinidad y Margarita, con sede en Caracas, para poner en sus debidos valores las Reales Rentas y fomentar sus poblaciones, agricultura y comercio.[26] Tan importantes funciones se ponen a cargo de don José de Ábalos, una de las personalidades descollantes que tuvo la administración española, quien contó entre sus méritos haber abierto los puertos al comercio con las colonias extranjeras, combatiendo la oposición de la Compañía Guipuzcoana, y quien se atrevió a enviar una carta al Rey en 1781 –en proceso de independencia las colonias que formaron los Estados Unidos- para proponerle "desprenderse de las provincias comprendidas en los distritos a que se extienden las audiencias de Lima, Quito, Chile y la Plata, como asimismo de las Islas Filipinas y sus adyacencias, exigiendo y creando de sus extendidos países tres o cuatro diferentes monarquías a que se destinen sus respectivos príncipes de la augusta Casa de V.M. y que esto se ejecute con la brevedad que exige el riesgo que corre y el conocimiento del actual sistema".[27]

3. Por Real Cédula fechada el 8 de septiembre de 1777 en San Ildefonso, el Rey Carlos III resolvió "la absoluta separación de las mencionadas Provincias de Cumaná, Guayana y Maracaibo e Islas de Trinidad y Margarita, del Virreynato y Capitanía General del Nuevo Reyno de Granada, y agregarlas en lo gubernativo y militar a la Capitanía General de Venezuela, del mismo modo que lo están, por lo respectivo al manejo de mi Real Hacienda, a la nueva Intendencia erijida en dicha Provincia, y ciudad de Caracas, su Capital".[28] A esta deci-

24   *Ídem.* p. 109.

25   Guillermo Morón, *op. cit.* Tomo 5, p. 9.

26   Sobre este aspecto véase el estudio de Gisela Morazzani de Pérez Enciso: *La Intendencia en España y en América*, Caracas, U.C.V., 1996.

27   La Comunicación de Abalos al Rey fue reproducida por Carlos E. Muñoz Oraa: *Dos temas de Historia Americana*, Universidad de los Andes, Facultad de Humanidades y Educación, Mérida, Venezuela, 1967, pp. 34 a 44, cit. por Guillermo Morón, *op. cit.*, Tomo 5, p. 16.

28   El texto completo de la Ordenanza puede leerse en: *Documentos Fundamentales de la Historia de Venezuela (1979-1993)*, Los libros de El Nacional, Caracas, 1999, p. 11 y ss.

sión se atribuye particular significación por cuanto "vino a demarcar los límites territoriales de la futura nacionalidad venezolana, como que fue entonces cuando aquellas seis provincias, independientes unas de otras durante dos siglos, se agruparon por primera vez para constituir una sola entidad administrativa".[29]

4. En la Real Cédula de septiembre de 1777, a que antes nos referimos, se dispone también "separar en lo jurídico de la Audiencia de Santa Fé y agregar a la primitiva de Santo Domingo, las dos expresadas Provincias de Maracaibo y Guayana, como lo está la de Cumaná y las islas de Margarita y Trinidad, para que hallándose estos territorios bajo una misma Audiencia, un Capitán General y un Intendente inmediatos, sean mejor rejidos, y gobernados con mayor utilidad a mi Real Servicio". El 6 de julio de 1786 se crea la Real Audiencia de Caracas, con jurisdicción sobre las provincias que luego formarían la unión venezolana, con sede en Caracas. El Presidente de la Audiencia es el Gobernador de la Provincia de Venezuela, quien también es el Capitán General con jurisdicción en todas las provincias mencionadas.

La Audiencia es el máximo tribunal de apelaciones en su ámbito territorial y cumple funciones políticas como consejera de su Presidente. Para Guillermo Morón, la Audiencia "No ejerce poder como el Gobernador en cada Provincia, pero está por encima del alto funcionario y ministro; no ejerce jurisdicción militar, pero interviene en sus juicios y fueros; no administra la Hacienda, pero la fiscaliza. Su Presidente permanece mudo en las sesiones, porque la Audiencia debe actuar con autonomía; aconseja, sin embargo en todas las cuestiones de Gobierno a su Presidente. No solamente es un Tribunal, sino también la *autoridad misma*".[30] Por ello el autor que citamos ha expresado que "el *uti possidetis juris* de 1810 tiene su fundamentación en la Real Audiencia, esto es, en la jurisdicción territorial que ésta tuvo como su distrito",[31] del mismo modo como el historiador Arcila Farías sitúa el origen de esa unidad en la creación de la Intendencia en 1776.[32]

5. Por Real Cédula firmada en Aranjuez, el 3 de junio de 1793, quedó erigido el Real Consulado, con sus funciones de tribunal de justicia mercantil y organismo de fomento industrial, comercial, agrícola y de obras públicas (navegación, vialidad),[33] con jurisdicción en las mismas provincias de la Real Intendencia, con lo cual se terminó de consumar la unidad territorial de lo que posteriormente sería Venezuela.

En su conjunto, las decisiones antes expuestas de la Corona fueron perfilando –no sin protestas de algunas ciudades- el liderazgo de Caracas, el cual se vio incrementado por la elevación a Arzobispado del Obispado de Caracas, el 24 de noviembre de 1803.[34]

El Gobernador no tenía, pese a lo expuesto, una clara posición de dominio en la provincia, ni siquiera el de Caracas. Por una parte, el Gobernador era un funcionario sin vinculaciones con la sociedad donde ejercía sus funciones, y así lo había previsto expresamente la Corona para evitar la consolidación de poderes propios en ultramar. A estos fines, el período del

---

29   Laureano Vallenilla Lanz, *op. cit.*, p. 6.

30   Guillermo Morón: *op. cit.*, Tomo 5, p. 70.

31   *Ídem*, p. 88.

32   Prólogo a Morazzani de Pérez Enciso, *La Intendencia, cit.*, p. 17, cit. por Guillermo Morón, *op. cit.*, Tomo 5, p. 67

33   Guillermo Morón, *Ibídem*, p. 94.

34   *Ibídem*, p. 96.

Gobernador normalmente era de cuatro años y en la reglamentación que le era aplicable se disponía que "No podía tener más de cuatro esclavos en toda la extensión de la provincia, ni comerciar, ni casarse, ellos ni sus hijos; tampoco concurrir a bodas o entierros, ni presentar a nadie como padrino para recibir el Sacramento del Bautismo".[35] Por otra parte el Gobernador, en ejercicio de sus funciones, estaba controlado por la Real Audiencia y por el Cabildo de la ciudad donde tenía su sede. En el caso de la Provincia de Venezuela, donde no hubo sino tardíamente una Real Audiencia, la función de control sobre las decisiones políticas del Gobernador la ejerció el Cabildo más plenamente. En tal sentido, expresa Vallenilla que "Fueron muchas las ocasiones en que el Rey amparó la independencia de los Cabildos en contra de los propios Gobernadores, aun existiendo fundamentos legales que justificasen las decisiones de estos Magistrados".[36] Lo cierto es que en las capitales de las provincias que conformarían la unión venezolana existió una asamblea representativa de los ciudadanos –de la oligarquía criolla, particularmente- que sirvió de contrapeso a las facultades del Gobernador y que tuvo un ámbito territorial que excedía del correspondiente a las instituciones municipales.

La identificación que se produjo al momento de la independencia entre los Municipios y las provincias la expresa Vallenilla así:

> Los sucesos del 19 de abril de 1810, la destitución de las autoridades españolas y la autonomía que inmediatamente asumieron las ciudades-cabildos erigiéndose en provincias, no fueron hechos singulares, ni extraños a la índole y a la tradición de los cuerpos municipales; y las doctrinas en que basaron sus derechos, fueron puramente españolas.

> ¿Y qué otra cosa representaron las provincias confederadas en 1810 y los Estados federales de 1811, sino las ciudades-cabildos fundadas por los Conquistadores "constituyendo cada una con su jurisdicción una entidad independiente?".[37]

Para el jurista Ambrosio Oropeza, por su parte, "disueltos, como decía Peñalver en el Congreso, 'los pactos entre el pueblo español y el Monarca', era llegado el momento de concertar una nueva alianza o confederación. Mas, como ésta no podía realizarse entre cabildos, porque equivaldría a dividir el país en incontables republiquitas, el Congreso fortaleció las entidades provinciales, les dio una autonomía y juridicidad que no tenían para que fueran ellas y no los ayuntamientos los integrantes de la nueva organización".[38] Pero además, la autonomía municipal como antecedente del régimen federal ha sido puesto de relieve por un autor nacional cuando expresa: "llama poderosamente la atención como el Cabildo de Caracas se transforma en Congreso. Es verdad que se le da la denominación norteamericana de 'Congreso' pero la esencia del nuevo organismo no es otra cosa sino la del antiguo Cabildo caraqueño ampliado y que va a ejercer plenamente su papel tradicional, de ser quien gobierne la Capitanía en ausencia de quien represente el Poder del Rey. Para los venezolanos no era una figura extraña ver al Cabildo caraqueño legislar en vez del Rey, para todo el territorio de lo que después sería la República".[39]

---

35   Laureano Vallenilla Lanz, *op. cit.* p. 15.

36   *Ibídem*, p. 58.

37   *Op. cit.* p. 103.

38   Ambrosio Oropeza: *La nueva Constitución Venezolana* 1961, Italgráfica, Caracas, 2ª edición, 1971, pp. 168 y 169.

39   Cristóbal L. Mendoza en la Presentación del libro *Textos Oficiales de la Primera República de Venezuela*, Ediciones de la Presidencia de la República, Caracas, 1983, Tomo I.

IV. EL MOVIMIENTO JUNTISTA ESPAÑOL

A raíz de los sucesos de Bayona y de la invasión de la Península Ibérica por los ejércitos de Napoleón, lo que para los españoles significó la desaparición del Gobierno legítimo, se constituyó en cada provincia una Junta para ejercer las funciones de gobierno y una Junta Central del reino para coordinar las actividades de aquéllas en el propósito de conservar los derechos del Rey Fernando VII. Esta estructura de gobierno, asumida por imperio de la necesidad, se fundamentó en la conciencia autonomista que se había desarrollado en España durante los siglos anteriores y constituye, para el historiador español Demetrio Ramos Pérez, uno de los antecedentes que deben ser tenidos en cuenta en la formación del sentido federalista que se desarrolló en Hispanoamérica.[40]

La influencia del movimiento español sobre los acontecimientos de 1810 se evidencia de la comunicación que dirige la Junta Suprema de Caracas a la Junta Superior de Cádiz, en la que expone las razones que tuvo la ciudad de Caracas para establecer su Gobierno propio el 19 de abril, en la que se comienza por decir que "Caracas imitando la conducta de la España ha tomado el partido que ella misma le ha enseñado cuando carecía del Gobierno Central, o cuando éste no podía atender á su seguridad, ni dirigir los pasos de su administración y defensa. Cada Provincia, ó cada Reino reasumiendo el ejercicio de la Soberanía, la explicaba por medio de sus Juntas Provinciales o Supremas. Valencia, Cataluña, Extremadura, mucho menos distante de la Central que Venezuela, quedaron separadas de ella y llevaban por sí misma las riendas del Gobierno, cuando el centro del poder era insuficiente para cuidar de su conservación y sostener los derechos de su independencia y libertad pérfidamente atacados por el común enemigo".[41]

V. CONSIDERACIÓN FINAL

En los tiempos que corren se considera un simplismo afirmar que la adopción de la forma federal para el Estado venezolano en la Constitución de 1811 obedeció al puro deseo de imitar las instituciones políticas de los Estados Unidos. A medida que se profundiza en el conocimiento de nuestra realidad colonial se hace más evidente que la idea federal tiene un sólido basamento en la tradición hispánica y que nuestra primera Ley Fundamental es, en realidad, un intento por armonizar influencias de la ilustración francesa y de las fórmulas constitucionales norteamericanas con un sustrato político, social y económico de carácter autóctono, sedimentado a lo largo de los siglos de la dominación española.

---

40   Demetrio Ramos Pérez: "La revolución española de la guerra de independencia y su reflejo en las ideas constitucionales de la primera República de Venezuela" en Academia Nacional de la Historia: *El Pensamiento Constitucional de Latinoamérica 1810-1830*, Tomo II, pp. 87-88.

41   Documentos de la Junta Suprema de Caracas, *op.cit.* p. 100.

El acto administrativo como categoría jurídica

José Luis Meilán Gil
Catedrático de Derecho Administrativo
Universidad de A Coruña

Resumen: *El acto administrativo es una categoría central en el Derecho administrativo continental europeo y latinoamericano. Existen numerosas formulaciones en la doctrina. Una investigación histórica revela que nace en Francia para evitar que los tribunales ordinarios del antiguo Régimen pudiesen fiscalizar la actuación de la Administración Pública surgida de la Revolución. En Alemania sirvió de fundamento para el Staatsrecht. Las características iniciales de decisión unilateral y ejecutiva subsisten a lo largo del tiempo y permite identificar el acto administrativo como una decisión jurídica de derechos y obligaciones, que incide en una situación irrepetible y es resultado del ejercicio de una potestad. Se distingue de otros actos procedimentales de la Administración, del Reglamento y del contrato. Su papel dominante en lo contencioso-administrativo ha perdido relevancia ante los derechos fundamentales de la persona.*

SUMARIO

I.   INTRODUCCIÓN

El acto administrativo es una categoría jurídica fundamental, incluso central, en la formación y desarrollo hasta nuestros días del Derecho administrativo no anglosajón[1]. Sucede que, no obstante esta importancia, teórica y práctica, tanto en la vertiente no contenciosa como contenciosa, las concepciones del acto administrativo son variadas[2]. El arco va desde una concepción del acto como denominador común de la actividad del Estado -actos legislativos, actos reglamentarios, actos contractuales, acto unilateral, acto-condición, actos jurisdiccionales[3]- a otras menos amplias que engloban en una misma categoría los reglamentos, o actos reglamentarios o actos administrativos normativos y los actos administrativos no normativos, con respaldo en el Derecho positivo[4] o se admite junto a esa concepción otra más estricta que se correspondería a la de los actos administrativos no normativos[5].

En el centro de esta diversidad se encuentra la consideración de las fuentes del Derecho y en ese sentido si el acto administrativo es o no fuente de Derecho. El carácter polisémico de esta expresión, que no deja de tener algo de metafórica, añade complejidad a la cuestión y amplía las divergencias. Puede entenderse, y así se ha entendido, como el origen de donde procede el Derecho o como su manifestación[6]. El planteamiento era más fácil desde la vertiente civilista en la que se construyó inicialmente la teoría. Para lo que aquí importa, la cuestión tal como la entiendo, estriba en discernir si el acto administrativo crea **Derecho** o simplemente lo aplica, creando, extinguiendo o modificando **derechos**, entre otras funciones posibles, por expresarlo de una manera gráfica. Esta segunda opción es mi punto de partida.

Al aplicar el Derecho, entendido como el conjunto del ordenamiento jurídico en el que se incluyen principios generales y costumbre, el acto administrativo generador de derechos[7]

---

1   Así lo declaró enfáticamente Otto Mayer en su *Deutches Verwaltungsrecht*, 1ª ed. de 1885 "El Rechstaat se perfecciona en virtud del acto administrativo" y el Derecho administrativo moderno "está dominado por él". *Derecho administrativo alemán*, T.I. Buenos Aires, 1982, p. 125. En Francia. *Cfr.* M. Hauriou, Précis de Droit administratif et de Droit public géneral, 5ª ed., 1903, Prefacio: "El Derecho administrativo francés ha hundido su raíz jurídica en el acto de administración. Todo se ha concentrado sobre el acto". M. Caetano, *Principios fundamentais do Direito administrativo*, Almedina, Coimbra, 1996, p. 89: "tema central do Direito administrativo moderno". En España, testimonios más recientes: A. Gallego Anabitarte - A Menendez Rexach, *Acto y procedimiento administrativo*, Marcial Pons, 2001, p. 22. R. Bocanegra, *Lecciones sobre el acto administrativo*, Thomson-Civitas, 3ª ed., 2004, p. 25.

2   Un muestrario extenso en F. Garrido falla, *Tratado de Derecho administrativo*, vol. I Parte general, 3ª ed., Tecnos, Madrid, 2002, pp. 540-44 por nota.

3   Ad exemplum, *cfr.* G. Jéze, *Les principes generaux du Droit administratif*, t.I. Dalloz, 2005, pp. 25 y ss. Ad exemplum en la doctrina francesa, A. de Laubadére, *Traité élementaire de Droit administratif*, t.I, 3ª ed. París, 1963, pp. 15 y ss.

4   Ad exemplum, F. Garrido Falla, *Tratado…* p. 547. R. Alessi, "Principi de Diritto amministrativo", p. 79, J. P. Cajarville, (A. Foro VIII, p. 732) en Uruguay, J. O. Santofimio, *Tratado de Derecho administrativo*, t. I, 3ª ed., Universidad Externado, 2003, en Colombia.

5   Ad exemplum: E. Sayagues, *Tratado de Derecho administrativo*, I. Montevideo, 1953, p. 388, C. A. Bandeira De Mello, *Curso De Derecho Administrativo*, Porma, México, 2006, J. Fernández, (A. Foro VIII, p. 513).

6   *Cfr.* F. de Castro y Bravo, *Derecho civil de España*, Thomson-Civitas, 2008 (reimpresión) p. 363 y ss con amplia bibliografía.

7   *Cfr.* R. F. Bacellar Fillo, (A. Foro VIII, p. 151) habla del acto administrativo como "criador de direitos" y por eso la necesidad de asegurar su "estabilizaçao".

manifiesta obviamente el Derecho, como sucede en la sentencia desde la concepción juris-prudencial del derecho romano, -el *"ius* esto" del pretor- que ha llevado a sostener que "De-recho es lo que aprueban los jueces"[8]. De algún modo esa idea se vislumbra en la definición del acto administrativo de Otto Mayer "was für ihn Recht sein soll". Desde esa concepción reduccionista, habría que concebir el acto administrativo como fuente del Derecho, entendida como "fuente jurídica de las obligaciones del administrado y así mismo de los derechos que él puede invocar frente al Estado"[9], que nadie discute, porque se trata de un acto de la Admi-nistración "sometido al Derecho".

Por eso, la jurisprudencia sólo desde ese sentido puede ser considerada como fuente del Derecho. La jurisprudencia "complementará el ordenamiento jurídico"[10]. Los jueces no crean Derecho, "lo ponen en acción"[11]. Algo análogo puede sostenerse en relación con el precedente administrativo. Su posible fuerza vinculatoria es aplicable por el principio de jerarquía cuando opera como instrucción intradministrativa y en relación con los particulares en virtud de principios generales que sí son fuente de Derecho y tienen un "carácter informador del ordenamiento jurídico"[12], como es la igualdad y, en todo caso la interdicción de la arbitrarie-dad exige la adecuada motivación para separarse del precedente[13].

Siempre he sido partidario de operar con categorías jurídicas, nítidas[14] que puedan utili-zarse como lenguaje que facilite la comprensión y que sean punto de referencia para la movi-lidad esencial del Derecho administrativo[15], reflejo del dinamismo de sus actores y sobre las cuales se pueda construir al modo científico. En el bien entendido que no se trata de refugiar-se en un conceptualismo formal.

Para no caer en el uso innecesario de categorías jurídicas, siempre que sea razonable ex-plicar un supuesto jurídicamente dudoso o debatido de acuerdo con una ya reconocida me inclino por no acuñar una nueva. Razones de claridad me llevan también a usarlas de acuerdo con lo que corresponde a su nombre ya que el Derecho positivo en ocasiones recurre a la metáfora. Es lo que sucede con el aforismo del *contractus-lex.* El contrato no es una ley, aunque se diga que las obligaciones que nacen de los contratos tienen fuerza de ley entre las

---

8   *Cfr.* A. D´Ors Atlántida, 1970, núm. 45.

9   P. J. Coviello (A. Foro VIII), p. 34.

10   Artículo 1,6 del Código civil español.

11   Artículo 1,6 del Código civil español. En la tradición francesa, *Cfr.* F. Gény, Método .... pp. 377-
     379, con un rechazo del sistema anglosajón.

12   Artículo 1,4 del Código civil español. Sobre eso y la aportación de la perspectiva iusadministrati-
     vista, *Cfr.* J. L. Meilán Gil, "Los principios generales del Derecho desde la perspectiva del Dere-
     cho público en España", *Actas del VII Foro Iberoamericano de Derecho administrativo,* Junta de
     castilla y León, 2008, pp. 409 y ss.

13   El artículo 54 de la LRJAPAC española 30/1992 exige motivación para los actos que se "separen
     del criterio seguido en actuaciones precedentes o del dictamen de órganos consultivos".

14   *Ad exemplum,* J.L. Meilán, *La estructura de los contratos públicos,* Norma, acto, contrato. Iustel,
     2008.

15   *Cfr.* J. L.Meilán Gil, "El proceso de la definición del Derecho administrativo", ENAP, Madrid,
     1967 en Administración Pública en perspectiva, Universidad da Coruña, 1996, pp. 41-46, con citas
     de Posada Herrera, Wolf, a las que podría añadirse Prosper Weil, *Derecho administrativo,* Civitas,
     Madrid, 1986, p. 39 "a cada edad corresponde una capa diferente" evocando una imagen geológi-
     ca.

partes contratantes, para expresar de una manera contundente y gráfica la vinculación de los contratantes a lo pactado.

Por la misma razón, entiendo que si reconoce que existen actos normativos, distintos de los que no tienen ese carácter quizá lo más claro será calificar a aquellos de normas diferentes de los actos administrativos.

En último término la categoría jurídica se justifica por el régimen jurídico que conlleva. Las clasificaciones doctrinales han de responder a las diferencias del régimen jurídico de los elementos clasificados. Las categorías jurídicas no las entiendo como un apriorismo[16] sino como el resultado de un proceso de abstracción a partir de los datos de la realidad, en la que ha de contarse con la historia y los contextos socio-políticos e ideológicos.

En ese sentido es necesario recorrer aguas arriba el río de la historia para comprobar donde y cuando aparece el acto administrativo, cuál es su función y hasta qué punto puede identificarse el núcleo esencial que lo configura como categoría jurídica propia del Derecho administrativo -*ius commune*- liberado de las construcciones del Derecho -privado- civil[17].

II.   ORIGEN DEL ACTO ADMINISTRATIVO: EL PRIMER CONVENCIONALISMO DE LA TEORÍA

Según Otto Mayer[18] y se ha ido repitiendo en los autores posteriores, la primera referencia explícita al acto administrativo aparece en 1812 en Francia, concretamente en el Repertorio de Jurisprudencia de Merlin. Se trata de un repertorio que había empezado a editarse en el Siglo XVIII por Guyot en 1784. La voz "acto administrativo" no figura en esta primera edición; el acto jurídico se refiere a la justicia y al Derecho civil. La tercera edición está a cargo de Merlín que incorpora voces nuevas entre ellas la del acto administrativo. He aquí su definición: "*un arreté, une décision de l'authorité administrative, ou une action, un fait de l'administration qui a rapport a ses fonctions*".

El propio Otto Mayer, al transcribir una frase del célebre repertorio Dalloz según el cual "el antiguo Derecho no había tenido interés por indagar los caracteres de los actos administrativos", se apresura a comentar que ello es debido a que tales caracteres no existían.

El origen del acto administrativo sería Francia, de donde se exportaría al continente europeo y llegaría al latinoamericano, y su nacimiento se corresponde con la Revolución. Aparece ligado al nuevo orden político que, frente al Antiguo Régimen, se presenta asentado en los principios de separación de poderes y la supremacía de la ley y el posible control judicial del Poder[19], contrapuesto al *legibus solutus* que se atribuía al Príncipe[20].

---

16   Sobre el refugio de los juristas en el método deductivo, Otto Nass, "Reforma administrativa y ciencia de la Administración", ed. española, Madrid, 1964, PP. 51-52.

17   *Cfr*. J. L. Meilán Gil, El proceso.... pp. 37-39, con citas de Hauriou, Waline, Rivero en Francia y Otto Mayer y Wolf en Alemania.

18   Otto Mayer, *Le droit Administratif Allemand*, París 1903 p. 62 nota 10.

19   Sobre la euforia de los revolucionarios franceses y su convicción de que estrenaban un orden nuevo y el mimetismo de la doctrina que ignora la realidad anterior *cfr*. J. L. Meilán Gil, El proceso de la definición del Derecho administrativo, ENAP, 1997, pp. 18 y ss., incorporado a Administración Pública en perspectiva, Universidad de A Coruña, 1996, pp. 25 y ss.

      La tesis ha sido desarrollada ampliamente por A. Gallego Anabitarte. Administración y jueces: Gubernativo y contencioso, ENAP, 1971, incorporado a Poder y Derecho, Marcial Pons, Madrid,

La explicación revela un cierto convencionalismo, podría decirse que es un origen fingido. Como agudamente ha observado Giannini[21] el juego de esos tres principios no hubiera sido suficiente para hacer surgir la teoría del acto administrativo. En países del Common law, como el Reino Unido y los EE.UU.[22], no se detecta esa teoría[23]. El acto administrativo, en su prístino sentido, se inserta en la línea de una determinada concepción del poder político que se inicia en las Monarquías absolutas en la Europa continental y subsiste incluso en épocas de una acusada y recusable concentración del mismo[24].

Ese nuevo acto administrativo aparece, paradójicamente, como un privilegio de la emergente Administración Pública, que necesitó para su consolidación la Revolución francesa[25], que "no tuvo territorio propio" y se incubó en la Ilustración del siglo XVIII.

Para el vasto propósito de cambio general y súbito que se pretendía bajo la etiqueta auténtica de revolución, no bastaba con leyes. Se precisaba un brazo poderoso que las ejecutara y, sobre todo, para adoptar numerosas medidas que hicieran real e irreversible la revolución. Alexis de Tocqueville ha dejado escritas páginas magistrales sobre la centralización de un poder "inmenso y tutelar … absoluto, detallista, regular, previsor", único agente y único árbitro de la felicidad de los ciudadanos, que encarna la Administración pública, providencial y creadora.

2009 *Cfr.* G. Villapalos, *Los recursos contra los actos de gobierno en la Baja Edad Media*, Instituto de Estudios administrativos, Madrid, 1976: no existe el acto administrativo, como categoría jurídica, pero existía un control peculiar de actos que podrían considerarse equivalentes.

20 Sobre la interpretación de ese texto del Derecho romano por Vazquez De Mechaca sustentando el contrario "*princeps legibus alligatus*", *Cfr.* A. Gallego, *op. cit.*, pp. 58-64.

21 M. S. Giannini, "Atto amministrativo", *Enciclopedia giuridica*, p. 159.

22 En estos ordenamientos existen actos equivalentes. En el Reino Unido incluso con el mismo nombre –administrative act- que proceden del Government y public authorites. La diferencia es que estos actuan "if they were private individuals". Sus "unlaw acts", su "administrative wrong doing" son objeto de judicial review para declarar su ilegalidad, ante los tribunales ordinarios (*Cfr.* H.W.R.Wade, Administrative Law, Clarendon Press, Oxford 1989, 6ª ed. pp. 22, 33, 36,37). No obstante, la judicial review implica un control judicial de la actividad de los governmental bodies con base en principios de public law, que reconoce aquellas funciones, poderes y deberes que no tienen los particulares. Pero nunca se ha planteado la judicial review, pese a su nombre, como un proceso al acto, sino como un proceso de pretensiones.

Cfr. P. Cane, *An Introduction to Administrative Law*, 3ª ed., Clarendon Press, Oxford, 1996, parte. I.

Para los EE.UU. *vid infra*, The administrative Procedure Act. La judicial review es el remedio fundamental contra la actuación administrativa ilegal. Hace efectiva la doctrina de ultra vires, por actuar fuera del poder que estatutariamente se otorga a las agencias. *Cfr.* B. Schwartz, *Administrative Law*, 2ª ed. LB, Boston, 1984, pp. 435 y ss.

El régime administratif tiene, en cambio, como fundamento el acto administrativo ligado a las prerrogativas de la Administración.

23 *Cfr.* J.L. Meilán Gil, Sobre el acto administrativo y los privilegios de la Administración, *Administración…* pp. 389 y ss.

24 Etapas conocidas en Alemania, Italia, Portugal, España.

25 *Cfr.* E. García De Enterría, *La Revolución francesa y administración contemporánea*, Madrid, 1972, pp. 72-73, citando a A. de Tocqueville.

Pese a su radicalismo, los revolucionarios escarmientan en la cabeza del decapitado Rey y, al suprimir privilegios y fueros repartidos entre estamentos varios, los unifican en la Administración, apurando la orientación reformadora del absolutismo real. Porque, "la Revolución tuvo dos frases: la primera, durante la cual los franceses parece que quisieron abolir todo el pasado; la segunda, en la que volvieron a tomar parte de lo que habían dejado", dirá Tocqueville[26].

La Administración Pública, nacida de la Revolución, hereda los privilegios del Rey decapitado; pero los engarza con un peculiar entendimiento de la división de poderes. De algún modo los revolucionarios prolongan la antigua confusión entre administrar y juzgar[27].

El "acto administrativo" enlaza con el "acto del Príncipe", en un nuevo contexto político. Hoy se admite con normalidad la presunción de validez, aunque se discuta con razón, del acto administrativo, su fuerza ejecutiva o ejecutividad, la peculiaridad de su control judicial mediante una jurisdicción especial revisora que es el contencioso-administrativo. Esas características se encuentran con anterioridad a la Revolución francesa.

El Derecho intermedio recoge, con una u otra palabra, la presunción de validez de las decisiones del Príncipe[28]. La ejecutividad del acto y la posibilidad de le ejecución de oficio hay que entroncarlos con la "ejecución forzada" de las Partidas de Alfonso X o la "parata executio" que se elabora interpretando ampliamente la Ley aquiliara en relación con los privilegios del Fisco[29]. Un privilegio que supone actuar "*sine judice*" como se decía en el Derecho regio[30].

La distinción de "actos de imperio" y "actos de gestión" sobre la que se ha realizado una fundamental sistematización del Derecho administrativo francés y la tesis de que la Administración actua "a double face: la "face de pusissance publique" y la "face patrimoniale"[31] encuentra un precedente en el libro de Alfaro "Tractatus de oficiis fiscalis" en donde se afirma que el Príncipe "habet duplicem personam, publica et privata" y no es el único testimonio.

El acto administrativo –como el acto del Príncipe- implica una imposición unilateral. En expresión consagrada será la "*decisión executoire*" (Hauriou). En torno a él se creó la aureola de encarnación de la justicia en una concepción del Estado que se denominaría de Derecho. Aparecerá como una racionalización del poder frente al caos, sin el abuso del Antiguo Régimen. Por eso puede hablarse del mito del acto administrativo. En su meollo fue una eficaz

---

26   Alexis De Tocqueville, *El antiguo Régimen y la Revolución*, trad. Esp. Guadarrama, Madrid, 1969, pp. 16-17.

27   *Cfr*. G. Bibot, "La difficile distinction Droit public/Droit privé dans 1 ´ancien droit: 1´example du droit administratif", Droits, nº 28, p. 108. En general, *Introduction historique au droit administratif depuis 1789*, Paris, 2002.

28   Principum mandatum habet praesumptionem pro se. Princeps paesumitur nolle iniusta. *Cfr*. J. L. Villar Palasí, *Apuntes*, 2ª ed., T. II, p. 201. El *iussum* del Rey Juan II se refleja en los acuerdos de los Ayuntamientos: "Lo que fuese acordado por el Consejo y Regimiento de cualquier villa o lugar que vala y sea firme". *Cfr*. A. gallego, *Poder...* p. 297.

29   De la equiparación del Fisco al menor de edad, con base en fuentes romanas da cuenta, Ramón Lázaro de Dou y Bassols, "Instituciones de Derecho público general de España", Madrid, 1800, pp. 361-2.

30   *Cfr*. J.L. Villar Palasí, *op. cit.*, p. 202.

31   Laferrière, *Traité élémentaire de Droit administratif*, París, 1933.

instrumento político para la concentración del poder: del absolutismo a la centralización que "l'Europe nous envie", dirá Tocqueville. No sólo en Francia, también en Alemania, con formulaciones que se complementan.

III. EL ACTO ADMINISTRATIVO EN FRANCIA COMO RESULTADO DE LA NO FISCALIZACIÓN DE LA ADMINISTRACIÓN POR LOS TRIBUNALES ORDINARIOS

La filosofía política de los revolucionarios llevaba consigo la partición de la competencia jurisdiccional entre Tribunales ordinarios, a los cuales correspondían un orden civil y unos tribunales administrativos a los que correspondía un orden administrativo. Pero esta simetría, tan de gusto del momento, que es una faceta más de la pretenciosa aspiración racionalizadota, no era sincera, ni resultará verdadera.

El sometimiento del poder al Derecho debería haber supuesto la sumisión de la Administración pública -que entonces emerge como sucesora del Rey- a los tribunales: pero los revolucionarios tan pagados de su racionalidad, evitaron que su aceptación perjudicase el nuevo orden político. Los primeros revolucionarios son aristócratas que luchan por someter las ordenanzas reales a los parlamentos judiciales. Al triunfar la Revolución, sus auténticos beneficiarios, burgueses ilustrados, aprovechan la lección de lo que había sucedido y a lo que habían contribuido decisivamente. Se cuidan de afirmar solemnemente que el nuevo poder ejecutivo está sometido al judicial.

En la Asamblea constituyente de 1789 se consigna la prohibición de que los tribunales conozcan de los actos de la Administración. En Leyes posteriores se reitera con expresiones de gran contundencia. Así la Ley de 16-24 de Agosto de 1790 afirmará: "Las funciones judiciales son independientes y se mantendrán siempre separadas de las funciones administrativas. No podrán los jueces sin incurrir en el delito de prevaricación, intervenir de ninguna manera en las operaciones de los cuerpos administrativos". Y la Ley de 16 fructidor año III, de 3 septiembre de 1795 repite algo parecido; "se prohíbe terminantemente que los tribunales conozcan de los actos de la Administración cualquiera que fuese su especie".

Detrás de estas enfáticas declaraciones se encuentra la desconfianza hacia los Parlamentos judiciales vistos, por su composición, como una supervivencia del Antiguo Régimen, contrarrevolucionarios. El pragmatismo se impone al dogmatismo y éste, a su vez, proporciona una nueva solución que permita un mínimo de coherencia con sus postulados. Se ideará una hábil fórmula de compromiso: el control de la Administración por una jurisdicción especial, los *corps administratifs* elegidos por el poder ejecutivo. No se podía sostener que no existiese un control judicial. Este no podía ser ejercido por los tribunales ordinarios, sino por unos nuevos tribunales administrativos que entendían de los actos de la Administración de "cualquier especie" lo que impulsó a definir el acto administrativo con la máxima amplitud[32].

La orquestación teórica oculta o ignora la explicación real. Se llegará afirmar con absoluta naturalidad, que administrar no es sólo ejecutar –la ley- sino decidir las dificultades de la ejecución y juzgar las reclamaciones que la ejecución provoca. El poder de administrar lleva así, lógicamente, el poder de juzgar administrativamente, es decir, la jurisdicción[33].

---

32 La distinción entre actos administrativos y cuestiones civiles domina todo el Derecho administrativo francés y como un eco –a veces como la exportación de una enfermedad imaginaria- al de otros países. *Cfr.* R. Fernández De Velasco, "El acto administrativo", Madrid, 1929, p. 65.

33 Laferriere, *Traité élémentaire de Droit administratif*, Paris 1933, p. 548.

Un testigo cercano a los hechos, Cormenin[34], desvela el convencionalismo de las explicaciones doctrinarias, al tiempo que deja traslucir la realidad a que sirven los intereses creados por la Revolución. "Es una verdad que existe hoy una multitud de derechos adquiridos y de intereses privados que cubren la faz de Francia y que tienen su fundamento en la Ley administrativa, cuyo origen no se remonta más allá de la Revolución"[35]. Dicho más llanamente, la revolución crea unos intereses; posteriormente tiene que proteger jurídicamente esos intereses aunque sea distorsionando las reglas jurídicas tradicionales, para evitar la decepción y la enemistad de los beneficiarios que son al mismo tiempo el soporte de la Revolución. Por eso, sigue afirmando Cormenin, la Asamblea constituyente temió redescubrir los parlamentos antiguos en los tribunales; "no pensó más que en las necesidades o si se quiere en las urgencias de su política, pero no suficientemente en las necesidades de la Justicia"[36]. Los derechos debían ceder al imperativo revolucionario[37].

De la mano de este planteamiento político es fácil comprender el papel del acto administrativo. Bastaba sencillamente declarar que un determinado acto era administrativo para que quedase fuera del alcance de los tribunales ordinarios. Disposiciones que desarrollan leyes de 1790 califican de actos administrativos "todas las operaciones que se ejecuten por orden del gobierno, por sus agentes inmediatos y con fondos procedentes del Tesoro público". Es paradigmático lo que sucedió con las ventas de bienes nacionales que ayudó a hacer irreversible la Revolución, configurándolas como actos administrativos[38].

El acto administrativo venía a ser de ese modo el talismán de un nuevo Rey Midas. Era suficiente que una determinada actividad se declarase acto administrativo para que la bella simetría, soporte del Estado de Derecho tan pomposamente proclamado, quebrase sin más. Esto podía incluso suceder cuando los que interviniesen en una cuestión litigiosa fuesen particulares. Bastaba que la cuestión se plantease "a l'occasion d'un act administratif"[39].

No había, por otra parte y no es difícil comprenderlo, ningún límite a esa extensión del acto administrativo. El testimonio de Cormenin lo corrobora: "la Administración invadía muchas materias civiles con el pretexto fútil de su relación próxima o lejana con los intereses administrativos, sin que los jueces abrumados por el terror, osasen hacer ninguna reivindicación"[40].

Esta es la historia real del acto administrativo: una técnica jurídica al servicio del poder político de la Revolución[41].

---

34 Cfr. *Questions de Droit Administratif*, 2ª ed., Paris, 1823.

35 *Ibidem*, p. VII.

36 *Ibidem*, p. III.

37 G. Bigot, *loc. cit.*

38 Cfr. J.L. Meilán Gil, "La estructura de los contratos públicos, Norma, acto, contrato". Iustel, Madrid, 2008, pp. 77 y ss. "El reconocimiento de que se trataba de razones políticas y no teórico dogmáticas se encuentra" en Laferriere, *Traité* …. p. 602.

39 Berthelemy, *Trailé* … p. 598.

40 *Ibidem*, p. V.

41 En España una manifestación de la pugna entre Administración y Tribunales es la que ofrecen actos administrativos e interdictos. Un ejemplo es una Real Orden de 8 de mayo de 1839 acerca de los límites de las atribuciones administrativas y judiciales. "Las disposiciones y providencias que dicten los ayuntamientos y en su caso las diputaciones provinciales, en los negocios que pertenecen a sus atribuciones según las leyes, forman estado y deben llevarse a efecto, sin que los tribuna-

IV. EL ACTO ADMINISTRATIVO CONSTRUIDO A IMAGEN Y SEMEJANZA DE LA SENTENCIA

El paralelismo entre el acto administrativo y la sentencia se establece en la formulación del Estado de Derecho. El Rechstaat "se perfecciona en virtud del acto administrativo" en la contundente expresión Otto Mayer. El punto de partidas la particular relación entre los tres poderes del Estado. Para Mayer el poder legislativo, y su producto la ley, tiene la primacía. A su lado, pero subordinadamente, existe el poder ejecutivo que se divide a su vez en dos ramas: la justicia y la Administración. Estas dos ramas se desenvuelven paralelamente, ambas están sometidas a la ley.

La justicia aplica la ley en la sentencia, la Administración la aplica con la jurisdicción administrativa y con el acto administrativo. El Estado debe actuar "conforme a Derecho" (Stahl). Para que la Administración, que forma parte del Estado, actúe conforme a Derecho debe estar vinculada por la regla jurídica, dirá Mayer; o de otro modo "la acción de la Administración ha de ser dirigida, en la medida de lo posible, por reglas de Derecho". Pero, puesto que la regla de Derecho es insuficiente, hace falta que en el campo de la Administración exista algo análogo a lo que sucede en la jurisdicción con la sentencia, es decir un acto que declare en una situación individual lo que está de acuerdo con la regla de Derecho. Esta función la cumple dentro de la Administración el acto administrativo. Como dice Mayer "tal acto determina ahora una relación jurídica, que la misma autoridad está obligada a respetar y poner en ejecución tanto en beneficio del súbdito como contra él". Desarrollando la idea, "lo esencial es siempre la determinación jurídica del caso individual". Decisión de la Administración que determina frente al súbdito en un caso concreto "lo que ha de ser derecho para él", como en la sentencia. El acto administrativo completa la idea central del Rechsstaat, del Estado sometido al régimen del Derecho por la adaptación de las formas jurídicas a lo administrativo.

Posteriormente Jellinek completaría las analogías y diferencias entre acto administrativo y sentencia: ambos se ejecutan y realizan pese a la disposición de su destinatario, lo que en ocasiones ha llevado a atribuir al acto administrativo la naturaleza de cosa jugada[42], a equiparar la discrecionalidad administrativa al arbitrario judicial.

Aparte de la finalidad de no subordinar la Administración al poder judicial ordinario, como en Francia, en Alemania la equiparación del acto administrativo a la sentencia va a servir como instrumento del poder político. No es casualidad que la nación alemana se haya construido coincidiendo con el mando fuerte del Canciller de hierro, Bismark y la ideología del idealismo que inspira el Estado de Derecho. El Estado dirá Hegel es "la realización de la idea moral o ética". El fin del Estado es la realización del Derecho. El Derecho se realiza primordialmente a través de las declaraciones de los tribunales. El eslabón nuevo que se introduce en este razonamiento será que la Administración, al estar colocada al mismo nivel que la jurisdicción, adoptará los modos de la justicia y por eso el acto administrativo será, como la sentencia, realización concreta, en un caso determinado, de la justicia: aplicación de la ley.

---

les admitan contra ellas los interdictos posesorios de manutención o restitución". La batalla entre la fuerza ejecutiva del acto administrativo y la fuerza sumaria del interdicto es ganada por el primero como revela la jurisprudencia del Consejo Real de 1845 a 1868.

42   Ad exemplum, STS de 13 de julio de 1961 para fundamentar en ella la teoría del acto confirmatorio o el acto de reproducción.

Con este bagaje ideológico, la actividad de la Administración gozará de la presunción de justicia. El acto administrativo vendrá a ser la consecuencia del despliegue de la dinámica interna del Estado, de la inmanencia del ejercicio del poder[43]. Está legitimado desde el Estado autoproclamado de Derecho. Y como recordará Mayer, en relación con el acto administrativo, el Estado manda siempre unilateralmente[44]. De ahí la dificultad que ha existido en Alemania en aceptar el contrato administrativo[45].

V.   LA INFLUENCIA DEL DERECHO CIVIL

El derecho civil y sus instituciones van a incidir en la configuración del acto administrativo por distintas razones, aunque confluyentes. Por la madurez científica de su construcción, con una larga historia que procede del Derecho romano y su recepción académica orientada hacia el Derecho privado que suscitaba admiración[46]. Por los cambios que se habían producido en la relación entre la sociedad y el Estado. Consolidado el ideal revolucionario, el mundo liberal-burgués procura defenderse de la intromisión del Estado en los ámbitos que genéricamente se denominarán libertad y propiedad[47].

La seguridad del Derecho civil, dirá Hauriou a finales del XIX desde su declarada posición liberal, viene de que "la sociedad civil tiene más importancia que las formas políticas que le sirven de envoltura protectora". Consciente de la corriente socializante de la escuela de Burdeos (Duguit, Jéze) declara que: "hubo un tiempo en el que ser liberal suponía favorecer la expansión del Estado... hoy los papeles se han cambiado... se es liberal luchando por limitar el Estado"[48].

El mundo liberal-burgués prefiere el amparo del Derecho privado y de la jurisdicción ordinaria. La distinción entre actos de autoridad y de gestión lo manifiesta, al reducir el acto administrativo a los primeros. Los segundos son realizados por la Administración Pública, no como poder público, sino como persona jurídica, que inciden en el ámbito patrimonial. Serán los contratos que, venciendo resistencias, se configurarán como administrativos[49] sujetos a la jurisdicción administrativa porque versan sobre servicios públicos en los que se descubre una "puissance publique", convirtiéndolos en gestión pública[50]. La resistencia se manifiesta, por ejemplo en Berthelemy[51], que se declara liberal "Los servicios públicos -dirá- están so-

---

43   Un desarrollo aberrante conducirá al Führerprinzip, el Führer encarna la idea moral del Estado.

44   Otto Mayer, *Derecho* .... p. 125.

45   *Cfr.* J. L. Meilán Gil, La estructura.... pp. 59 y ss.

46   *Cfr.*, Otto Mayer, Derecho.... T. I, p. XXVIII; La admiración persiste en H. J. Wolf, Verwaltungsrecht, I, 5ª ed. Munich- Berlín, 1963, p. 1

47   En ello radica la "reserva de ley" para limitar la potestad del Ejecutivo de dictar reglamentos. *Cfr.* J.L. Meilán Gil "El poder normativo del Estado. A propósito de ley y reglamento en el Derecho español" *Revista Iberoamericana de Derecho Público y Administrativo*, N° 8 (2007) pp. 13-14.

48   Précis de Droit administratif et de Droit public général, Prefacio de la 3ª ed. en Obra escogida... p. 36.

49   *Cfr.* J. L. Meilán Gil, La estructura ... pp. 81-82.

50   *Cfr.* J. L. Meilán Gil, "Progreso tecnológico y servicios públicos", Thomsom-Civitas, 2004 pp. 21-23. Esa correlación está ya asentada en la 5ª edición del Precis de Hauriou publicada en 1903. En 1900 había publicado "La gestión administrativa", apud, Obra escogida, pp. 127 y ss. La 11ª edición de 1927 comienza enlazando servicio público y poder público. "El servicio público es la obra a realizar por la administración pública –el fin- el poder público es el medio de realización".

51   Melanges Hauriou, pp. 819-820. En la misma línea Laferriére.

metidos al Derecho común siempre que no se haya previsto el ejercicio de la autoridad propio del Derecho administrativo. Encontrar un pretexto para salirse de los principios ordinarios del Derecho es disminuir sin razón las garantías de los administrados". El acto administrativo se limitaba el acto de autoridad, de imposición unilateral, la *decision exécutoire*.

En Alemania, por influencia del Derecho civil, se construirá dogmáticamente el acto administrativo como negocio jurídico[52]. Esta línea se inició por Otto Mayer y adquiere notoriedad con Korman[53] y Fleiner[54]. Según el primero, los actos administrativos son declaraciones de voluntad que están dirigidas a crear relaciones jurídicas, que es lo propio del negocio jurídico. Desde un punto de vista dogmático se quiere diferenciar determinados actos de la Administración de otros que no tienen ese carácter negocial, porque se limitan a certificar algo ya existente, a informar o se trata de simples actos materiales.

Desde este punto de vista la teoría no se aparta de la función originaria del acto administrativo, sino que la refuerza. Dentro de la amplia panoplia de actos de la Administración existirían unos que merecerían con propiedad la calificación de acto administrativo.

Para afirmar esa diferencia, quizá no sea necesario ligar acto administrativo a negocio jurídico "por una cuestión de lenguaje"[55]. El acto administrativo implica una imposición unilateral, aunque en ocasiones su eficacia requiera una aceptación[56].

En la literatura francesa, Hauriou subraya que el acto administrativo es "una decisión adoptada en vista de producir un efecto jurídico", decisión que identifica como una declaración de voluntad, en diálogo con el Código civil alemán[57].

De esta orientación quedará en un amplio sector de la doctrina científica la concepción del acto administrativo como **declaración de voluntad**, sin más de la Administración (que produce efectos jurídicos subjetivos)[58] o se añade **de deseo, de conocimiento o de juicio** (realizada por un sujeto de la Administración pública en el ejercicio de una **potestad administrativa**) (Zanobini[59]) que en España acepta en sus propios términos Garrido Falla[60] y García de Enterría, éste con la adición al final "distinta de la potestad reglamentaria"[61].

52   Una exposición sucinta en A. Gallego Anabitarte, *Acto* … pp. 38-43.

53   System der rechtgeschäflichen Staatsakte, 1910.

54   Instituciones de Derecho administrativo alemán; trad. de S. Álvarez Gendín, Labor, Barcelona, 1933. Se sigue manteniendo por Wolff, Verwaltungsrecht. En España, ad exemplum, J. A. García Trevijano, *Los actos administrativos*, Civitas, 1986, pp. 68 y ss.

55   Crítica de Walter Jellinek y Forsthoff, en A. Galego Anabitarte, Acto… pp. 41-42.

56   *Cfr.* J. L. Meilán Gil, *La estructura* …. pp. 144-145.

57   *Cfr.* Maurice Hauriou, "La declaración de voluntad en el Derecho administrativo francés", Obra escogida. Instituto de Estudios administrativos, Madrid, 1976, pp. 211 y ss.

58   E. Sayagués Laso, *Tratado de Derecho administrativo*, I, Montevideo, 1953, p. 388. En análogo dirección J. Mª Boquera Oliver, *Estudios sobre el acto administrativo*, 4ª ed. Civitas, Madrid, 1986 p. 70, que en esa altura entiende que para la jurisprudencia el acto administrativo es declaración de voluntad singular o general de una Administración pública o un delegado suyo, con la que ejercita poder público administrativo.

59   Guido Zanobini, *Corso di diritto anministrativo*, 8ª ed. Milán, 1958, Vol. V Principi generali.

60   *Tratado de Derecho administrativo*, I, 13ª ed. Tecnos, Madrid, 2002, p. 547.

61   *Curso de Derecho administrativo*, 6ª ed. Civitas, Madrid, 1993, p. 520.

VI. LA DISPERSIÓN DOCTRINAL

Las concepciones –e incluso definiciones- sobre el acto administrativo son muy diversas. No es cuestión de realizar una enumeración, aunque fuese sucinta. Las divergencias derivan con frecuencia de la perspectiva desde la que se entiende el Derecho administrativo. En una síntesis convencional podría admitirse que desde un concepto más bien reducido en el origen se produce posteriormente una auténtica inflación, que invita a un ensayo de reconducción a lo que se estima que serían los elementos de una categoría jurídica autónoma y diferenciada.

Dos muestras serán suficientes para comprobar la ampliación del concepto de acto administrativo. El profesor BALLBÉ[62], abierto a las aportaciones italianas, es una referencia, en los años cincuenta del pasado siglo. Referirse al acto administrativo, en singular, como una actividad particularmente solemne de la Administración es confundir -decía- lo que merece ser el acto con lo que en realidad es, tomando la parte por el todo. El acto administrativo es "cualquier acción, toda conducta, comportamiento o manifestación anímica de la Administración regida por el Derecho público" y el adjetivo anímico comprende cualquier manifestación de voluntad, deseo, conocimiento o juicio. Actos administrativos serán los de consejo o informe, también los materiales o de ejecución. El acto administrativo no es sólo un mandato, un mandar, es también un realizar. Para precisar, de todos modos, que esa manifestación es unilateral, de los órganos del Estado en el ejercicio de función administrativa sujeta al Derecho público[63].

La apoteosis de la ampliación del concepto podría decirse que se produce en Guaita[64]. Acto administrativo es acto sujeto al Derecho administrativo, aunque no lo haya dictado la Administración, sea un reglamento, sean unilaterales, bilaterales o contratos, declaren una voluntad eficaz, una resolución (negocios jurídicos) declaren o manifiesten un deseo, un conocimiento o ciencia, un juicio (actos no negociables), sean externos o internos, declarativos o de ejecución material.

VII. ENSAYO DE RECONDUCCIÓN DE LOS ELEMENTOS ESENCIALES DE LA CATEGORÍA JURÍDICA

Hasta qué punto esa pluralidad de actos puede reconducirse a un singular que sea expresión de una categoría jurídica. Estas nacen en un momento determinado al servicio de intereses determinables en un contexto también específico. Aunque susceptibles de profundización y de adaptación a nuevos escenarios han de conservar lo esencial para que no sean desvirtuadas. Por eso se ha prestado atención al origen histórico del acto administrativo, una construcción artificial deudora de intereses acusados. Se tratará, por tanto, de ver hasta qué punto los datos de origen siguen siendo válidos para identificar la categoría y qué otros aportados con posterioridad contribuyen al mismo fin.

---

62   *Cfr.* M. Ballbé, "Actos administrativos" *Nueva Enciclopedia jurídica*, t. II. Barcelona, 1950.

63   Por un concepto amplio de ese tipo se decanta J. A. García Trevijano, *Los actos administrativos*, Civitas, Madrid, 1986, pp. 95-99.

64   Aurelio Guaita, "El concepto de acto administrativo", *REDA*, 7 (1975, p. 549).

1. La potestad administrativa

En el comienzo el acto administrativo implica ejercicio de un poder –de la Administración- fiscalizable por una jurisdicción especial. Esta circunstancia procesal es determinante. El ejercicio del poder implica una imposición que se identificará como unilateral.

Esa circunstancia permite considerar el acto administrativo desde el Derecho del mismo nombre, sin acudir a préstamos del Derecho civil. El acto administrativo es resultado del ejercicio de un poder, o si se prefiere de una potestad, reconocida por el Derecho, una potestad administrativa, inicialmente reconocida a la Administración Pública. No es necesario acudir a la declaración de voluntad[65]. Aplicada al acto administrativo es una "metáfora", significa un inadecuado antroformismo. Yendo al fondo, voluntad y potestad juegan en ámbitos diferentes. La primera opera fundamentalmente en el Derecho privado que es el dominio de la autonomía de la voluntad. La segunda, en el del principio de legalidad.

La diferencia se aprecia de un modo rápido si se examinan los vicios jurídicos de una y otra. No es, en el caso de la potestad, la vis, el metus, el dolo –aunque alguna repercusión puede tener en el titular de la competencia[66]- sino la incompetencia, el contenido imposible o ilícito, ausencia del procedimiento legalmente establecido, infracción del ordenamiento jurídico, incluida la desviación de poder[67]. Este último vicio es paradigmático. Lo decisivo no es la voluntad del titular que dicta el acto, sino "el ejercicio de potestades administrativas" para fines distintos de los fijados por el ordenamiento jurídico[68]. La desviación de poder no equivale a abuso de Derecho, ni por el origen, ni por sus efectos; ni discrecionalidad se identifica con autonomía de la voluntad. Esta supone para el particular libertad de elegir la actuación que estime conveniente, sin más limitación que lo que esté prohibido. La discrecionalidad es simplemente ausencia de determinación en la norma de los presupuestos de ejercicio de la potestad. Un silencio consciente para que la Administración elija, en una decisión, lo que es lo justo y apropiado en un caso al interés general que debe servir. Su límite no es lo no prohibido, sino lo permitido, más aún lo ordenado, -vinculación de la potestad a su fin- aunque esto último no esté expresamente determinado en la norma.

Al subrayar la importancia de la potestad administrativa se permite reconocer la existencia de auténticos actos administrativos en aquellos órganos del Estado, distintos de la Administración, cuando desarrollan funciones que no son las que caracterizan su inserción constitucional, o por entes a quienes el ordenamiento jurídico atribuye funciones sustancial o materialmente administrativas y que hacen posible la revisión de los actos por la jurisdicción contencioso-administrativa[69].

---

65   En ese sentido, J.L. Villar Palasí, en *Apuntes de Derecho administrativo (1966-1967).*

66   Para no interrumpir el hilo de la argumentación no se analiza el error o la violencia en relación con el recurso extraordinario de revisión contra actos firmes en vía administrativa, (art. 118 de LRJA-PAC).

67   *Cfr.* artículos 62 y 63 de la Ley 30/1992 de ley de Régimen jurídico de las Administraciones públicas y del procedimiento administrativo común que se refieren a la nulidad y anulabilidad de los actos de las Administraciones Públicas.

68   Artículo 70 de la Ley 29/1998 reguladora de la Jurisdicción contencioso-administrativa.

69   En España, Congreso y Senado, Consejo general del Poder Judicial, Tribunal Constitucional, Tribunal de Cuentas, Defensor del Pueblo…., actos en materia de personal, administración y gestión patrimonial sujetos al Derecho público. *Cfr.* artículo 1,2 de la Ley 29/1998.

Y, por supuesto, los actos de particulares en cuanto sean titulares de potestades administrativas reconocidas por el ordenamiento jurídico, como ocurre en concesionarios de servicios públicos.

2. *Incidencia directa en situaciones jurídicas*

La amplitud antes señalada con que se ha caracterizado el acto administrativo en la doctrina ha propiciado un movimiento de reducción de aquella[70]. En Italia, y el dato es significativo, un sector ha distinguido dentro de los actos de la Administración, los *provvedimenti ammnistrativi* y los actos administrativos instrumentales. Aquellos serán los actos administrativos "por excelencia o en sentido propio"[71]. Si todos los actos de la Administración tienen como finalidad la realización de un interés público concreto (Alessi) o son expresión actual de la autoridad (Giannini) los *provvedimenti* realizan ese interés público de una manera inmediata, en tanto que los instrumentales los realizan de modo mediato. Se vuelve a repristinar la comparación de los *provvedimenti* con las sentencias. Así como la sentencia no es el único acto del juicio[72], lo mismo ocurre con el provvedimento, que va precedido y seguido de actos instrumentales. Dicho con palabras de Giannini, los provvedimenti actúan el "momento" de la autoridad, suprimen o comprimen la libertad de algunos particulares, determinan en un caso concreto las relaciones de autoridad-libertad.

La distinción expuesta viene a subrayar la importancia del procedimiento administrativo[73]. El iter de ese provvedimento –en la tradición española, la resolución- viene precedido por unos actos –de trámite- y seguidos por actos de ejecución[74]. Unos y otros tienen como referencia el acto administrativo, que produce como efecto incidir en una situación jurídica. Esto último es lo que lo diferencia de los otros. La distinción sería equivalente a la expuesta por Otto Mayer entre negociales y no negociales. La resolución –el acto administrativo- ha de producirse de acuerdo con el procedimiento debido. En ese sentido, el *iter* del ejercicio de la potestad es diferente al de la voluntad.

Los actos instrumentales –de trámite- están vinculados a la resolución, a cuya validez contribuyen. Sin resolución –acto definitivo-, que le sirva de fundamento jurídico, no podrá llevarse a cabo ningún acto de ejecución material. Es lógico que los actos de trámite puedan ser objeto de recurso administrativo como las resoluciones cuando de algún modo las sustituyen o las impiden[75]. Por eso, se comprende que se haya negado en la tradición española[76] que los consejos y dictámenes de las corporaciones administrativas sean actos administrativos. Se reserva esta calificación para los actos que tengan "la fuerza de ejecutivos y obligatorios, sin otro trámite". La ley de lo contencioso de 1888-94 reconocía a las **resoluciones** administrativas como el objeto del proceso administrativo.

---

70   Por una noción restringida del acto administrativo, que comparto, en la doctrina española, Villar Palasí, Gallego Anabitarte, Bocanegra Sierra, muy marcado por una orientación alemana.

71   *Cfr.* M. S. Giannini, Atto... pp. 163-165.

72   No es el proceso, sino la sentencia lo que constituye el acto judicial, dirá A. Merkl, *Teoría General Del Derecho Administrativo*, Comares, Granada, 2004, P. 225.

73   *Cfr.* artículo 107 de la LRJAPAC.

74   En el mismo sentido, G. Vedel-P.Devolvé, *Droit administratif*, PUF, 11ª ed., 1990, pp. 254-257.

75   Artículo 107,1 de la LRJAPAC.

76   En la vieja Enciclopedia jurídica Seix.

Los efectos del acto administrativo, su modo de manifestarse y su incidencia son fundamentales para su configuración. Son parte esencial de la explicación del origen del acto administrativo. Como declaración jurídica resulta obvia su diferencia con un hecho, aunque de éste se deriven efectos jurídicos de acuerdo con el Derecho administrativo, como puede ocurrir con el mero transcurso del tiempo o como causa de responsabilidad.

El acto administrativo, desde esa misma perspectiva, también difiere de la sentencia. Aquél es una imposición unilateral, aunque sometida al Derecho, que incide primaria y originariamente en una situación jurídica de un tercero. La sentencia –en el contencioso-administrativo- incide secundariamente al revisar el acto o con motivo de un acto. La sentencia procede de un órgano judicial independiente. La resolución de un recurso administrativo es un acto administrativo que procede del mismo órgano que dictó la resolución recurrida (recurso de reposición) o de otro con el que está relacionado jerárquicamente[77].

De acuerdo con lo expuesto, el acto administrativo puede ser entendido como una declaración jurídica –de derechos y obligaciones- que incide en situaciones jurídicas concretas, reconociéndolas, creándolas, modificándolas o extinguiéndolas. Declaración que es resultado del ejercicio de una potestad administrativa[78]. Por esa incidencia se distinguiría de actos de trámite y de ejecución insertos o ligados a un procedimiento. Por la unilateralidad se distinguiría del contrato, en el que es esencial la bilateralidad, aunque la Administración conserve prerrogativas en la concepción tradicional del contrato y puedan separarse actos de preparación del contrato, precisamente por los efectos que producen[79].

Esta aproximación se corresponde con el origen del acto administrativo y la tradición francesa ligada a la *décision executoire,* a la orientación italiana del *provvedimento,* a la concepción mayeriana recogida en la vigente ley alemana[80] y a la tradición española y el Derecho positivo[81].

---

77 Como se expuso anteriormente a estos actos algún autor los denomina jurisdiccionales. Lo son en cuanto resuelven un recurso, pero entiendo que ello no cambia la naturaleza del acto administrativo. Tampoco entiendo que sea necesario distinguir en el acto administrativo, esencialmente unilateral, los que sean decisiones "executoires" y los que no se consideren como tales porque no modifican la situación, al desestimarse un recurso administrativo (Vedel, *op. cit.,* pp. 246-247). Se trata de un acto administrativo confirmatorio de otro, que evita la alteración de la situación reconocida.

78 En la misma dirección R. Fernández De Velasco, El acto administrativo, Madrid, 1929, pp. 15 y ss. Acto administrativo es "toda la declaración jurídica unilateral y ejecutiva en virtud de la cual la Administración tiende a crear, reconocer, modificar o extinguir situaciones jurídicas subjetivas".

79 *Cfr.* J. L. Meilán Gil, *Estructura...* pp. 131-151.

80 El artículo 35 de la Verwaltungsverfahrensgesetz (ley de procedimiento administrativo) define el acto administrativo como toda disposición, decisión u otro medida de poder adoptada por una autoridad para el régimen de un caso particular en el ámbito del Derecho público, con efectos jurídicos directos al exterior, se sobreentiende de la Administración pública a cuya organización pertenece la autoridad que ejerce una potestad.

R. Bocanegra, *Lecciones...* pp. 33 y ss. pone el acento en la regulación -regelung- que no se utiliza aquí para evitar los equívocos que pudieran derivarse de la regulación económica ahora de actualidad.

81 Un espigueo. El Titulo V de la LRJAPAC se refiere a disposiciones y actos administrativos. La denominación no es unitaria. Su capítulo II habla de los requisitos de los actos administrativos. En el III de los actos de las Administraciones Públicas sujetos al Derecho administrativo al referirse a la ejecutividad y a la eficacia (artículos 56 y 57). Al tratar de la notificación se habla de resolucio-

3. *Acto administrativo y jurisdicción contencioso-administrativa*

La aparición del acto administrativo, como categoría jurídica, en el mundo del Derecho está ligada a la creación de una jurisdicción especial, distinta de la ordinaria, por los intereses políticos expuestos, para consolidar el nuevo orden político surgido de la Revolución y que sería confirmado, en este aspecto, después de la Restauración monárquica y en las etapas siguientes. Se alumbrará la diferencia entre recurso de anulación y de plena jurisdicción, en un encomiable esfuerzo del Conseil d'Etat por hacer más efectivo el control del poder acumulado en la Administración de que el propio Consejo es testimonio desde su mismo nacimiento. Por eso, resulta significativo que el limitado recurso de anulación se denomine por "exceso de poder". La ligazón del acto administrativo a lo contencioso-administrativo se mantiene[82].

El Derecho español, como tantos otros, ha operado en esta órbita aunque la ley de 1956[83], con una lúcida exposición de motivos no admitió las dos clases de recursos citados liberándose de un corsé que no respondía a la tradición y hace más difícil y restrictivo el control de la Administración y el reconocimiento de los derechos del ciudadano. Pese a afirmaciones de aquella exposición, el contencioso-administrativo sigue considerándose como una "jurisdicción" revisora del acto, aunque la revisión no implique un automatismo cerrado. Por eso se mantiene el término de "recurso" ligado al acto previo (*préalable*) por respeto a la tradición, aunque reconoce "las fundadas objeciones de que ha sido objeto" y, en ocasiones, utiliza alternativamente el de "acción". En definitiva, el contencioso administrativo se configuró como "un proceso al acto". En ello encuentra explicación la fabricación artificial del acto, cuando éste no es expreso, apelando al régimen del silencio, y por eso se dice que la procedencia de la acción contencioso-administrativa "esencialmente" es que el "acto no sea conforme a Derecho".

Es cierto que en la propia ley se apuntó un cambio que ha sido interpretado por la jurisprudencia y permitiría un nuevo enfoque a partir de la Constitución de 1978. En ese sentido la exposición de motivos dejó dicho con claridad que ante la jurisdicción contencioso-administrativa "se sigue un auténtico juicio o proceso entre partes" que "tiene por objeto específico el conocimiento de las pretensiones que se deduzcan en relación con los actos de la Administración pública sujetos al Derecho administrativo" (art. 1°). El acto administrativo, se reconocerá en vía jurisprudencial, no es el objeto del proceso, sino sólo su presupuesto.

El acto administrativo empieza a dejar de ser el monopolio de lo contencioso-administrativo. Además de la nulidad del acto, el accionante podría ya entonces pretender "además" el reconocimiento de una situación jurídica individualizada y la adopción de medi-

---

nes y actos administrativos que afecten a sus derechos y e intereses (artículo 58). Al tratar actos de la nulidad y anulabilidad se habla de actos de la Administración pública.

El objeto de los recursos administrativos son las resoluciones –actos definitivos en el artículo 25 de la LJCA- y los actos de trámite, si estos últimos deciden directa o indirectamente el fondo del asunto... (artículo 107 de LRJAPAC). Acto administrativo como decisión con efectos en derechos o intereses de terceros.

82 En ese sentido se afirma que los actos administrativos unilaterales "font grief". *Cfr.* G. Vedel-P. Devolvé, *Droit*...pp. 240-242. Esa ligazón se observa en el Derecho comunitario. Según el artículo 230 del Tratado, versión consolidada, el Tribunal de justicia controlará la legalidad de los actos....

83 *Cfr.* J. L. Meilán Gil, Prólogo al libro de Marta García Pérez, *El objeto del proceso contencioso-administrativo*, Aranzadi, 1999.

das para su restablecimiento (art. 42). La jurisdicción, podría decirse, operaba con ocasión de un acto administrativo. La pretensión pasaba a tener prevalencia sobre el acto[84].

La relación entre acto administrativo y jurisdicción contencioso-administrativa fue fundamental para la configuración jurídica de aquel. En el estadio actual, que se incoa en la interpretación antes expuesta, el contencioso-administrativo no se ciñe ya exclusivamente al acto administrativo.

Este no tiene que construirse al modo procesal[85], como el acto susceptible de ser revisado por una jurisdicción especial. El acto administrativo, incluso en el momento histórico de su alumbramiento, existía aunque no fuese recurrido judicialmente. Atribuía, reconocía o limitaba o imponía derechos y obligaciones. Precisamente, por esto podía suscitarse una controversia ante la nueva jurisdicción contenciosa. La accesibilidad al contencioso revela la naturaleza jurídica del acto administrativo.

4. *Acto administrativo, actuación administrativa y derechos fundamentales*

La Constitución de 1978 ha permitido dar un paso importante para que el contencioso-administrativo español haya dejado de estar vinculado exclusivamente al acto administrativo. Según el artículo 103, clave en la nueva orientación, la "Administración pública **sirve** con objetividad los intereses generales... con sometimiento pleno a la ley y al Derecho". El artículo 106 declara que "los tribunales controlan la potestad reglamentaria y la legalidad de la **actuación** administrativa"[86].

De la intencionalidad de esa nueva redacción puedo dar una interpretación cuasiauténtica por haber intervenido en su redacción como constituyente. La posición de la Administración como servidora orienta a considerar sus potestades, no como privilegios, sino vinculadas al fin que será concreción del interés general. El sometimiento del Derecho –de influencia de la ley fundamental de Bonn- supone superar estrictos límites de la ley dando cabida a los principios generales del derecho con toda naturalidad, alguno de ellos incorporados a la Constitución (artículo 9), que son el "oxígeno que respiran las normas"[87].

La "actuación" permite incorporar como objeto del contencioso-administrativo "todas las actuaciones –de la Administración- que realiza en su condición de poder público". Se conocerán en ese orden jurisdiccional "las pretensiones que se deduzcan en relación con la

---

84 *Cfr.* J. L. Meilán Gil "El objeto del contencioso-administrativo", en *El proceso contencioso-administrativo*, Escola galega de Administración Pública, Santiago de Compostela, 1994, pp. 19-38.

85 Sobre esto *cfr.* R. Bocanegra, Lecciones ... p. 31, aunque me parece excesiva la afirmación de que "la configuración institucional de los actos administrativos pasa inexcusablemente por su desgajamiento del acceso al contencioso".

86 *Cfr.* J. L. Meilán Gil, "La Administración pública a partir de la Constitución de 1978", en *Revista española de Derecho constitucional*, 47 (1996) pp. 55 y ss. También "La Administración Pública: naturaleza jurídica", en *Administraciones Públicas y Constitución*, INAP, Madrid, 1998, pp. 497 y ss.

87 STS de 19 de mayo de 1990. *Cfr.* J. L. Meilán Gil, "Los principios generales del Derecho desde la perspectiva del Derecho público en España", *Actas del VII Foro Iberoamericano de Derecho administrativo*, Valladolid, 2008, pp. 409 y ss.

actuación de las Administraciones públicas sujeta al derecho administrativo ......"[88]. La actuación comprende "inactividades u omisiones", la actividad prestacional, las actividades negociales de todo tipo, las actuaciones materiales. La actuación equivaldría a un "comportamiento".

No es del caso examinar lo andado y lo que quede por andar en un trayecto que supone la disminución del protagonismo del acto administrativo a favor de la pretensión, desde la perspectiva procesal, y su acercamiento al sistema anglosajón. El cambio está señalado.

A la disminución de ese protagonismo ha contribuido decisivamente la emergencia de los derechos fundamentales[89] con la Constitución y singularmente el derecho a la tutela judicial efectiva (artículo 24 de la CE), como confirma consolidada jurisprudencia. En ese sentido es paradigmática la actual regulación de las medidas cautelares, anteriormente circunscritas a la suspensión de ejecución del acto administrativo[90], como una medida excepcional.

5.   *Algunas consecuencias prácticas*

Desde esa aproximación cobra importancia determinar el momento en que se produce la declaración de derechos y obligaciones que afecta a la Administración y al particular. Hasta tanto que esa declaración no se produce el acto es inimpugnable. Por eso, muy acertadamente la jurisprudencia reiteradamente declara que no es "finalidad del recurso dictar resoluciones para prevenir o evitar agravios futuros o corregir anticipadamente defectos probables, sino meramente la de restaurar por revocación o anulación los agravios o perturbaciones originados a tales derechos por actos de la Administración"[91]. En ese caso el recurso es extemporáneo.

Tomando como punto de partida la declaración jurídica en el sentido que ha venido exponiéndose se da respuesta a la ejecutividad del acto, de la que se ha discutido si es o no una característica o nota esencial. Sólo será ejecutivo el acto administrativo, porque sólo él declara derechos y obligaciones. Por esa razón no tendría sentido hablar de la fuerza ejecutiva de un acto de trámite, de un informe o de un certificado.

Lo reiteradamente sostenido proyecta claridad sobre la teoría de los actos consentidos. Sólo pueden consentirse los actos administrativos en tanto declaraciones de derechos y obligaciones.

---

88   Artículo 1 LJCA 29/1998 de 13 de julio, además de actos -y disposiciones-de otros órganos constitucionales o previstos en la Constitución; según expuso anteriormente con carácter general al hablar de la potestad administrativa.

89   La prevalencia reconocida en los artículos 9 y 53 de la CE tiene un precedente en la ley para la reforma política en cuyo proyecto de ley se introdujo como enmienda mía: "los derechos fundamentales son inviolables y vinculan a todos los órganos del Estado". Sobre ella, que se juzga "de gran trascendencia", cfr. Pilar y Alfonso Fernández-Miranda, *Lo que el Rey me ha pedido*, Barcelona 1995, p. 261. J. González Pérez "Prologo" al libro de A. Fernández Carballal, *El urbanismo finalista*, Civitas, UDC, Madrid 2002, p. 16 con citas de González Navarro y Hernández Gil.

90   "Los interesados podrán solicitar en cualquier estado del proceso la adopción de cuantas medidas aseguren la efectividad de la sentencia" (artículo 129 de la LJCA 29/1998). Con anterioridad a esa ley cfr. J.L. Meilan Gil, "La suspensión jurisdiccional de los actos administrativos desde la constitucionalización de los derechos fundamentales", *Perspectivas constitucionais. Nos 20 anos da Constituiçao de 1976*, Jorge Miranda, organizador, Coimbra editora, 1997, pp. 149-180.

91   STS 12 de junio de 1965.

No serían consentibles los actos que son "satélites" de ellas, como los actos de ejecución. La declaración jurídica constituirá el canon de la conformidad o no a Derecho de éstos.

6. El acto administrativo como concreción de la norma

Desde un punto de vista dogmático, el acto administrativo responde a la necesidad de concretar la norma a uno de los supuestos de hecho previstos por ella ya que, como observó Aristóteles, la Ley no puede cubrir la infinitud de los supuestos singulares. A la norma se anudan los derechos y obligaciones de cada cual; ésta es su primordial función técnico-jurídica. A veces esos derechos y obligaciones se anudan a la norma directamente[92]. Pero eso ocurre raramente en el ámbito del Derecho administrativo, y ésta es una de sus peculiaridades. La jerarquía de las normas se alarga, a veces extraordinariamente, en un proceso de concreción. Entre la norma y sus destinatarios se interpone la Administración, provenga aquélla del legislador o de ella misma. Es una peculiaridad del Derecho administrativo.

Sucede, además, que en muchas ocasiones la regulación del supuesto de hecho no se hace de golpe, sino mediante una gradación sucesiva de normas ordenadas según un criterio de mayor concreción[93].

La creación de derechos y deberes en los particulares por su conexión directa a la norma es posible sólo cuando se opera sobre un objeto uniforme o inalterable, cuando se pretende conductas uniformes en todos los destinatarios de las normas, sin que haya necesidad de concretar el cuándo o el cómo. Pero lo normal es que los derechos y deberes, que encuentran su fundamento en una norma, exijan una concreción de ésta, "una modalización singular" respecto a circunstancias singulares: respecto del sujeto o respecto del propio contenido del acto. Lo peculiar del Derecho administrativo es que esa labor no se realiza exclusivamente por la vía de interpretación de unos Tribunales; la misma norma encarga a la Administración la tarea de concretarla a cada supuesto singular, de modalizar en cada caso los derechos y deberes que la norma genéricamente otorga o impone.

La función fundamental del acto consiste en ser la última fase en la concreción de los derechos y deberes que se engarzan en una norma, con capacidad por tanto de modalizarla, de adaptarla a las situaciones singulares y tanto cuando se actúa su ejercicio de potestades regladas como, y con mayor razón, si se actúa en el ejercicio de potestades discrecionales[94]. Esta es la misión del acto administrativo: operar la máxima concreción de la norma, que es su aplicación singular.

Desde esta perspectiva no serían actos administrativos, en tanto no conllevan una declaración jurídica con los efectos indicados con anterioridad, los actos instrumentales o de procedimiento. Ayudan a la concreción de la norma. Son hitos, a veces indispensables, para la declaración que contiene el acto administrativo como resolución o acto definitivo que pone

---

92   Sin necesidad de un previo acto de requerimiento o sujeción individual, por utilizar la expresión del artículo 39 de la LJCA de 1956, o cuando no se precisa de actos de aplicación, según el artículo 29 de la Ley de 1988.

93   *Cfr.* J.L. Meilan Gil, *La distinción entre norma y acto administrativo,* Escuela Nacional de Administración Pública, Madrid, 1967, pp. 45-46. Renato Alessi, *Principi di diritto amministrativo,* Milán, 1966, p. 9, habla de normas incompletas que necesitan ser completadas en un proceso de integración estructural.

94   Un ejemplo, entre muchos en materia de urbanismo: plan general de ordenación urbana, plan particular, licencia.

fin al procedimiento. Cuando esos actos instrumentales impiden ese final previsto -la declaración jurídica- se sitúan en la misión que corresponde al acto administrativo, determinan la declaración por vía negativa y por eso son recurribles[95].

La posición que aquí se sostiene implica una distinción entre lo que es propiamente una norma y lo que es un acto, aunque ambos sean resultado del ejercicio de una potestad administrativa, incluso por un mismo titular. La cuestión es que no es raro, sin embargo, en sectores de la doctrina científica calificar de actos, con diferentes efectos jurídicos a ese par de conceptos, normalmente por su consideración desde una teoría general del Derecho[96].

No parece cuestionable que la Constitución o la ley aprobada por un Parlamento sean normas jurídicas[97]. La cuestión antes citada se plantea en relación con las normas administrativas, típicamente los reglamentos, así denominados y demás disposiciones administrativas que proceden de órganos o entes administrativos diferentes[98].

La diferencia entre norma y acto, como categorías jurídicas diferentes se plantea en ordenamientos jurídicos, como el estadounidense, que no operan con el acto administrativo, lo que proporciona un indicio de que la distinción puede obedecer a que manifiestan categorías jurídicas[99].

Esa potencialidad de innovar el ordenamiento es nota decisiva para distinguir el reglamento –y disposiciones administrativas- y el acto administrativo. No son adecuadas las dos acepciones de fuentes del derecho a las que se aludió anteriormente, ni por lo que se refiere al poder de donde "mana" el Derecho, ni por el modo o forma en que se manifiesta. Un mismo órgano puede producir un reglamento -para regular determinados aspectos de los funcionarios públicos -o un acto- el nombramiento de un funcionario. Una y otra pueden aparecer bajo la misma forma. Por Decreto puede aprobarse el reglamento y realizarse un nombramiento.

---

95 Artículo 25 de la LJCA española.

96 *Vid.* Supra.

97 En el caso español, el artículo 9,1 de la Constitución de 1978 habla de que "los poderes públicos están sujetos a la Constitución y al resto del ordenamiento jurídico".

98 *Cfr.* J. L. Meilán Gil, "El poder normativo: a propósito de ley y reglamento en el Derecho español" en *Estudios jurídicos en homenaje al Prof. Mariano R. Brito*, FCU, Montevideo en especial pp. 785-792.

99 The Administrative Procedure Act contiene definiciones que reflejan una distinción equivalente de normas y actos: "rule" means the whole or a part of an agency statement of general or particular applicability and future effect designed to implement, interpret, or prescribe law; "rule making" means agency process for formulating, amending, or repealing a rule; "order" means the whole or a part of a final disposition, whether affirmative, negative, injunctive, or declaratory in form, of an agency in a matter other tan rule making but including licensing; "adjudication" means agency process for the formulation of an order; "license" includes the whole or a part of an agency permit, certificate, approval, registration, charter, membership, statutory exemption or other form of permission; "licensing" includes agency process respecting the grant, renewal, denial, revocation, suspension, annulment, withdrawal, limitation, amendment, modification, or conditioning of a license.

Las agencias reguladoras, en el peculiar Derecho estadounidense, se ocupan principalmente de "rule making" y "adjudication". En concreto, como se ha subrayado en relación con las agencias administrativas sus "adjucative functions" son de particular importancia porque "through adjudication general rules are given concrete aplication in individual cases" *Cfr.* Peter Voll, *Administrative Law*, The informal process University of California Press, p. 2.

Para distinguir disposiciones reglamentarias y acto administrativo se ha defendido el criterio ordinamentalista como clave, entendido como la integración o no en el ordenamiento jurídico. En la utilización de ordenamiento jurídico en lugar de Derecho, que serían equivalentes al hablar de fuentes[100], tiene que ver la perspectiva iusadministrativista, ampliadora de la original civilista, que reconoce, además de la ley, disposiciones que proceden del poder ejecutivo, con naturaleza también normativa[101]. El fondo de la cuestión estribará, por tanto, en discernir si los actos administrativos se integran, como los reglamentos y otras disposiciones administrativas de análoga naturaleza, en el ordenamiento jurídico.

Esa integración se manifestaría indiciariamente por la no consunción de la norma reglamentaria frente a la consunción del acto administrativo[102]. El por qué de la integración y el fenómeno de la no consunción encuentran su explicación y tienen fundamento en el carácter innovador o no de la norma o del acto[103].

La innovación, ese algo nuevo que se introduce, consiste, o bien en una creación radical (por ejemplo, el resultado del ejercicio de la potestad organizatoria), o bien en un desarrollo con o sin derogación de normas anteriores. La finalidad objetiva de la norma de integrarse en el ordenamiento jurídico se explica por su fuerza de innovar. Esto es lo definitivo.

La no consunción de la norma significa la posibilidad de que sea revivida posteriormente de una manera explícita o implícita. Justamente lo contrario es lo que sucede a un acto: ceñido a un supuesto de hecho concreto, a él va ligado y con él muere: el mismo acto no puede volver a utilizarse para otro supuesto de hecho diferente.

Pues bien, esta posibilidad de reviviscencia de la norma frente al definitivo encadenamiento del acto a su supuesto de hecho concreto se explica porque la norma ha introducido alguna novedad objetiva, independientemente del supuesto de hecho determinado que haya sido su *occasio*[104]. La reviviscencia de la norma, la liberación del supuesto de hecho que ha sido su soporte –la *occasio* normativa- sólo es posible por su carácter de innovación. Las bases aprobadas para regular un concurso concreto pueden ser utilizadas para otro. La adjudicación realizada al resolver el concurso termina definitivamente su función, no puede extenderse a otro destinatario; se precisa la convocatoria -acto- de un nuevo concurso, que puede utilizar las mismas bases.

En la versión anterior se reconocía, siguiendo la orientación de mi maestro Villar Palasí, que la innovación podía consistir en un "empobrecimiento" del ordenamiento jurídico, de lo que era muestra la derogación. Creo, sin embargo, que la afirmación debe ser rectificada. En primer término, porque lo definitivo de la innovación es que algo se incorpora al ordenamien-

100 El artículo 1 del título preliminar del Código civil español reformado en 1973-74 habla de "las fuentes del ordenamiento jurídico español".

101 *Cfr.* sobre la aportación de la perspectiva iusadministrativista, *Cfr.* J.L. Meilán Gil, "Los principios generales del Derecho desde la perspectiva del Derecho público en España", Actas del VII Foro Iberoamericano de Derecho administrativo, Junta de Castilla y León, 2008, pp. 409 y ss. y la versión inicial del presente trabajo, A. VIII Foro, pp. 389-392.

102 *Cfr.* E. García De Enterría, inicialmente en "Recurso contencioso directo contra disposiciones reglamentarias y recurso previo de reposición" *RAP*, 29 (1959) pp. 101 y ss. ha sido matizada en Curso de Derecho administrativo, I, 6ª ed., Civitas, 1993, pp. 173-176 aceptando la innovación.

103 J.L. Meilán Gil, *La distinción entre norma y acto administrativo*, Escuela Nacional de Administración Pública, Madrid, 1967.

104 *Cfr.* Villar Palasí, *Apuntes de Derecho Administrativo*, 1965-66, t. II, p. 122.

to. El enriquecimiento o el empobrecimiento referido al ordenamiento es una apreciación axiológica de carácter extrajurídico. En segundo término, porque la derogación de una norma que sea la única misión del "producto" jurídico emanado del titular competente para dictar reglamentos u otras disposiciones administrativas no integra lo derogado en el ordenamiento, simplemente lo hace desaparecer, precisamente por la potestad de quien lo produce. Ese "producto" es un acto, que se encuentra ceñido al supuesto de hecho concreto, como se razonó. Otro acto podrá sencillamente hacer revivir la norma derogada, que se integrará de nuevo en el ordenamiento jurídico[105].

Norma y acto pueden integrarse en una misma forma jurídica. De ahí la dificultad de la distinción[106]. Aunque el reglamento u otra disposición administrativa puede ser expresada directamente, en ocasiones la norma puede ser "expedida" mediante un acto[107] y es lo que sucede cuando un texto refundido de textos legales se aprueba por un Decreto legislativo del Ejecutivo[108].

La distinción norma-acto tiene efectos jurídicos; de ahí, la importancia práctica, no sólo teórica, de verificarla. Es una razón, como se apuntó al principio, que justifica la diferencia de las categorías jurídicas.

Sin apurar el razonamiento en relación con los ordenamientos jurídicos positivos que declaran la existencia de un mismo régimen jurídico para reglamentos y actos administrativos, la libertad de derogación de aquellos choca con la dificultad de revocación de los actos administrativos o dicho de otra manera, la estabilidad de estos, certeramente defendida[109], no es predicable de los reglamentos que, de acuerdo con las leyes, son manifestación del ejercicio del poder político[110].

No parece fácilmente asumible que el procedimiento de producción del Reglamento y demás disposiciones reglamentarias o administrativas y de los actos administrativos sean idénticos, como tampoco su exteriorización y con frecuencia su impugnación jurisdiccional[111], lo que permite que la falta de impugnación directa de las disposiciones de carácter

---

105 El anterior razonamiento es aplicable, en el orden judicial constitucional y contencioso-administrativo, a las sentencias. La declaración de inconstitucionalidad de una ley o de una norma con fuerza de ley y todas las que según el artículo el artículo 164 de la CE española "no se limitan a la estimación subjetiva de un derecho", o declaran la ilegalidad de un reglamento o disposición administrativa expulsan esas normas del ordenamiento jurídico.

106 Sobre esa dificultad, J.L.Meilán Gil, La distinción… pp. 41, en relación con el examen de la línea divisoria, la integración sucesiva de la norma, referencia a los elementos normativos desgajados. *Cfr.* B. Schwartz, Administrative Law, pp. 183-187 sobre hybrid Rulemarking. *Cfr.* Dieter Volkmar, Rechtssatz und Einzelakt, Berlín, 1962, p. 259; G. Santaniello, Gli atti amministrativi a contenuto non normativo, Milán, 1963, p. 9, Jean-Marie Rainaud, La distinction de l´acte reglamentaire el de l´acte individuelle, París, 1966.

107 *Cfr.* J. Fernández, *op. cit.*, A. VIII Foro, p. 514.

108 Artículo 82,5 de la CE española, previa autorización de las Cortes generales.

109 *Cfr.* C.E. Delpiazzo, *Estabilidad del acto administrativo generador de derechos*, A. VIII Foro, pp. 753 y ss.

110 *Cfr.* J. Danós Ordoñez, *¿Constituye el acto administrativo fuente del Derecho en el ordenamiento jurídico peruano?*, A. VIII Foro, p. 615 que sostiene la mima tesis que se sustenta en el texto.

111 *Cfr.* J. Danós, *Ibidem*. La notificación, adecuada para el acto administrativo, difícilmente lo es para el Reglamento. Para el Derecho estadounidense *cfr.* B Schwartz, Administrative…. pp. 186-196,

general no impida la impugnación de los actos en aplicación de las mismas, fundadas en que éstas no son conformes a Derecho[112] y hace más amplia la legitimación para recurrir.

La distinción se reconoce con claridad en el Derecho positivo al tratar de su regulación en artículos distintos[113], con expreso reconocimiento del plusvalor singular de aquella[114]. La producción de las disposiciones y actos es también diferente[115], y se regula separadamente la nulidad de pleno derecho[116]. No caben recursos administrativos contra las disposiciones[117]. El acto se reconoce como el modo ordinario de aplicación de una disposición[118], y se evidencia en la posibilidad de interposición de recurso contencioso-administrativo contra los actos que se produzcan en aplicación de las disposiciones[119]. Al dictar una sentencia estimatoria de un recurso contencioso contra un acto administrativo el Tribunal deberá plantear una cuestión de ilegalidad si considera ilegal el contenido de la disposición, o resolverá sobre ello si es competente. En todo caso, la resolución de la cuestión no afectará a lo resuelto en la sentencia[120].

VIII. CONCLUSIÓN

El acto administrativo es una categoría jurídica distinta de la sentencia, del contrato, del Reglamento y disposiciones administrativas.

Es manifestación o resultado del ejercicio de una potestad administrativa habilitada por el ordenamiento jurídico –nulla potestas sine lege- sea o no una Administración pública su titular.

Su finalidad es la realización singular de una norma y su contenido consiste en una declaración jurídica, de derechos y obligaciones que incide en situaciones jurídicas concretas, reconociéndolas, creándolas, modificándolas o extinguiéndolas. Por esta última nota no se identifican con otros actos de la Administración que preparan o ejecutan la declaración.

No se integra en el ordenamiento jurídico, no es fuente del Derecho, aunque sí genera derechos.

Su lugar central en el contencioso-administrativo ha sido ocupado por el derecho fundamental a la tutela judicial efectiva.

---

sobre publicación de "rules" y "regulations", "Rulemaking versus Adjudication" y "Adjudication versus Rulemaking".

112 Cfr. Artículo 26 LJCA.

113 LRJAPAC, título V, de las disposiciones y los actos administrativos, dedicando el capítulo primero a aquella y el II a estos.

114 Artículo 52 de la LRJAPAC.

115 Para los primeros artículos 52 de la LRJAPAC y artículo 24 de la ley 50/1997 del gobierno. Para los segundos, artículos 53 a 61.

116 Apartados 1 y 2 del artículo 62 de la LRJAPAC.

117 Artículo 107,3 de la LRJAPAC.

118 Artículo 29,1 de la LRJAPAC.

119 Artículo 26,1 de la LRJAPAC.

120 Artículo 27 y 126,5 de LRJAPAC y concordantes.

La causa jurídico-pública de los contratos públicos*

José Luis Martínez López-Muñiz
Catedrático de Derecho Administrativo
Universidad de Valladolid

Resumen: *La validez de los contratos públicos depende de su efectiva necesidad para los fines públicos para cuya consecución el ordenamiento jurídico haya habilitado a la Administración pública para contraerlos. La Administración pública carece de libertad contractual, y su potestad de constituir contratos con quienes están sujetos a su supremacía, al tiempo que tienen frente a ella derecho a la igualdad de trato, está positivamente vinculada al ordenamiento jurídico, también en cuanto a la causa determinante de su constitución, que ha de acreditarse en el expediente de contratación. Esta causa jurídico-pública tiene sus consecuencias en la ejecución, modificación y extinción de los contratos públicos, sean "administrativos" o "privados" en el régimen de sus efectos*

Palabras claves: *Contratos, contratos públicos, Administración pública, principio de legalidad*

SUMARIO

I. LA CAUSA DE LOS CONTRATOS EN GENERAL COMO ELEMENTO DEFINITORIO DE SU NATURALEZA CONMUTATIVA SINALAGMÁTICA, Y SU RELACIÓN CON SU ORIGEN EN EL LIBRE CONSENTIMIENTO DE LAS PARTES SITUADAS EN POSICIONES DE RECÍPROCA IGUALDAD JURÍDICA.

II. LA CAUSA DE LOS ACTOS ADMINISTRATIVOS Y SU RELACIÓN CON LA VINCULACIÓN POSITIVA DE LA ADMINISTRACIÓN AL ORDENAMIENTO JURÍDICO.

III. LOS CONTRATOS PÚBLICOS COMO VÍNCULO SINALAGMÁTICO CONSTITUIDO POR UNA ENTIDAD PÚBLICA CON OTRO SUJETO MEDIANTE UN ACTO ADMINISTRATIVO NECESITADO DE PREVIA SOLICITUD Y OFRECIMIENTO VOLUNTARIOS.

IV. EXIGENCIAS CAUSALES JURÍDICO-PÚBLICAS DE LA VALIDEZ DE LOS CONTRATOS PÚBLICOS.

V. CONSECUENCIAS DE LA CONCURRENCIA DE CAUSAS EN EL CONTRATO PÚBLICO POR RAZÓN DE SU NATURALEZA CONTRACTUAL Y DE LA NATURALEZA JURÍDICO-PÚBLICA DE SU ACTO CONSTITUTIVO.

VI. CONSIDERACIONES FINALES SOBRE LA APLICABILIDAD DE LA EXIGENCIA DE UNA CAUSALIDAD TÍPICAMENTE JURÍDICO PÚBLICA, PARTICULARMENTE RESPECTO A LA CONTRATACIÓN DE DETERMINADOS SUJETOS PRIVADOS, Y ESPECIALMENTE CUANDO ESTOS NO SON SINO PERSONIFICACIÓN INSTRUMENTAL FORMALMENTE PRIVADA DE ORGANIZACIONES SUSTANTIVAMENTE PÚBLICAS.

I.   LA CAUSA DE LOS CONTRATOS EN GENERAL COMO ELEMENTO DEFINI-
TORIO DE SU NATURALEZA CONMUTATIVA SINALAGMÁTICA, Y SU RE-
LACIÓN CON SU ORIGEN EN EL LIBRE CONSENTIMIENTO DE LAS PARTES
SITUADAS EN POSICIONES DE RECÍPROCA IGUALDAD JURÍDICA

1. Aunque la doctrina ha sostenido diversas nociones sobre la causa en los contratos,
distinguiendo, entre otras cosas, lo que puede considerarse su causa en sentido estricto y lo
que sea la causa de las obligaciones que integran su contenido, etc.[1], nos limitaremos a recordar aquí que, con arreglo a la arraigada tradición jurídica que expresa en la legislación española el artículo 1.261 del Código civil, *"no hay contrato sino cuando"*, además del *"consentimiento de los contratantes"* y de un *"objeto cierto que sea materia del contrato"*, concurre
el requisito de la *"causa de la obligación que se establezca"*. Además, como precisa el artículo 1.262 del mismo más que centenario cuerpo legal, *"el consentimiento se manifiesta por
el concurso de la oferta y de la aceptación sobre la cosa y la causa que han de constituir el
contrato"* y es cabalmente ese consentimiento lo que origina el contrato, lo que genera el
vínculo contractual (contrato *in facto esse*): *"el contrato existe desde que una o varias personas consienten en obligarse, respecto de otra u otras, a dar alguna cosa o prestar algún
servicio"*, afirma el artículo 1.254; *"los contratos se perfeccionan por el mero consentimiento, y desde entonces obligan"*, confirma el 1.258, ambos del mismo Código.

Más específicamente sobre la causa, el artículo 1.274 del citado Código, en sucinta formulación que ha generado comprensiblemente no pocas dificultades hermenéuticas, indica
que *"en los contratos onerosos se entiende por causa para cada parte contratante, la prestación o promesa de una cosa o servicio por la otra parte; en los remuneratorios, el servicio o
beneficio que se remunera; y en los de pura beneficencia, la mera liberalidad del bien-
hechor"*.

2. Sin entrar ahora en mayores consideraciones, cabe destacar algo que puede deducirse
suficientemente de este texto del 1.274 del Código civil español y su contexto, de acuerdo
con la tradición jurídica en la que se ha decantado.

---

*   Ponencia presentada al *IV Congreso Nacional de Derecho Administrativo* celebrado en Lima los
días 22-24 de abril de 2010 e inserta en el libro con las ponencias de este Congreso, *Modernizando
el Estado para un país mejor*, Palestra, Lima 2010, pp. 675-705. Fue preparada durante la estancia
del autor en la Universidad de Boston en los primeros meses de 2010 con objetivos prioritarios de
investigación un tanto alejados de los contratos públicos y sin fácil acceso a la necesaria bibliografía europea e iberoamericana, sobre la base de una Comunicación que sobre este tema presentó
en Barcelona, en 2002, en el V Congreso Luso-Hispano de Derecho Administrativo, no publicada,
pero de la que se han hecho eco, entre otros, Manuel Rebollo Puig, en la doctrina española ["Principio de legalidad y autonomía de la voluntad en la contratación pública", en AA.VV., *La contratación pública en el horizonte de la integración europea* (V Congreso Luso-Hispano de profesores
de Derecho Administrativo), INAP, Madrid 2004, p. 55] y Víctor S. Baca Oneto, en la peruana [*La
invalidez de los contratos públicos*, Thomson-Civitas, Madrid 2006, pp. 115 y ss.]. Aunque la tesis
central es la misma sostenida entonces, la exposición ha sido renovada, adaptándose al cambio legislativo producido en España e incorporando algunas referencias al más reciente Derecho peruano, francés y europeo. ***Véase, con todo, la nota especial que hemos debido incorporar al final del
apartado 3.***

1.   *Vid.*, entre otros muchos, Díez-Picazo y Ponce de León, Luis, "El concepto de causa en el negocio
jurídico", Anuario de Derecho Civil, 16 (1963) 1, pp. 3-32, y De los Mozos, José Luis, El negocio
jurídico (Estudios de Derecho civil), Montecorvo, Madrid 1987, pp. 277 y ss.

En efecto, puede afirmarse que la causa, en cuanto requisito esencial del contrato, radica en suma en la necesaria concatenación o interdependencia sinalagmática que ha de mediar entre las obligaciones recíprocas de las partes, anudadas entre sí como contenido del vínculo que constituye lo que llamamos contrato. La redacción literal del precepto prescinde de referencias al consentimiento y funda los contratos en la obligación que genera para cada una de las partes (*cada parte contratante*) el que la otra haga o prometa una determinada prestación en su favor, aunque eso se aplique explícitamente tan sólo a los contratos más característicos, que son efectivamente los onerosos. Los que el Código llama *remuneratorios*, en realidad, pueden ser reconducidos también a los onerosos, susceptibles de ser contemplados más bien como una variedad de estos, mientras que serían necesarias otras aclaraciones con respecto a los denominados contratos *gratuitos* o por *mera liberalidad* a que, como acabamos de ver, se refiere también el citado artículo 1.274 del Código civil español, pues es no poco discutible que sean verdaderos contratos[2].

Si prescindimos de este supuesto de los llamados contratos de *mera liberalidad*, vemos, pues, que el contrato se basa, como hemos dicho, en el sinalagma conmutativo con que se vinculan las partes. Eso es cabalmente lo que hace que una relación jurídica merezca el nombre y el régimen jurídico propio del contrato, siendo a la vez, por ello, componente esencial del mutuo consentimiento que lo genera, como ya hemos dicho que se exige asimismo de modo expreso por el Código civil español en el citado artículo 1.262.

Convendrá, con todo, advertir desde ahora que esa fuerza eficiente o generadora del mutuo consentimiento es tal, lógicamente, cuando, como ocurre en las sociedades libres en el caso común de los sujetos privados susceptibles de contratar entre sí, tales partes son sujetos libres y jurídicamente independientes entre sí antes de la concurrencia de sus voluntades en relación con el objeto contratado. Pero veremos que la relación sinalagmática contractual puede –e incluso debe- ser generada de modo distinto al mutuo consentimiento en supuestos en que no se da este presupuesto de igual libre independencia en la respectiva situación jurídica previa con respecto al objeto del contrato por parte de quienes lleguen a ser sus partes respectivas.

3. La necesidad de que los contratos tengan una causa en este sentido (hasta el punto de que el artículo 1.275 reafirma que los que carezcan de ella *no producen efecto alguno*), evidencia lo esencial que para el contrato resulta precisamente el nexo conmutativo sinalagmático que vincula a las recíprocas obligaciones asumidas por las partes, de manera que, sin él, no habrá contrato por más que quisieran establecerlo las partes en un equivocado ejercicio de una autonomía de sus voluntades a la que el ordenamiento no reconoce virtualidad para cambiar la realidad sustantiva de lo que social y jurídicamente se reconoce como contrato. De modo que, para que haya contrato en términos jurídicos, no basta el acuerdo de dos o más voluntades sobre algo, si ese algo no comporta el establecimiento de un vínculo de esa naturaleza, que es lo que constituye propiamente el contrato. El ordenamiento jurídico trata además de mantener con ello, aunque sea mínimamente, un principio de justicia, netamente conmutativa, por más que la inclusión en el Código civil español, dentro del esquema contractual, de los que llama contratos *gratuitos* o de mera *liberalidad,* no deje de ser una ampliación cuya coherente justificación con la naturaleza propia del contrato resulta, como ya hemos apuntado, bien discutible.

---

2   Aunque la posición del Código español en este punto responde a una antigua tradición intelectual. *Vid.*, al respecto, James Gordley, *The Philosophical origins of Modern Contract Doctrine*, Clarendon Press, Oxford 1991, pp. 77 y ss.

4. Es claro que, entre sujetos situados recíprocamente en posiciones de igualdad jurídica –cualquiera que sea la valoración que merezcan en el orden de una igualdad económica, cultural o social-, el contrato, como hemos ya indicado, cada contrato no puede tener otro origen que su libre consentimiento mutuo en lo que decidan establecer entre sí. Pero, como, para que la relación que se establezca en ellos sea reconocida como contrato, será necesaria la causa sinalagmática a que acabamos de referirnos, ésta desempeña un importante papel condicionante y limitador de la potencialidad del libre consentimiento en orden a originar algo reconocible como contrato. No basta, en suma, la nuda voluntad, sino que es necesario que la de cada una de las partes acepte imputar o asumir determinada o determinadas prestaciones u obligaciones propias a cambio de las que acepten imputar o asumir recíprocamente a su cargo, de similar modo, la de la otra u otras[3]. En esto, en ese nexo de recíprocas prestaciones y obligaciones, precisamente, radica lo esencial de todo contrato, es decir lo que basta para que haya contrato y lo que no puede dejar de darse para que lo haya.

Como todos los seres humanos y sus organizaciones voluntarias son libres y, en principio, se encuentran entre sí en posición recíproca de independencia e igualdad jurídicas (prescindiendo ahora, obviamente, de las relaciones de dependencia que existan entre ellos en virtud de situaciones preexistentes jurídicamente garantizadas, como las basadas en situaciones de incapacidad de obrar o las establecidas por contratos previos) y ninguno puede arrogarse el imponer a los demás obligación o prestación alguna, que no sea aceptada libre y voluntariamente, el intercambio de bienes y servicios entre particulares se instrumenta, como es bien sabido, comúnmente, a través de esas relaciones conmutativas que se constituyen como contratos, sobre la base del libre consentimiento (y mientras este perdure) y de las lógicas exigencias de justicia conmutativa inherentes a la dinámica contractual. Los sistemas jurídicos serán luego más o menos rigurosos en garantizar esa justicia conmutativa contractual y en oponerse, en cuanto sea posible, a la explotación inicua de unos por otros en los contratos. Determinar la plena justicia de la causa de cada contrato no será siempre fácil ni aun posible, dada la relevancia que debe reconocerse a las legítimas apreciaciones subjetivas de las partes, pero sin causa contractual –valga la redundancia- no puede, efectivamente, haber contrato y esa misma causa sí que implicará en todo caso algunas exigencias básicas de justicia, que podrán ser más o menos amplias, según el objeto y las modalidades de los contratos y –también- el *ius cogens* que legítimas leyes les impongan.

5. Así conceptuada, la causa de los contratos no comprende el fin ni los motivos que puedan perseguir las partes al decidir contraerlos, ni tampoco la relación que puedan guardar sus compromisos con ellos. Nada impedirá que tales elementos teleológicos se vean dotados de relevancia de alguna manera condicionante de los compromisos recíprocos del contrato, o para complementarlos con elementos accidentales de carácter condicional o modal. Podrán así integrarse en los derechos y obligaciones que anuda la estructura del nexo causal del contrato, pero seguirán sin ser en sí mismos componentes de la causa. La causa es siempre estrictamente el nexo, la interrelación sinalagmática de las obligaciones (y en su caso también prestaciones) de las partes, sean cuales sean éstas en sus elementos esenciales, naturales o accidentales, ninguno de los cuales se confunde con ella ni forma parte de ella. Todos son más o menos relevantes para ella, en cuanto término o referencias de la relación sinalagmática causal, pero no forman parte de ella. Su relevancia se ciñe a su inclusión conjunta en el valor o en el peso específicos de lo comprometido sinalagmáticamente por las partes respectivas. En todo caso, la causa, como el propio nexo recíproco en que realmente consiste, será

---

3   Escritas estas consideraciones, me alegra comprobar su alto grado de conformidad con la posición sostenida sobre la causa por José Luis De los Mozos, *El negocio jurídico, cit.*, pp. 283 y ss.

siempre algo eminentemente objetivo y suficientemente mensurable externamente, con independencia del papel que en cada contrato jueguen las apreciaciones subjetivas de las partes.

6. Algo análogo cabría decir de los presupuestos fácticos de cada nexo contractual en el régimen general de los contratos surgidos del libre consentimiento entre las partes. No forman parte de la causa contractual, aunque puedan ser integrados en el alcance de las obligaciones reciprocas aunadas en el contrato, como en el caso de las cláusulas *rebus sic stantibus*, y sin perjuicio de que posibles cambios muy importantes de la realidad que sirve de sustrato al contrato puedan llegar a revelar la desaparición de la pervivencia de la causa o la necesidad de recomponer su esencial estructura.

II. LA CAUSA DE LOS ACTOS ADMINISTRATIVOS Y SU RELACIÓN CON LA VINCULACIÓN POSITIVA DE LA ADMINISTRACIÓN AL ORDENAMIENTO JURÍDICO

1. Conforme a una norma básica del sistema jurídico español, que ya se contenía claramente en la Ley de Procedimiento Administrativo de 1958, el artículo 53 de la vigente Ley 30/1992, de 26 de noviembre, de Régimen Jurídico de las Administraciones Públicas y del Procedimiento Administrativo Común, dispone en su ap.2 que *"el contenido de los actos"* (administrativos) habrá de ser *"adecuado a* (sus*) fines"*.

2. Constituye un principio constitucional de los que integran la "garantía constitucional del Derecho administrativo"[4], que la Administración Pública sólo puede actuar al servicio objetivo de *"los intereses generales"* (artículo 103.1 de la Constitución Española), con el correspondiente *"sometimiento de"* cada *"actuación administrativa a los fines que la justifican"*, tal y como preceptúa el artículo 106.1 del texto constitucional español, encargando expresamente a los Tribunales el control de que así sea.

3. La Administración está vinculada positivamente al ordenamiento jurídico porque ha de actuar *"con sometimiento pleno a la ley y al Derecho"*, según la expresión bien conocida del art.103.1 de la Constitución Española. Carece de libertad. Los entes públicos no son sujetos de libertad. Sólo pueden actuar para lo que diga el ordenamiento jurídico, con los medios que éste les proporciona y siguiendo los procedimientos y modos de actuar que prevea el ordenamiento[5].

4. Es, por lo tanto, consustancial a la legitimidad y validez de toda actuación administrativa el que se produzca por la debida causa legal o jurídica, por causa, en suma, justificada en las previsiones del ordenamiento jurídico.

---

4   *Vid.* nuestro estudio "La garantía constitucional del Derecho administrativo", en Manuel Balado y J. A. García Regueiro (dirs.), J. López de Lerma, A. Prada y A. Rubiales (coord.), *La Constitución española de 1978 en su XXV aniversario*, Bosch, Barcelona 2003, pp. 1079-1087; y en *Revista Iberoamericana de Administración Pública*, 9, julio-diciembre 2002, pp. 17-27. También, nuestra contribución "El Derecho Administrativo moderno. El Derecho Administrativo en la construcción de una sociedad moderna", *Revista de Derecho* (Universidad de Piura), 2003, pp. 133-161.

5   Nos hemos ocupado más ampliamente de esta trascendental cuestión recientemente en Derecho público y Derecho privado, disyuntiva determinante para el Estado de Derecho, *Discurso de ingreso en la Real Academia de Legislación y Jurisprudencia de Valladolid*, 23 de octubre de 2009, pp. 21 y ss.

5. Esa necesaria causa consiste cabalmente en la adecuación del contenido de la actuación de que se trate al fin público específico para el que esté jurídicamente prevista, teniendo en cuenta las circunstancias fácticas en que se produzca o haya de producirse, a la vista, pues, de la concurrencia de los presupuestos fácticos para los que tal actuación esté asimismo prevista.

6. La causa no es el fin, ni tampoco los presupuestos fácticos, pero uno y otros, a diferencia de lo que ocurre en los actos jurídicos privados y concretamente en los contratos privados, forman parte de ella, son piezas esenciales de ella, porque, como hemos dicho, la causa es la relación de adecuación, idoneidad y proporcionalidad que debe mediar entre el contenido del acto o de la actuación de la Administración, el fin público al que deba servirse con ello y la realidad de los presupuestos fácticos para los que haya sido prevista. El fin y los presupuestos se integran precisamente en la estructura del acto jurídico-público y en particular del administrativo solamente en su razón de su relevancia para la su justificación causal (a diferencia de los términos de la causa general de los contratos, que, al constituir ya por sí mismo su objeto, tienen su propio lugar en la estructura del contrato, aunque además sea necesario el nexo causal que los vincule).

7. A la causa se alude, sin duda, en el ya mencionado artículo 53.2 de la Ley española citada 30/1992 cuando se exige, como decíamos, que el contenido de los actos habrá de ser *"adecuado a los fines de aquéllos"*.

8. Todo el gran tema de la razonabilidad de la decisión administrativa, como exigencia derivada del principio de interdicción de la arbitrariedad (artículo 9.3 de la Constitución), tiene aquí su encaje, como límite intrínseco a la discrecionalidad y a los márgenes de apreciación que puedan proporcionar a la Administración las normas con conceptos jurídicos indeterminados[6].

9. Y conviene recordar, por otra parte, que la exigencia formal de la motivación, tan ampliamente generalizada por el art. 54 de la citada Ley 30/92, se justifica principalmente en la necesidad precisamente de que la Administración dé cuenta explícita de la causa que justifica su actuación. Aunque la motivación es un requisito formal y no sustantivo, su trascendencia deriva cabalmente de ser el medio que permite discernir la causa efectiva del acto y su conformidad con el ordenamiento, aunque, desde luego, no basta para asegurarlo.

III. LOS CONTRATOS PÚBLICOS COMO VÍNCULO SINALAGMÁTICO CONSTITUIDO POR UNA ENTIDAD PÚBLICA CON OTRO SUJETO, MEDIANTE UN ACTO ADMINISTRATIVO NECESITADO DE PREVIA SOLICITUD Y OFRECIMIENTO VOLUNTARIOS

1. Si hablamos de contratos públicos es porque reconocemos la posibilidad evidente de que las entidades públicas queden vinculadas entre sí o con terceras personas –en particular con los administrados- mediante relaciones jurídicas cuya estructura responda a la naturaleza sinalagmática, de concatenación causal de las obligaciones recíprocamente asumidas en ellas por las partes, que es propia de los contratos.

---

6   Es aquí obligada la referencia al libro de Tomás R. Fernández, *De la arbitrariedad de la Administración*, 5ª ed., Thomson-Civitas, Cizur Menor (Navarra) 2008.

2. A nuestro juicio, son contratos públicos cualesquiera contratos en los que una de sus partes es una Entidad pública, una Administración pública (dejando ahora fuera los tratados y convenios internacionales y limitándonos a los contratos sujetos a un Derecho "interno"[7]).

3. Ocurre, sin embargo, que el común de los contratos públicos –salvo contadas excepciones en que se producen entre sujetos en pie de igualdad: contratos interadministrativos de cooperación, contratos en mercados regulados (en Bolsa) o para el uso reglado por la Administración de servicios públicos a cargo de otras Administraciones- no se constituyen, a nuestro entender, por el consentimiento de las partes, como es regla en el Derecho privado, sino por un acto administrativo unilateral de la Administración adjudicadora, aunque condicionado a la previa expresión, por la parte adjudicataria, de su voluntad de ser parte en el contrato de que se trate, lo que incluye frecuentemente, además de su expresa solicitud, el ofrecimiento de alguno o algunos de los elementos del contrato que se desea contraer[8].

4. Siguiendo una ya larga y certera tradición legislativa, el artículo 27 de la vigente Ley española de contratos del sector público (Ley 30/2007, de 30 de octubre de 2007) dispone que *"los contratos de las Administraciones Públicas, en todo caso (...), se perfeccionan mediante su adjudicación definitiva, cualquiera que sea el procedimiento seguido para llegar a ella"*[9]. El contrato público nace así de este acto administrativo de adjudicación que,

---

7   *Vid.* las precisiones sobre la noción de *Derecho interno que ya hacíamos en nuestra Introducción al Derecho administrativo*, Tecnos, Madrid 1986, pp. 133-136.

8   Hemos ido exponiendo esta doctrina en sucesivos trabajos: "Naturaleza de los contratos públicos a la luz del Derecho español, su fundamento y consecuencias", en Juan Carlos Cassagne (dir.), *Derecho Administrativo (Obra colectiva en homenaje al Profesor Miguel S. Marienhoff)*, Abeledo-Perrot, Buenos Aires 1998, pp. 947-969, "La adjudicación" en Juan Carlos Cassagne & Enrique Rivero Ysern (dir.), *La contratación pública*, 2, Hammurabi, Buenos Aires 2006, pp. 681-721, "La formación de la doctrina del contrato administrativo. Evolución legislativa". *Materiales para el Estudio del Derecho (Derecho administrativo II)*, http://www.iustel.com, PortalDerecho 2001 (adaptado en diciembre de 2007), "Naturaleza jurídica del contrato público", AA.VV., *La contratación administrativa en España e Iberoamérica,* Junta de Castilla y León, Cameron May, London 2008, pp. 481-522, y *Derecho público y Derecho privado...*, 2009, *cit.*, pp. 36 y ss. Se han ocupado de analizarla, complementarla y contrastarla más ampliamente, entre otros, Macera, Bernard F., La teoría francesa de los actos separables y su incorporación por el *Derecho público español*, Cedecs, Barcelona 2001, y *Les actes détachables dans le droit public français*, PULIM, Limoges, 2002, y Baca Oneto, Víctor S., *La invalidez...*, *cit.*, passim.

9   La Ley de contratos de las Administraciones Públicas de 1995, en su texto del 2000 –derogado por la nueva Ley 30/2007- decía lo mismo en el artículo 53, siguiendo lo ya establecido a su vez en 1965 por la anterior Ley de Contratos del Estado. El artículo 27 de la Ley 30/2007 extiende ahora esta regla a "los contratos sujetos a regulación armonizada, incluidos los contratos subvencionados a que se refiere el artículo 17". En la medida en que no correspondan a entidades públicas, aunque, por extensión y por recepción indebidamente acrítica e inadaptada del Derecho comunitario, se les llame también contratos públicos, es evidente que no estaremos ante actos administrativos y que, por lo tanto, tal regla habrá de adecuarse a lo que es propio de los contratos privados, de modo que la "adjudicación" equivaldrá, en efecto, al momento de concurrencia de las voluntades de las partes en el necesario consentimiento generador del contrato. Es cierto, con todo, que el peculiar régimen de la celebración de estos contratos, aunque sigan siendo privados, reconoce unos derechos a cuantos estén en condiciones de participar en los procedimientos selectivos y especialmente a los que participen efectivamente en ellos, que aproxima su *fieri* a lo que es característico comúnmente de los contratos públicos (que no se celebren entre sujetos en posición recíproca de igualdad e independencia jurídicas), lo que pondrá al límite las técnicas jurídicas privadas –y procesales privadas- aconsejando la creación de vías administrativas de reclamación para la protección de los intereses y derechos de los terceros distintos del que acabe siendo seleccionado como

como todo acto administrativo en el Derecho español, es un acto jurídico unilateral, adoptado en ejercicio de una potestad pública administrativa, conforme a la ley y al Derecho. Y, entre otras cosas, por eso dirá el artículo 140.3 que si, después de perfeccionado, el contrato no se formaliza por culpa del contratista en el plazo que allí se establece, *"la Administración podrá acordar la resolución"* del contrato, que ciertamente ya existe desde la adjudicación.

También, por la misma razón, la invalidez de los contratos públicos, como se desprende de los artículos 31 y ss. de la misma Ley, se reconduce en realidad a la invalidez del acto administrativo de adjudicación, cualquiera que sea la causa -dice el artículo 31- *"de derecho administrativo o de derecho civil"* que lo motive; es decir cualquiera que sea la infracción ordinamental que genere esa invalidez, tanto si corresponde a normas del llamado Derecho administrativo como si se refiere a normas de Derecho privado –en cuanto sede tradicional de ciertas normas de Derecho general o común, las más de las veces- que fueran de aplicación.

La redacción del mencionado artículo 31, con todo, ha regresado a expresiones inadecuadas, aunque inocuas, que habían sido superadas en la redacción de la anterior Ley de contratos del Estado, a partir de su modificación en 1999, tal y como constaba en el Texto Refundido aprobado por Real Decreto Legislativo 2/2000. En esta redacción se decía simplemente –artículo 61- que *los contratos regulados en la presente Ley serán inválidos cuando lo sea alguno de sus actos preparatorios o el de adjudicación por concurrir en los mismos alguna de las causas de derecho administrativo o de derecho civil a que se refieren los artículos siguientes.* Sobraba incluso la expresa mención de los actos preparatorios, ya que, obviamente, una de las causas de invalidez de cualquier acto administrativo definitivo puede derivar precisamente de la invalidez de alguno de los actos de trámite que sirven para prepararlo. En definitiva invalidez del contrato e invalidez del acto de su adjudicación son una y la misma cosa.

El texto de la Ley actual antepone, en el mencionado artículo 31, al texto heredado del 61 de la Ley anterior, la indicación de que *además de los casos en que la invalidez derive de la ilegalidad de su clausulado,* pudiendo generar así la impresión de que la invalidez de un contrato público no se agota con los supuestos en que lo sea el acto de su adjudicación, ya que podría serlo también e independientemente por *ilegalidad de su clausulado.* Pero la verdad es que tal *además* es completamente imposible. Cualquier ilegalidad del *clausulado* de un contrato público viciará necesariamente de ilegalidad el acto de su adjudicación, directamente por tratarse de un elemento del clausulado introducido precisamente en la fase selectiva y de adjudicación *stricto sensu* del contrato, o por comunicación de la invalidez de que adolezca el acto de trámite o preparatorio correspondiente de aprobación de los pliegos particulares y de todo el denominado expediente de contratación en la fase procedimental preparatoria. No es posible, en suma, distinguir o diferenciar ilegalidad del clausulado del contrato e

---

adjudicatario del contrato, como ya se venía haciendo en la legislación española sobre contratos en los llamados sectores especiales excluidos del régimen general comunitario de la contratación pública (tanto en la primitiva Ley 48/1998, de 30 de diciembre, como en la que luego le ha sustituido, Ley 31/2007, de 30 de octubre, sobre procedimientos de contratación en los sectores del agua, la energía, los transportes y los servicios postales: véanse sus artículos 101 y ss.). Los artículos 173 y ss. de la Ley 30/2007 establecen algunas particularidades –aun no suficientemente explícitas- sobre la adjudicación de contratos más o menos sometidos a esta Ley, no celebrados por Administraciones públicas sino por otras entidades del sector público con personalidad jurídica privada o sometidas en su actuación al Derecho privado, pero el artículo 21.2 atribuye los litigios al respecto a la Jurisdicción civil, salvo cuando se trate de contratos de regulación armonizada, esto es, sometidos a las directivas comunitarias sobre contratos públicos.

ilegalidad del acto de su adjudicación. La primera no es más que la parte objetiva de las ilegalidades en que puede incurrir éste, pero no algo distinto, repetimos, o diferenciable de la ilegalidad misma del acto de adjudicación[10].

En cuanto a la anulación de los contratos públicos inválidos, no puede producirse en rigor en Derecho español, incluso aunque el régimen de su cumplimiento sea privado[11], sino mediante la anulación del acto de adjudicación, lo que justifica la reserva que la legislación hace en esta materia a los mecanismos jurídico-administrativos de anulación y a la Jurisdicción contencioso-administrativa (artículos 34 a 36 y 21 de la Ley 30/2007 y artículo 2.b) de la Ley 29/1998, de la Jurisdicción Contencioso-Administrativa), sin perjuicio de lo que puedan decidir las Jurisdicciones civil o laboral como cuestiones prejudiciales o incidentales en procesos civiles o laborales sobre el cumplimiento o incumplimiento de contratos "privados" de la Administración (y, por ello, sin embargo, públicos por su modo de constituirse)[12]. La constante remisión de los artículos 32 y ss. a la Ley 30/1992, de Régimen General de las Administraciones Públicas y del Procedimiento Administrativo Común, confirma también lo que estamos diciendo, pues supone aplicar al acto de adjudicación todo el régimen general propio de los actos administrativos.

5. Algunos sostienen que el acto de adjudicación es la aceptación por la que se cierra el consentimiento que sería imprescindible a los contratos. No lo creemos así. Algo hay de ello, si se quiere, indudablemente, pero no se trata de un consentimiento propiamente dicho en el que las voluntades de las partes convergen con una misma fuerza jurídica a generar el contra-

---

10   *Vid.* sobre la redacción del artículo 61 de la anterior Ley española de contratos de las Administraciones Públicas, y de modo más general, sobre toda esta importante cuestión, Baca Oneto, Víctor S., *La invalidez de los contratos públicos*, Thomson-Civitas, Madrid 2006. *Vid.* también del mismo autor, ya sobre la Ley 30/2007, "La anulación de los contratos públicos en la Ley 30/2007, de 30 de octubre", en Rodríguez-Arana Muñoz, J., Sanz Rubiales, I., y Sendín García, M.A. (dirs.), *La contratación administrativa en Iberoamérica*, Cameron May y Junta de Castilla y León, Londres-Valladolid, 2008, pp. 679-682, donde se recoge las atinadas observaciones de Manuel Rebollo, "La invalidez de los contratos administrativos", en Castillo Blanco, F. (coord.), *Estudios sobre la contratación en las Administraciones públicas*, CEMCI, 1996, pp. 398 y 399.

De modo muy discutible, por no decir claramente simplista y erróneo, el régimen de la invalidez –e implícitamente parece que también el de anulación- de los contratos públicos es extendido por este artículo 31, a los contratos privados sujetos a armonización comunitaria en cuanto son objeto de una parte de la misma Ley 30/2007. Será necesaria una tarea de adaptación hermenéutica para hacer encajar las piezas.

11   Esto es, en el caso de los contratos públicos no administrativos, también llamados contratos privados de la Administración (artículos 18, 20 y 21 de la Ley 30/2003). Para el Derecho peruano, *Vid.*, en cambio, Víctor S. Baca Oneto, "La distinción entre contratos administrativos y contratos privados de la Administración en el Derecho peruano. Notas para una polémica", en *El derecho administrativo y la modernización del Estado peruano* (Ponencias presentadas en el III Congreso Nacional de Derecho administrativo), Grijley, Lima, 2008, pp. 663 a 690.

12   El artículo 21.2 de la Ley 30/2007 reitera la competencia de la Jurisdicción civil en lo relativo a los efectos, cumplimiento y extinción de los contratos privados de la Administración. Los contratos laborales son excluidos formalmente de la aplicación directa –no de la supletoria- de la ley general de la contratación pública en España que es la Ley 30/2007, por su artículo 4.1.a), siguiendo también una fórmula heredada de leyes anteriores, pero el conjunto del sistema legal permite afirmar que se trata también de contratos privados cuando los celebra la Administración y deben seguir su mismo régimen, aunque la Jurisdicción para los litigios laborales relativos al vínculo no sea la civil, en España, sino la laboral, especializada dentro del Poder Judicial en la materia precisamente laboral.

to. Ni las situaciones jurídicas respectivas de la Administración contratante y del contratista lo permiten ni el acuerdo de aquella con éste bastaría para legitimar la emergencia del vínculo contractual.

El contrato público no nace de la convergencia o fusión de dos voluntades contrapuestas en pie de igualdad, sino de una decisión unilateral de la Administración, aunque, como tantas otras decisiones administrativas, sólo sea legítima y válida bajo ciertas condiciones. La Administración adopta con ella un acto propio de su función distribuidora, en ejercicio de sus potestades, asignando, en efecto, "adjudicando" a uno de los candidatos lo que deniega a otros, y constituyendo una relación contractual, un verdadero contrato con aquél, que quedará conformado de manera peculiar, precisamente por haberle sido otorgado a él para la mejor consecución de un fin público, al mismo tiempo que se denegaba a otros igualmente interesados y que, como el adjudicatario, se encontraban previamente frente a la Administración contratante en una situación jurídica subjetiva de interés legítimo y aun de cierto derecho condicionado a ser parte en dicho contrato, lo que nunca acontece en las relaciones precontractuales entre particulares, o sujetos, en este sentido, jurídicamente "iguales" y sin derechos ni expectativas ni intereses jurídicamente protegibles de unos sobre las cosas o actividades de los otros.

6. Ciertamente, como quedó apuntado, para que la Administración pueda vincularse con un tercero en un contrato, éste tiene que haberlo pedido o haber expresado su voluntad favorable a ese compromiso. Pero esa voluntad de quien se vinculará con ella contractualmente carece de virtualidad constitutiva del contrato; es sólo condición de validez del acto administrativo que lo constituye en tal.

7. En realidad, como ya hemos dicho en otros lugares, la voluntad de quien será parte en el contrato no interviene en su adopción y perfeccionamiento más de lo que pueda hacerlo el candidato en el acto de su nombramiento como funcionario, o del solicitante de una subvención o de una licencia en el acto de su otorgamiento. Nadie dirá con rigor que esos actos administrativos son bilaterales, acordados. Tampoco lo es el que constituye un contrato al adjudicarlo a un licitador entre otros, o a una empresa que se selecciona por procedimientos más expeditos, cuando la Ley los permite, entre otras posibles.

8. Esto tiene muchas consecuencias y fundamentalmente una: los contratos públicos no se sustentan, como venimos diciendo, en el consentimiento de las partes, en su respectiva autonomía de la voluntad (aunque ésta juegue sin duda un papel en quien, siendo sujeto privado, se vincula contractualmente con la Administración), sino en un acto jurídico-público dictado en aplicación del ordenamiento jurídico para la consecución de unos determinados fines públicos.

9. La legislación española, que responde ya a una larga tradición, nos parece que resulta particularmente atinada en las normas que justifican cuanto queda sucintamente expuesto. Subyace en todo ello una acertada percepción de la peculiar posición jurídica del Poder público, de la Administración pública, que reclama efectivamente un específico Derecho público, cuyos principios divergen muy justamente de los del Derecho privado, precisamente para concurrir con él debidamente en la consecución de un justo orden que preserve y garantice a la vez la dignidad y los derechos de toda persona humana y el bien común de cuantas componen la realidad social. Pero los ordenamientos jurídicos han sido y son con frecuencia un tanto confusos y vacilantes en el tratamiento de la contratación pública, denotando las no pocas dificultades que aún suscita la delimitación del Derecho público y del Derecho privado. La contratación pública, por causas largamente enraizadas en la historia, constituye un ámbito en el que la disección de los requerimientos jurídico-públicos y de las exigencias jurídicas

privadas o, mejor, de las exigencias jurídicas más básicas que pueden ser comunes a la actuación pública y a la privada, viene resultando más trabajosa, pesando con fuerza ideas y reglas heredadas del pasado, no siempre suficientemente depuradas en su entera racionalidad y coherencia con las más básicas exigencias del Estado de Derecho, aun adjetivado como social y democrático.

10. El Derecho peruano, a este respecto, en línea con otras prestigiosas tradiciones jurídicas –particularmente la francesa, aunque también, en cierto modo, la anglosajona- sigue diferenciando formalmente, de un lado, el procedimiento administrativo de fijación del contenido de los contratos públicos y de selección del contratista, que concluye con ese acto administrativo que tiene una denominación de antiguas resonancias de la lengua castellana –el *otorgamiento de la Buena Pro* (artículos 30 y concordantes de la vigente Ley de Contrataciones del Estado[13])-, y es muy semejante al acto de adjudicación del Derecho español, y, luego, por otro lado, la celebración del contrato mediante su formalización, en principio, por escrito (artículo 35 de la Ley). De ahí que en los eventuales conflictos se distinga el recurso administrativo especial llamado de "apelación" –a lo que más tarde podrá seguir una impugnación contencioso-administrativa- contra los "actos (administrativos) dictados desde la convocatoria hasta antes de la celebración del contrato" y que, además, "sólo podrá interponerse luego de otorgada la Buena Pro" (todo ello conforme al artículo 53 de la Ley), y el especial sistema de conciliación o arbitraje que se establece en el artículo 52 de la misma Ley para las controversias sobre el contrato mismo, en cualquiera de sus aspectos, incluida su posible invalidez, distinta, por tanto, al menos formalmente, de la que pueda padecer el acto de otorgamiento de la Buena Pro.

El Reglamento de 31 de diciembre de 2008 es aún técnicamente más explícito. Su artículo 138, dedicado a lo que llama el perfeccionamiento del contrato, comienza afirmando paladinamente que *el contrato se perfecciona con la suscripción del documento que lo contiene*. El contraste con las normas de la legislación española antes comentadas es evidente. En el Derecho español, como vimos, es el mismo acto de adjudicación el que perfecciona y por lo tanto constituye el contrato, de modo que su formalización ulterior es sólo un requisito legal de eficacia *"ad probationem"*, en modo alguno el momento constitutivo del contrato.

La formal separación, sin embargo, entre la adjudicación del contrato –el otorgamiento de la Buena Pro- y el acto formal de nacimiento de éste es artificial, innecesaria y perturbadora. Todos los elementos del contrato han quedado fijados con el otorgamiento de la Buena Pro, con el que termina el procedimiento administrativo. ¿No nacen de ahí precisamente ya los derechos del contratista en el contrato, en el orden sustantivo, aunque formalmente el sistema requiera aún la formalización del contrato? ¿Qué añade realmente esta, salvo la pura expresión formal escrita? ¿Cambia la naturaleza real del modo en que se generan los derechos y obligaciones del contrato esa ficción de que las partes consienten en el contrato al formalizarlo? No lo creo. Y la propia legislación peruana revela el desbordamiento de esa tradicional ficción, como ya viene ocurriendo también en la propia Francia, tradicionalmente aferrada a esta teoría del doble nivel o de la distinción entre el contrato y los actos administrativos previos separables del contrato, frente a la teoría del "todo indivisible" que es, en

---

13   Aprobada, sin embargo, mediante Decreto Legislativo N° 1017 del Presidente de la República, de 3 de junio de 2008, en virtud del artículo 104 de la Constitución y la delegación temporal (ciento ochenta días) que para una serie de materias relacionadas con la ejecución del Acuerdo de Promoción Comercial Perú-Estados Unidos y el apoyo a la competitividad, otorgó el Congreso de la República por Ley N° 29157.

realidad, la que posee mejor fundamento, aunque a condición de no utilizarla en un tan perturbador contexto jurisdiccional como el que llevó en Francia a abandonarla a principios del siglo XX[14].

Como no podía ser de otra forma, dice el artículo 35 de la Ley peruana que el contrato *se ajustará a la proforma incluida en las Bases con las modificaciones aprobadas por la Entidad durante el proceso de selección.* Todo el contenido del contrato ha quedado fijado unilateralmente por la Administración contratante, aun incluyendo en algunos extremos elementos ofrecidos por el que resultase elegido para el contrato durante el proceso de selección, efectivamente. Pero nada se añade ni se modifica desde el otorgamiento de la Buena Pro a la formalización del contrato. Lo allí otorgado es realmente lo formalizado en el contrato.

El artículo 137 del Reglamento viene a decirlo con toda claridad: *Una vez que la Buena Pro ha quedado consentida o administrativamente firme, tanto la Entidad como el o los postores ganadores, están obligados a suscribir el o los contratos respectivos* (sin perjuicio de algunas excepciones en las que no es necesario detenerse ahora). El 148 abunda en la concreción del alcance de estas obligaciones y el sistema prevé incluso sanciones administrativas para el incumplimiento, lo que, por cierto, no ocurre en el Derecho español, que se contenta con otras consecuencias negativas para el incumplidor de las obligaciones relativas al cumplimiento del contrato.

Como consecuencia, aunque, como dijimos, la Ley prevé dos caminos distintos según que el objeto de la controversia sea la actuación administrativa previa al contrato o este mismo, lo cierto es que el artículo 56, aun sin excesiva claridad, permite que, al resolverse la impugnación de las actuaciones administrativas y anularse, en su caso, pueda también anularse asimismo el contrato de las que en realidad depende, al menos en algunos supuestos. Y, de otra parte, al mismo tiempo parece indicarse que, en los procesos arbitrales en que se cuestione la validez del contrato, habrá de enjuiciarse ésta, con toda lógica, teniendo en cuenta ante todo *las causales previstas en el presente Decreto Legislativo y su Reglamento, y luego las causales de nulidad reconocidas en el derecho público aplicable,* es decir a la postre las posibles causas de invalidez de todo el procedimiento de preparación y adjudicación del contrato –al menos las más graves, causantes de nulidad radical[15], al que el mismo contrato no puede dejar de estar vinculado. Así lo confirma el artículo 144 del Reglamento al remitir a las causas de nulidad del artículo 56 de la Ley, por más que, en efecto, la no muy clara redacción de este precepto, distinga entre las causales de nulidad de lo actuado antes y después de la celebración formal del contrato.

---

14 *Vid.,* las muy interesantes Conclusions del Commissaire du Gouvernement, M. Didier Casas, que favorecieron la adopción por el Consejo de Estado francés del importante arrêt Tropic de 2007 (*Revue de droit public et de la science politique,* 2007, pp.1402 y ss. o *Revue française de droit administratif,* 2007, pp. 696 y ss.). Nos referimos a esta sentencia poco más adelante. *Vid.* también, ampliamente, Macera, Bernard F., *La teoría francesa de los actos separables…, cit.,* pp. pp. 69 y ss. y, más especializadamente, *Les actes détachables dans le droit public français, cit..*

15 Aunque el texto legal no distingue clases de invalidez (anulabilidad, nulidad), parece dar un trato diverso a las causales de invalidez según que sólo puedan invocarse en recursos administrativos (y contencioso-administrativos) contra actos administrativos previos al contrato o sean aplicables también al contrato ya celebrado. Esto también ocurre en el Derecho español en virtud de la distinción entre vicios de anulabilidad y nulidad, con sus importantes consecuencias en punto al tiempo disponible para producir o para que se puedan reconocer sus efectos invalidantes.

Víctor Baca ha puesto de manifiesto algunos de los defectos, al respecto, de esta regulación[16], que, en efecto, sigue padeciendo las consecuencias de la injustificada distinción formal entre la determinación sustantiva del contrato por la Administración y el contrato mismo, viéndose aún arrastrada por la tradicional fuerza reconocida a los contratos entre sus partes, que pierde de vista precisamente la peculiar razón de ser, la causa específica de los contratos públicos, que es, sin embargo, su columna vertebral permanente.

11. Por lo que se refiere al Derecho francés, aunque no sea casi más que a vuelapluma, hay que llamar la atención sobre la importancia del nuevo *référé contractuel* o recurso "curativo" de urgencia que se ha admitido en Francia, al transponerse la Directiva "recursos" 2007/66 de la Comunidad Europea, de 11 de diciembre de 2007, de modo que pueda utilizarse a partir del 1 de diciembre de 2009[17]. Este instrumento va a permitir impugnar los contratos públicos de obras, servicios y suministros, aún después de formalizados[18], por parte de cualquier interesado en haber sido elegido como contratista, a no ser que ya haya interpuesto el recurso precontractual de urgencia[19], y por cualquier vicio de incumplimiento de la normativa de contratación impuesta por la correspondiente directiva sustantiva comunitaria. El tradicional principio de la restricción de la legitimación para impugnar directamente la validez del contrato a las partes, comienza, pues, a quedar arrumbado, siguiendo, por lo demás, la brecha abierta por el Consejo de Estado en el *arrêt* de 16 de julio de 2007, *Société Tropic Travaux Signalisation Guadeloupe* (N°291545) (abreviadamente conocido como *arrêt Tropic*) al que se considera, con razón, determinante de un trascendental giro de la jurisprudencia francesa al respecto, en la línea de lo que aquí sostenemos, aunque la apertura de la legitimación para impugnar la validez del contrato se restrinja a los competidores eliminados en el procedimiento administrativo correspondiente y se aplique un plazo relativamente breve, típico de los recursos administrativos y contencioso-administrativos (dos meses)[20].

---

16   *Vid.* su "Luces y sombras de la nueva Ley de contrataciones del Estado", *Revista Jurídica del Perú*, 94, 2008, pp. 184 a 195

17   Ordonnance N° 2009-515, de 7 de mayo de 2009, sobre los procedimientos de recurso aplicables a los contratos públicos (JORF N° 0107, de 8 de mayo). Este tipo de Ordonnance equivale a la figura del Decreto-ley y se regula en el artículo 38, que requiere la ulterior ratificación de la Asamblea Nacional.

18   El artículo 551-13 del Code de justice administrative, modificado por esta Ordonnance del Gobierno, dice expresamente que este recurso contractual puede presentarse une fois conclu el contrato correspondiente. Para los contratos privados de la Administración, se dispone algo similar en el artículo 11 de la misma Ordonnance.

19   Artículo L.151-14 del citado Código de Justicia Administrativa, para los contratos administrativos y 12 de la Ordonnance citada de 2009 para los contratos privados de la Administración.

20   *Vid.*, Olivier Dorchies, "Recursos jurisdiccionales especiales en materia de contratación pública: el modelo francés", *Revista General de Derecho Administrativo*, 23, 2010 (revistas@iustel.com). El arrêt es fácilmente consultable en la página del Conseil d'État en Internet. *Vid.* las Conclusiones del Comisario del Gobierno en el asunto Tropic, *cit.* en una nota anterior, donde arguye claramente –en último extremo por razones derivadas de la nueva Directiva comunitaria de "recursos"- sobre la necesidad de modificar radicalmente, aunque sea progresivamente, el tradicional planteamiento francés, tras mostrar las deficiencias de la separación formal y a efectos impugnatorios de los actos separables y del contrato y el carácter artificial de la teoría de los actos separables denunciado ya – dice- por numerosos autores, cuya utilidad por lo demás se estaría demostrando agotada, convirtiéndose –llega a decir- en una ficción. *Vid.*, en efecto, Macera, Bernard F., *La teoría francesa de los actos separables...*, *cit.*, pp. 69 y ss. y *Les actes détachables dans le droit public français*, *cit.*, *passim*. Recuerda además el Comisario del Gobierno Casas, en las citadas Conclusiones, que ya el

12. Permítaseme añadir, para cerrar este apartado, un rápido comentario sobre la sentencia del Tribunal de Justicia de la Unión Europea de 3 de abril de 2008 que, en el asunto C-444/06, *Comisión c/ España*, hizo, a nuestro juicio, en su expresión formal, una poco afortunada aplicación de la Directiva 89/665/CEE de Consejo, de 21 de diciembre de 1989, relativa a la coordinación de las disposiciones legales, reglamentarias y administrativas referentes a la aplicación de los procedimientos de recurso en materia de adjudicación de los contratos públicos de suministros y de obras (DO L 395), -modificada por la 92/50/CEE, de 18 de junio de 1992 (DO L 209) para aplicarla también a los contratos de servicios regulados en ésta-, al concluir que la legislación española por entonces en vigor incumplía las exigencias de su artículo 2.1 sobre la necesidad de tener establecidos *procedimientos de recurso* que *prevean los poderes necesarios:*

a) para adoptar, lo antes posible y mediante procedimiento de urgencia, medidas provisionales para corregir la infracción o para impedir que se causen otros perjuicios a los intereses afectados, incluidas las medidas destinadas a suspender o a hacer que se suspenda el procedimiento de adjudicación del contrato público en cuestión o la ejecución de cualquier decisión adoptada por los poderes adjudicadores;

b) para anular o hacer que se anulen las decisiones ilegales, incluida la supresión de las características técnicas, económicas o financieras discriminatorias contenidas en los documentos de licitación, en los pliegos de condiciones o en cualquier otro documento relacionado con el procedimiento de adjudicación del contrato en cuestión

El Tribunal dijo que la legislación española lo incumplía al *no prever un plazo obligatorio para que la entidad adjudicadora notifique la decisión de adjudicación de un contrato a todos los licitadores y al no prever un plazo de espera obligatorio entre la adjudicación de un contrato y su celebración*[21].

Fácil es de apreciar que la Directiva no exige para nada que hayan de separarse el acto de adjudicación y la celebración del contrato. El Tribunal comienza incluso reconociendo, frente a la Comisión europea, que esa es una cuestión de Derecho nacional en la que no tiene por qué entrar, pero, deslizándose hacia lo que resulta una abierta contradicción con esa premisa, quizás por un prejuicio técnico-jurídico derivado de la praxis del doble nivel del tradicional sistema francés y de otros ordenamientos y de las limitaciones que hay aún en estos sistemas para impugnar con todas las consecuencias los contratos públicos ilegales, ha podido generar la apariencia de tratar en realidad de obligar al legislador español a apartarse de lo que, en su tradición normativa, es ya, y con toda razón, un principio establecido. Condena así literalmente a España, como acabamos de decir, por *no prever un plazo de espera obligatorio entre la adjudicación del contrato y su celebración*. Si estos términos se tomasen en su significación común, difícilmente podría encontrarse en esta materia una decisión judicial más

---

arrêt M. et Mme. López, de 7 de octubre de 1994, cruzó el Rubicón –dice- de los contratos, al haber lanzado una pasarela entre el juez del exceso de poder (del acto separable) y el juez del contrato, al permitir a un tercero recurrente que logró que se estimase su recurso ante el primero, que pudiese obligar a las partes a recurrir al segundo, en lo que -arguye con toda razón- se revelan los progresos del principio de legalidad y de la plena justiciabilidad de la acción administrativa, que es, en realidad, lo que está debajo de esta evolución: ya no cabrá afirmar –dice- que una decisión a instancias de un tercero sobre la legalidad del acto separable pueda quedar sin efectos sobre el contrato.

21   El texto corresponde al apartado del fallo, y se encuentran las mismas afirmaciones con su motivación en los números 33 a 47 de su motivación.

gratuita, torpe e injusta, que estaría desbordando los límites de la propia Jurisdicción comunitaria, al obligar a modificar un principio sustantivo del orden jurídico-público español sin un amparo mínimamente convincente en el ordenamiento comunitario. Sin embargo, y a pesar de las varias incorrectas afirmaciones contenidas en la motivación de la sentencia, que denotan un importante grado de incomprensión del sistema legal español, de cuanto se dice en esta motivación cabe interpretar –o incluso parece obligado entender- que lo que el Tribunal ha querido imponer al legislador español es simplemente que asegure que la formalización del contrato, sin la que éste no puede ser ejecutado, no se pueda celebrar antes de unos plazos mínimos en los que pueda recurrirse con eficacia el acto de adjudicación. Usa el Tribunal el término celebración como equivalente al de formalización, porque en otros sistemas es con ella como se celebra el contrato, y lo que claramente quiere asegurar es que el contrato no pueda ejecutarse sin que los interesados no seleccionados puedan reaccionar y tratar de obtener satisfacción de su derecho frente a la decisión administrativa que lo adjudica definitivamente, cuando la consideren ilegal, sea o no esta decisión constitutiva por sí misma del contrato. Sólo entendiendo así lo resuelto por esta sentencia, repetimos, resulta admisible. La Ley 30/2007, previendo ya quizás la posibilidad de esta sentencia y con la finalidad de cumplir otras sentencias anteriores, ha vuelto a la antigua distinción de la legislación española entre una adjudicación provisional y otra definitiva, creando un recurso especial contra aquella (artículo 37) en el caso de los contratos regulados por las directivas comunitarias, pero, en realidad, nada de eso era necesario para cumplir lo exigido por éstas. Bastaría con una mejor regulación de la formalización que la que se ha adoptado en el artículo 140, que garantizase el efecto útil que el Tribunal de Justicia –y en eso con razón- ha querido asegurar, para cumplir las disposiciones comunitarias que en realidad quieren evitar los hechos consumados difícilmente reversibles. Por más que, en fin, no quepa olvidar que el sistema español mantiene abierta la posibilidad de impugnaciones de la validez del contrato –del acto de adjudicación- por causas de nulidad radical sin más limitaciones que las derivadas de la prescripción, sean cuales sean las dificultades prácticas de restaurar el orden jurídico cuando los contratos ya se hayan ejecutado en todo o en parte, lo que, por lo demás y como es evidente, no es algo exclusivo de los contratos ni, en consecuencia, debería llevar a respuestas muy especiales del ordenamiento.

El considerando 4 de la exposición de motivos de la nueva Directiva "recursos" 2007/66, de 11 de diciembre de 2007, con la que ha querido perfeccionarse la Directiva 89/665 –y la 92/13, sobre "recursos" en materia de contratos de los sectores especiales o "excluidos"- está en la línea de la expuesta interpretación que permite salvar la aceptabilidad de esta sentencia contra España de 2008, dictada ya, como es evidente, cuando esa Directiva estaba en vigor, aunque aún no se hubiese agotado el plazo de su transposición por los Estados y su peculiar consiguiente obligatoriedad directa.

En ese considerando se pone claramente de relieve que lo que se quiere es evitar las consecuencias irreversibles de una rápida ejecución del contrato que impida la máxima eficacia de un adecuado control de legalidad de su adjudicación en cuanto a los aspectos contenidos en las regulaciones sustantivas de la Directiva sobre contratos públicos, por lo que se justifica que la nueva Directiva establezca "un plazo suspensivo mínimo durante el cual **se suspenda la celebración del contrato en cuestión, independientemente de que dicha celebración se produzca o no en el momento de la firma del contrato**" (el énfasis es nuestro). Con independencia de la discutible terminología empleada por esta nueva Directiva -en la que, una vez más, puede servir de excusa el hecho cierto de que el poder normativo comunitario se ha ejercido tratando de hacer una regulación aplicable a sistemas con muy diversas tradiciones jurídicas en general y contractuales en particular-, y por encima de algunas desafortunadas expresiones que pueden crear confusión, parece que la única interpretación que puede hacer comprensible el texto es la que entiende que lo que se propone la Directiva es, en efecto, suspender la eficacia de la celebración del contrato, con independencia de que ésta coincida o no con su *firma*, que no puede sino aludir a la denominada formalización del contrato[22]; lo que se quiere, en suma, es que el contrato no funcione, no se entienda celebrado a los efectos de su cumplimiento y efectos hasta pasado el plazo que permita utilizar el recurso urgente que regula, sin terciar en la cuestión de si la adjudicación tiene por sí misma o no un valor constitutivo del contrato, o si es la firma, la formalización lo que realmente le constituye en tal. Siempre que la Directiva se refiere de alguna manera a lo que ha hacerse antes de la celebración del contrato deberá interpretarse como referido a antes de que el contrato se entienda en condiciones de poder ser ejecutado.

La sentencia del Consejo de Estado francés de 2007 en el asunto *Tropic*, así como la propia legislación de transposición de esta nueva Directiva en Francia, confirman lo que decimos, porque tanto aquélla como ésta reconocen precisamente el derecho de los terceros que trataron de obtener el contrato a impugnar con efectos suspensivos el contrato *conclu*, es decir ya celebrado, ya formalizado, dentro del plazo que al efecto se habilita[23]. Ello con independencia de que la transposición francesa cumpla o no estrictamente con la exigencia de la nueva Directiva de que un determinado plazo haya de ser respetado en todo caso antes de que el contrato adjudicado pueda ser ejecutado de modo que pueda someterse a revisión jurisdiccional a tiempo de evitarse la ejecución de un contrato adjudicado contra las normas de la directiva de contratos públicos. En lo dispuesto por la *Ordonnance* de 2009 no hay tal plazo, sin perjuicio de los poderes de suspensión con que se dota a las autoridades jurisdiccionales tanto en el recurso contra la adjudicación como en el recurso contractual.

---

22 La versión francesa de ese mismo texto del considerando 4, habla de la conclusion du contrat concerné est suspendue, que celle-ci intervienne ou non au moment de la signature du contrat. [T]he conclusion of the contract in question is suspended, irrespective of whether conclusion occurs at the time of signature of the contract or not, dice la version inglesa. [L]a stipula del contratto in questione è sospesa, indipendentemente dal fatto che quest'ultima avvenga o meno al momento della firma del contratto, reza la italiana. [D]er Abschluss des betreffenden Vertrags ausgesetzt wird, und zwar unabhängig davon, ob der Vertragsschluss zum Zeitpunkt der Vertragsunterzeichnung erfolgt oder nicht, dice, en fin, la alemana.

23 «(…)indépendamment des actions dont les parties au contrat disposent devant le juge du contrat, tout concurrent évincé de la conclusion d'un contrat administratif est recevable à former devant ce même juge un recours de pleine juridiction contestant la validité de ce contrat ou de certaines de ses clauses, qui en sont divisibles, assorti, le cas échéant, de demandes indemnitaires ; que ce recours doit être exercé, y compris si le contrat contesté est relatif à des travaux publics, dans un délai de deux mois à compter de l'accomplissement des mesures de publicité appropriées, notamment au moyen d'un avis mentionnant à la fois la conclusion du contrat et les modalités de sa consultation dans le respect des secrets protégés par la loi » (arrêt Tropic, 2ème Considérant). El artículo 551-7 del Code de justice administrative reformado por la citada Ordonnance de 2009, otorga a la autoridad jurisdiccional la potestad de suspender la ejecución del contrato en el recurso contractual especial que se ha introducido, "salvo si estima que, atendido el conjunto de los intereses susceptibles de ser lesionados y principalmente del interés público, las consecuencias negativas de esta medida podrían prevalecer sobre sus ventajas". El artículo 15 de la Ordonnance contiene una previsión similar para el caso de los contratos privados de la Administración.

Esperemos que el legislador español que ahora ha de transponer esta Directiva, la interprete correctamente y no complique las cosas, desarticulando lo que tan certeramente había ido consolidando en los últimos cincuenta años*. Pero entremos ya en la cuestión central de esta ponencia.

IV. EXIGENCIAS CAUSALES JURÍDICO-PÚBLICAS DE LA VALIDEZ DE LOS CONTRATOS PÚBLICOS

1. Además de las exigencias causales propiamente contractuales que habrán de concurrir en la estructura de la relación bilateral que se constituya por la Administración como contrato, para que pueda reconocerse como tal –lo que afectará a la determinación del objeto y del contenido del contrato en los pliegos particulares de prescripciones técnicas y de cláusulas administrativas, así como a los elementos que deban determinarse por los licitadores en el procedimiento de adjudicación, y estará en la base del llamado principio de equivalencia de las prestaciones, tan hondamente analizado hace más de 40 años por el profesor Ariño para los contratos administrativos[24]-, todo contrato público requiere una causa propia jurídico-pública en su nacimiento o constitución inicial mediante el correspondiente acto administrativo de adjudicación.

2. En realidad, la Ley española de contratos del sector público concreta esa exigencia causal característica de los contratos públicos en determinados requisitos que deben producirse y acreditarse principalmente en la fase preparatoria del contrato, aunque no podrá faltar un necesario complemento en el mismo acto definitivo de adjudicación con el que se perfecciona el contrato, siempre que, como es exigencia de principio, haya de hacerse por un procedimiento selectivo en pública concurrencia.

3. No debe inducir a error la equívoca apariencia del artículo 25 de la Ley de contratos del sector público, como si la Administración dispusiera realmente de una *libertad de pactos*, de modo que, en sus contratos pudieran *"incluirse cualesquiera, pactos, cláusulas y condiciones"*, lo mismo que en los contratos entre particulares. Los parámetros en los que esta *discrecionalidad* contractual –que no *libertad*- ha de moverse, mencionados por el propio precepto cuando afirma la exigencia de *"que no sean contrarios al interés público, al ordenamiento jurídico y a los principios de buena administración"*[25], no son extrínsecos, como

---

* Enviado ya este trabajo para su publicación en esta Revista se ha podido tener conocimiento de la nueva Ley 34/2010, de 5 de agosto (Boletín Oficial del Estado del 9 de agosto), que lamentablemente ha introducido muy desacertados cambios –en la forma y en el fondo- en la Ley española 30/2007 de contratos del sector público. Uno de los muchos artículos modificados, ha sido el 27, sobre la perfección de los contratos: rompiendo con una arraigada tradición legislativa, ha trasladado formalmente ese momento decisivo a la necesaria formalización del contrato. Debe tenerse en cuenta este cambio en relación con cuanto se argumenta en este trabajo, aunque pensamos que este desafortunado cambio formal no alterará la realidad de que el momento decisivo de la contratación pública –en el que nacen los derechos de las partes- seguirá siendo el de la adjudicación –eficaz desde su notificación, obviamente-, aunque no se reconozca así formalmente, con los trastornos y complicaciones que ello va a acarrear. El legislador español ha aplicado literalmente los términos de la Directiva 2007/66 prescindiendo de cualquier consideración del tipo de las efectuadas en este trabajo.

24 Gaspar Ariño Ortíz, *La teoría del equivalente económico en los contratos administrativos*, ENAP, Madrid, 1968.

25 La redacción ha sido sólo retocada con respecto a la que figuraba en el artículo 4 de la Ley de contratos de las Administraciones Públicas de 1995-2000, heredera también en esto de la Ley de

los que el artículo 1.255 del Código civil español señala a la libertad contractual privada, sino intrínsecos, exigencia positiva de las decisiones que al respecto adopte la Administración. Y, por si hubiera alguna duda, ahí estaba la lacónica pero contundente y altamente significativa exigencia que se establecía hasta no hace mucho en el artículo 13 de la ahora derogada Ley de contratos de las Administraciones Públicas de 1995 y 2000: *"El objeto de los contratos deberá ser determinado y su necesidad para los fines del servicio público correspondiente se justificará en el expediente de contratación"*, que el artículo 22 de la nueva Ley 30/2007, de contratos del sector público, ha transformado, en lo que aquí interesa, en una formulación análoga, aunque –como todo en esta Ley- más innecesariamente larga y prolija: *"Los entes, organismos y entidades del sector público no podrán celebrar otros contratos que aquéllos que sean necesarios para el cumplimiento y realización de sus fines institucionales. A tal efecto, la naturaleza y extensión de las necesidades que pretenden cubrirse mediante el contrato proyectado, así como la idoneidad de su objeto y contenido para satisfacerlas, deben ser determinadas con precisión, dejando constancia de ello en la documentación preparatoria, antes de iniciar el procedimiento encaminado a su adjudicación"*.

He ahí, pues, la concreta exigencia de causa justificada, en el sentido jurídico-público en que se predica este requisito esencial de toda actuación administrativa, como condicionante de su validez, aplicada a la actuación contractual de la Administración, y que, como vemos, debe reflejarse con claridad en el expediente, constituyendo así un elemento importante de su necesaria motivación.

4. El artículo 93 de la Ley 30/2007 (lo mismo que hacía el 67 de la Ley derogada por ella) reitera esa exigencia de justificación causal de cada contratación que la Administración se proponga, y, aunque precisa que deberá cumplimentarse al inicio mismo del expediente, habrá que entender que todos los sucesivos actos de trámite deberán guardar la necesaria relación de adecuación al diseño contractual inicialmente justificado, de modo que las distintas concreciones con las que se vaya avanzando en la concreción del contenido del contrato a constituir puedan acogerse a la misma justificación causal en los fines públicos específicos que hayan de satisfacerse en las circunstancias o presupuestos fácticos de que se trate. La mención expresa del artículo 94 (antes 69) a una exigencia de *motivación* de la resolución aprobatoria del expediente de contratación, con la que se pone fin a la fase procedimental preparatoria y se dispone *"la apertura del procedimiento de adjudicación"*, confirma lo que estamos diciendo.

5. Esta exigencia causal típicamente jurídico-pública se extenderá, por supuesto, a la justificación adecuada de *la elección del procedimiento y la de los criterios que se tendrán en consideración para adjudicar el contrato*, que ahora el artículo 93.4 de la Ley 30/2007 expresamente afirma que se ha de incluir en el expediente y consiguientemente en el mencionado acto de su aprobación. Si se tienen en cuenta las amplias posibilidades que, en cuanto a posibles criterios de adjudicación, permiten los artículos 134 y concordantes de dicha Ley, se comprenderán los múltiples aspectos no poco importantes del objeto y contenido del contrato y de su adecuación a los fines públicos a que debe servir el contrato en las circunstancias de que se trate, cuya determinación se subordina a lo que, con arreglo a esos criterios, pueda ser ofertado por los licitadores y elegido por la Administración contratante. Toda esta actuación

---

1965, por más que ahora lo establecido en ella se predique de todos los contratos del sector público, con una extensión que no parece haber sido tampoco bien ponderada. Una declaración similar de una supuesta –pero inexistente- libertad de pactos en los contratos de la Administración figura en la Ley General del Patrimonio de las Administraciones Públicas de 2003.

selectiva con la que se completa, por tanto, el contenido y la justificación causal del contrato, ha de ser asimismo debidamente motivada, como se desprende destacadamente de la regulación legal de toda la actuación sobre la clasificación de ofertas, adjudicación provisional y la cuestión de las ofertas con valores desproporcionados o temerarios (artículos 135 y 136 de la Ley 30/2007) –en todo lo cual el artículo 295 mantiene el importante papel asistente de las Mesas- y, sobre todo, de las previsiones específicas sobre el deber de motivación de la adjudicación ahora establecidas con carácter general en el artículo 137 de la Ley 30/2007.

6. En suma, la exigencia del artículo 53.2 de la Ley 30/92, de Régimen General de las Administraciones Públicas y del Procedimiento Administrativo Común, relativa a la causa de los actos administrativos (adecuación de su contenido a los fines predeterminados para ellos por el ordenamiento jurídico aplicable) es enteramente aplicable a la contratación pública y, por ende, a los contratos públicos, tanto si son administrativos como si son privados, por su régimen jurídico de ejecución, interpretación, modificación y extinción.

Como recordase acertadamente Manuel Rebollo en su intervención en 2002, en el V Congreso Luso-Hispano de Derecho Administrativo, en Barcelona, el artículo 55 del derogado Reglamento de Contratos de las Corporaciones Locales de 1955 ya recogía este "principio esencial cuya validez y vigencia actual no pueden ser discutidas", cuando afirmaba que "para las Corporaciones locales, la causa de los contratos deberá ser el interés público, determinado, según los casos, por la mejor calidad, mayor economía o plazo más adecuado en la realización de las prestaciones que fueran objeto de cada uno de ellos"[26].

7. Por lo que se refiere al Derecho Peruano, aun sin poderme detener como el asunto merecería, quiero señalar la afirmación de lo que el artículo 4 de la Ley de 2007 llama el "principio de razonabilidad", diciendo que, en su virtud, *en todos los procesos de selección el objeto de los contratos debe ser razonable, en términos cuantitativos y cualitativos, para satisfacer el interés público y el resultado esperado"*. Se está recogiendo ahí, al menos, en gran medida, la causa jurídico-pública de los contratos públicos, aunque ésta deba referirse, como hemos dicho, a todo el objeto y contenido del contrato, que, en gran medida, se fija en fases procedimentales previa a la propiamente selectiva. Lo mismo que lo que la letra l) del mismo artículo de principios, denomina "principio de equidad" apunta, sin duda, a la causa intrínseca a todo verdadero contrato.

No pocas normas de la Ley y del Reglamento relativas a la preparación y adjudicación de los contratos pueden tener su eje conductor precisamente en la necesidad de que todo contrato se ajuste causalmente a los requerimientos de las necesidades e intereses públicos legalmente establecidos en función también de las circunstancias o presupuestos de la contratación de que se trate[27]. La honda comprensión de esta exigencia podría quizás ayudar, con todo, a perfeccionar todas esas provisiones y dotarlas de mayor unidad y comprensibilidad.

8. Y, en fin, por lo que se refiere al Derecho anglosajón, que tan habitualmente hemos considerado tan distante del Derecho de raíz continental europeo, sería interesante analizar y sintetizar las diversas normas contenidas en el Título 41 del *United States Code* (U.S.C.), dedicado precisamente a los *Public Contracts*, en las que subyace también la exigencia de

---

26 "Principio de legalidad y autonomía de la voluntad en la contratación pública", *cit.*, p. 59.

27 Víctor Baca, en una lectura de este trabajo, me hace notar también la relevancia a estos efectos de los artículos 34 de la Ley y 79 del Reglamento, a propósito de la cancelación del procedimiento antes del otorgamiento de la Buena Pro o de la excepcional no suscripción del contrato ya adjudicado.

una causa jurídico-pública necesaria a los contratos públicos, con estricta sumisión a la vinculación positiva de la autoridad administrativa al ordenamiento jurídico e incluso, en no pocos aspectos, a las leyes del Poder legislativo[28]. Las exigencias del Estado de Derecho tienden a ser las mismas, aunque los sistemas vayan decantándolas a ritmos y con modalidades diferentes, por el peso de la inercia histórica de las mentalidades e instituciones que conforman las distintas "culturas" jurídicas.

V. CONSECUENCIAS DE LA CONCURRENCIA DE CAUSAS EN EL CONTRATO PÚBLICO POR RAZÓN DE SU NATURALEZA CONTRACTUAL Y DE LA NATURALEZA JURÍDICO-PÚBLICA DE SU ACTO CONSTITUTIVO

1. De lo dicho se desprende que el requisito causal de los contratos públicos comprende, por una parte, la exigencia de causa jurídica específicamente contractual en la configuración del contenido de lo que se constituye como relación de tal naturaleza y, por lo tanto, como verdadero y propio contrato, pero, a la vez, por otra parte, la necesidad de causa justificante de su constitución en el sentido jurídico-público que queda expuesto, porque la Administración sólo puede vincularse válidamente mediante contratos, en la medida en que lo requieran los fines públicos específicos que reclaman su actuación y del modo y con el alcance que sean cabalmente adecuados a esas necesidades, atendidas las circunstancias o presupuestos fácticos en que tal actuación vaya a producirse.

2. Dicho de otra manera, ello quiere decir que en los contratos públicos su causa para la Administración contratante no puede radicar sólo en su voluntad de obtener las prestaciones u obligaciones prestacionales que asume el contratista en correspondencia sinalagmática con las que ella asume respecto a él, sino que es imprescindible que esa voluntad resulte de la justa o adecuada valoración de una necesidad apropiada de tales prestaciones u obligaciones prestacionales a cargo del contratista seleccionado, en su específica relación de intercambio sinalagmático con las que la Administración asumirá en contrapartida, para los fines públicos específicos que con ello deban alcanzarse, en las circunstancias de que se trate.

3. Dada además la inseparabilidad real de la determinación concreta definitiva del contenido contractual y de su justificación causal, con respecto a la selección del contratista adjudicatario del contrato, la causa jurídico-pública del contrato no dejará de incluir una referencia específica y, en principio, personalísima (*intuitu personae*) –que puede reconocer, con todo, modulaciones, como la Ley prevé– a la persona del adjudicatario, cuyos compromisos contractuales quedarán sujetos, no sólo a la causa contractual en su sentido estricto sino también a la causa jurídico-pública justificadora del contrato en cuanto constituido por la Administración. El ha sido elegido en razón de sus ofertas para completar los detalles del contrato y de su justificación causal; y lo ha sido, denegándose su adjudicación a otros sujetos también interesados y también titulares como él mismo de un derecho condicionado a obtener el contrato de la Administración si las condiciones que ofertasen fueran las más adecuadas para la obtención de los fines públicos. Ser adjudicatario de un contrato público es por ello no sólo adquirir los derechos y obligaciones inherentes a toda estructura propiamente contractual y a la específicamente característica del tipo contractual de que se trate, sino también asumir una obligación reforzada o especial de colaborar con la Administración en la consecución de los fines públicos mediante el cumplimiento del contrato.

---

28   *Vid.* también la voz "Public Works and Contracts", en *American Jurisprudence*, 2d., vol. 64, West Group 2001, pp. 621-848.

Y esto tiene o debe tener consecuencias no poco importantes para el régimen de todo contrato público *in facto esse*, tanto si es administrativo como si se somete en general al Derecho privado.

4. Si la causa contractual, como dijimos, se sustenta en último término en el intercambio conmutativo consustancial a la relación contractual, la causa justificadora jurídico-pública de todo contrato público deriva de la situación de sometimiento pleno y positivo de la Administración al ordenamiento jurídico y, en particular, a los fines públicos que se prevén para su actuación, y de las exigencias propias de la justicia distributiva inherentes a la adjudicación por la Administración de sus contratos.

5. Los contratos entre sujetos privados descansan básicamente en su consentimiento libre y voluntario, y por ello, aun dentro de algunas condiciones, podrán modificarse o extinguirse por mutuo acuerdo.

6. Los contratos públicos, tanto administrativos como no administrativos (o "privados"), no podrán, en cambio, ni modificarse ni extinguirse por mutuo acuerdo de las partes, sin más, especialmente cuando hayan sido adjudicado por procedimientos de pública concurrencia. Otra cosa permitiría defraudar fácil y toscamente estos principios, perjudicando en su caso a la mejor satisfacción de los fines públicos y lesionando los derechos de quienes vieron denegadas sus ofertas en la adjudicación. Pero es que, además, por lo que venimos diciendo, las partes de estos contratos no pueden ser sus *"señores"*, en el sentido en que puede decirse que lo son de sus contratos los sujetos privados. Por lo ya explicado, los contratos públicos – también cuando en lo demás de su cumplimiento y extinción se rijan por el Derecho privado- se deben a la causa jurídico-pública por la que han sido constituidos, y no pueden modificarse ni extinguirse en realidad sino por el mismo tipo de causa. No se originan ni justifican en un acuerdo libre y mutuo de las partes, sino en su necesidad acreditada para los fines públicos; en una exigencia en realidad, por tanto, positiva –debidamente interpretada con ciertos márgenes de apreciación- del ordenamiento jurídico aplicable a la Administración contratante. No podrán modificarse ni extinguirse sino por la misma o equivalente causa, pero no por simple acuerdo de las partes.

Cosa distinta es que sea el mismo interés público el que pueda requerir cambios o incluso la finalización del contrato como consecuencia de alteraciones o modificaciones del entorno económico y social o incluso de la situación y circunstancias del contratista, sin perjuicio, por otro lado, de las exigencias del principio del mantenimiento del equilibrio o equivalencia de las prestaciones en los términos, al menos valorativos, en que fue fijado por el contrato y el contexto normativo que le sea de aplicación. En todo esto ya proyectará su relevancia el régimen jurídico-administrativo o jurídico-privado del contrato.

7. Podría parecer paradójico que, siendo algunos contratos públicos, concretamente los de hecho más importantes, los administrativos, interpretables e incluso modificables unilateralmente por la Administración contratante (artículos 194 y siguientes y concordantes de la Ley 30/2007), neguemos la posibilidad de que sean modificados por mutuo acuerdo. O que admitamos que algunos contratos públicos son, por su régimen jurídico, privados y que, contra lo que es regla general del Derecho privado, neguemos igualmente la posibilidad de su modificación por mutuo acuerdo.

a) Respecto a lo primero, bastará con señalar que, como claramente se dispone en la Ley 30/2007, el *ius variandi* en los contratos sólo se puede ejercer por la Administración contratante *por razones de interés público y para atender a causas imprevistas, justificando debidamente su necesidad en el expediente* sin que, además, tales *modificaciones* puedan *afectar a las condiciones esenciales*, tal y como se dice ahora su artículo 202.1. Es algo totalmente coherente con la naturaleza pública del contrato. Y entendemos que, como límite, debe aplicarse también a los contratos privados de la Administración. Es decir, en éstos no cabrá, por supuesto, que la Administración imponga unilateralmente modificaciones, ni siquiera aunque las requiera el interés público (salvo la posibilidad de expropiación por causa de utilidad pública o interés social), pero solamente podrán legitimarse tales modificaciones en el mutuo acuerdo si obedecen a las indicadas razones.

b) En cuanto a la extinción por mutuo acuerdo, la Ley 30/2007, siguiendo una vez más consolidados precedentes legislativos, contempla esta causa concreta como uno de los posibles supuestos de resolución de los contratos (administrativos) en el artículo 206, c), con lo que podría pensarse que lo que hemos anticipado quedaría contradicho por este precepto. Sin embargo, el artículo 207.4 es muy claro y viene a confirmar lo que venimos sosteniendo: *"La resolución por mutuo acuerdo sólo podrá tener lugar cuando no concurra otra causa de resolución que sea imputable al contratista, y siempre que razones de interés público hagan innecesaria o inconveniente la permanencia del contrato"*. Son realmente estas razones y no tanto el mutuo acuerdo lo que sustantivamente justifica la resolución del contrato. Ciertamente el mutuo acuerdo facilita la satisfacción de lo que reclama el interés público, pues sin la aceptación voluntaria del contratista, la Administración habría de recurrir a medidas revocatorias o expropiatorias probablemente más complicadas y costosas. Pero lo importante es notar que el mutuo acuerdo –que afecta a la causa contractual en su sentido estricto- no basta y tiene el límite esencial de que la extinción ha de tener una causa jurídico-pública, en correspondencia con la que de esta misma índole es necesaria para la constitución de todo contrato público.

Entendemos que esta limitación del mutuo acuerdo extintivo de un contrato debe aplicarse también a los contratos no administrativos o "privados" de la Administración.

El régimen, pues, privado de tales contratos no administrativos *in facto esse*, a que se refiere en concreto el artículo 20.2 de la LCAP, tiene, por tanto, estas limitaciones jurídico-públicas, que derivan en realidad de su obligada constitución (*preparación y adjudicación*) como contratos públicos, formal y causalmente.

VI. CONSIDERACIONES FINALES SOBRE LA APLICABILIDAD DE LA EXIGEN-
     CIA DE UNA CAUSALIDAD TÍPICAMENTE JURÍDICO PÚBLICA, PARTICU-
     LARMENTE RESPECTO A LA CONTRATACIÓN DE DETERMINADOS SUJE-
     TOS PRIVADOS, Y ESPECIALMENTE CUANDO ESTOS NO SON SINO PERSO-
     NIFICACIÓN INSTRUMENTAL FORMALMENTE PRIVADA DE ORGANIZA-
     CIONES SUSTANTIVAMENTE PÚBLICAS

1. Cuanto queda expuesto se aplica íntegramente a los contratos públicos "de colaboración" (Zwhalen), caracterizables porque su obligación prestacional principal y tipificante es la que la Administración obtiene de la otra parte (calificable por ello como su "colaboradora"), a cambio de su precio o contraprestación compensatoria equivalente. Son los contratos administrativos o privados a los que se aplica directamente la Ley de contratos del sector público española y que ésta obviamente tiene a la vista en sus regulaciones.

2. No deja de tener también aplicación, sin embargo, a las demás modalidades de los contratos públicos, y en concreto a los que, por contraposición a los anteriores, se han llamado "de atribución" (Zwhalen), en los cuales la obligación prestacional principal y tipificadora es la que incumbe a la Administración a favor de la otra parte. Otra cosa es que la aplicación pueda tener manifestaciones en parte distintas y que la formulación de alguno de los argumentos expuestos pudiera requerir ajustes a las peculiaridades de esas otras relaciones contractuales.

3. La extensión, en fin, de algunas reglas normalmente procedimentales (pero también de algunas relativas al modo de determinar el objeto o a las condiciones de los contratistas) a ciertos contratos privados de sujetos privados, por imperativo hasta ahora en España de la Comunidad Europea (contratos de Organismos de Derecho público con personalidad jurídica privada, contratos de los concesionarios de obras públicas, contratos de obras financiadas en más del 50 por 100 por fondos públicos, contratos de las empresas dedicadas a actividades de sectores especiales con derechos exclusivos o especiales), podría suscitar la cuestión de si también llegaría a ellos la exigencia causal que es propia de la contratación jurídico-pública.

En la medida en que las normas de *ius cogens* que en el sentido indicado se les aplican –que no son todas las que se aplican a la contratación pública propiamente dicha, y a veces sólo se refieren a la publicidad, sin exigencias más específicas de tipo procedimental ni sobre los criterios selectivos-, constituyan un núcleo normativo suficientemente expresivo de unas garantías determinadas de la necesaria adjudicación del contrato en procedimientos selectivos públicos en razón de las condiciones personales y del tipo, calidad y precio de las ofertas, parece obligado restringir análogamente las posibilidades de toda modificación y extinción por mutuo acuerdo que pueda implicar un fraude a la aplicación efectiva de aquellas normas.

Ahora bien, no parece que esos sujetos contratantes deban sujetarse en sus decisiones de contratación a la exigencia causal que es propia de los entes públicos. Deberán cumplir las mencionadas normas, que tienden a garantizar la accesibilidad a contratos de gran importancia y con implicaciones jurídico-públicas –por su financiación o por la situación de derechos exclusivos o especiales de la entidad o empresa contratante- bajo un principio de igualdad en todo el ámbito de la Unión Europea, pero forma parte de su libertad la fijación –dentro de ello- del objeto y condiciones de esos contratos, sin que tengan que justificar su específica necesidad para los intereses o necesidades públicas. Las normas de *ius cogens* que se les impone a su contratación, que seguirá siendo jurídico-privada –la contratación en sí misma, no sólo los contratos de ella resultantes- deben entenderse siempre del modo más restrictivo posible, como limitadoras que son –ahora sí- de la libertad inherente a los sujetos privados, por más que algunos de esos sujetos privados sólo lo sean formalmente, pero no sustantivamente, por no ser, en realidad, sino personificaciones instrumentales formalmente privadas del mismo Poder público, cuya legitimidad plantea tantos interrogantes y, desde luego, muy severos límites.

4. Pero precisamente la nueva Ley española 30/2007, de contratos del sector público, aun dentro de no pocas contradicciones y –aunque resulte chocante decirlo- consciente o inconscientemente, parece tratar de someter a ciertas exigencias propiamente jurídico-públicas efectivas a la contratación de todos los organismos, entidades y empresas que conforman lo que llama el sector público, aunque su personificación sea jurídico privada o, siendo pública, como en el caso de las denominadas entidades públicas empresariales, la misma Ley les haya desposeído expresamente de la condición de Administraciones públicas a los efectos justamente de su régimen contractual.

Es verdad que los que el Derecho comunitario denomina Organismos de Derecho público revestidos de personalidad jurídico-privada, sólo serán "privados" formalmente, por lo que, una aplicación de la doctrina del descorrimiento del velo de la personalidad instrumental podría justificar que se les aplicaran las exigencias causales jurídico-públicas, siempre, al menos, que no actúen en ámbitos sometidos al mercado y la competencia en condiciones de igualdad con otros agentes económicos. Pero lo que el legislador debería de hacer es prohibir esos disfraces de consecuencias tan imprevisibles, en lugar de permitirlos para luego tratar de reconducirlos al régimen jurídico propio de los entes públicos, en un camino lleno de riesgos para la seguridad jurídica y para el adecuado uso de los recursos públicos.

Además esa reconducción, como la aparentemente pretendida por la Ley española 30/2007, fácilmente se queda a medio camino.

La Ley 30/2007 ha establecido, en efecto, cierto número de disposiciones que gozan explícitamente de aplicabilidad general para todo el sector público con el correspondiente carácter –salvo rara excepción– de su carácter básico, conforme a lo precisado por su disposición final séptima. Y entre esas disposiciones tiene importancia destacar aquí en particular las contenidas en los ya citados artículos 22, relativo precisamente a la necesidad de justificación causal de los contratos de la que debe dejarse constancia en el expediente de su preparación, y 25, sobre las limitaciones intrínsecas de la denominada libertad de pactos. Figuran también en la relación significativamente, entre otros, los artículos 43 a 52, sobre la aptitud para contratar con el sector público, y 61 a 73 sobre los modos de acreditar la aptitud para contratar, o, en fin, los artículos 74 a 76 sobre el objeto del contrato, incluido el precio y el modo de calcular el valor estimado de los contratos. También formarían parte de ese bloque disposiciones como las contenidas en las adicionales sexta (posible preferencia a favor de la contratación con empresas que empleen a personas con discapacidad o en situación de exclusión social y con entidades sin ánimo de lucro u Organizaciones de Comercio Justo) y séptima (posibilidad de reserva de contratos a favor de Centros Especiales de Empleo o en el marco de programas de empleo protegido), entre otras.

5. No todos los contratos, sin embargo, quedarán sometidos directamente a esas reglas, pues el artículo 4 de la misma Ley contiene importantes exclusiones de su ámbito de aplicación directa: por ejemplo la letra g), en cuanto a los "contratos de suministro –"adquisición, arrendamiento financiero o arrendamiento, con o sin opción de compra, de productos o bienes muebles", en el concepto del artículo 9 de esta misma Ley- relativos a actividades directas de los organismos de derecho público dependientes de las Administraciones públicas cuya actividad tenga carácter comercial, industrial, financiero o análogo, si los bienes sobre los que versan han sido adquiridos con el propósito de devolverlos, con o sin transformación, al tráfico jurídico patrimonial, de acuerdo con sus fines peculiares, siempre que tales organismos actúen en ejercicio de competencias específicas a ellos atribuidas por la Ley"[29].

6. En cualquier caso, los medios de hacer efectiva la sumisión a las reglas y principios a que se someterían los contratos indicados de las entidades y sociedades o fundaciones del sector público que no sean Administraciones públicas ni actúen como poderes adjudicadores en contratos de regulación armonizada con las directivas comunitarias de contratos públicos, hacen difícilmente exigible su cumplimiento. Por supuesto –basta ver la redacción de los preceptos correspondientes– no se les aplican las normas propias de los contratos públicos sobre perfección (artículo 27) e invalidez y anulación (artículo 31 y ss.), y todo el sistema procesal aplicable para exigir el cumplimiento de la ley es exclusivamente el jurídico-privado.

Los artículos 175 y 176 han establecido algunas reglas para todos estos contratos del sector público no celebrados por Administraciones públicas y no sometidos a regulación

---

29   No es claro a qué sujetos se quiere referir esta exclusión (en la Ley anterior de contratos de Administraciones Públicas eran sólo los Organismos Autónomos), máxime cuando la Ley 30/2007 no define lo que sean para ella los "organismos de Derecho público". Pero si se aplica el concepto comunitario, ya definido en otras leyes españolas (la 31/2007, destacadamente), habría que incluir a sociedades que principalmente se dedican a actividades no mercantiles, que puedan tener también una actividad secundaria mercantil, que, como tal, parece lógico que no tenga que someterse, al menos directamente, a la Ley 30/2007.

armonizada derivada de las directivas comunitarias: no sólo reiteran lo que ya, en buena medida, se disponía tan tradicional como inútilmente en leyes anteriores a la actual, acerca de la sumisión de su adjudicación a *los principios de publicidad, concurrencia, transparencia, confidencialidad, igualad y no confidencialidad* sino que, además de obligarse también a que la adjudicación se efectúe *de forma que recaiga en la oferta económicamente más ventajosa* – lo que se califica de *directriz*-,se obliga a esas organizaciones a que aprueben unas *instrucciones internas* en las que *se dispondrá lo necesario para asegurar la efectividad de los principios enunciados* y de la mencionada *directriz, que deben ponerse a disposición de todos los interesados en participar en los procedimientos de adjudicación (...) y publicarse en el perfil de contratante de la entidad.*

Ahora bien, está por ver en qué va a poder traducirse todo eso en la práctica, bajo el control técnico-jurídico que permite la jurisdicción civil.

Comentarios Monográficos

ALGUNOS ASPECTOS DEL DERECHO DE ACCESO A LA INFORMACIÓN PÚBLICA Y LA TRANSPARENCIA EN LA ADMINISTRACIÓN PÚBLICA CONTEMPORÁNEA. UNA PERSPECTIVA COMPARADA PARTIENDO DE LA EXPERIENCIA MEXICANA[*]

Allan R. Brewer-Carías
Profesor de la Universidad Central de Venezuela

Resumen: *Una de las características fundamentales de la Administración Pública contemporánea ha sido su progresiva transformación como consecuencia de la consagración, en las Constituciones y la legislación, del derecho ciudadano de acceso a la información administrativa, y de la adopción del principio de transparencia en la Administración. Esta transformación se inició en Europa y en los Estados Unidos sobre todo después de la postguerra, y se ha seguido en las últimas décadas en muchos países latinoamericanos, entre ellos en México, donde ha tenido una muy importante repercusión. Este trabajo, partiendo de la perspectiva mexicana analiza comparativamente el tema.*

I. ALGUNOS ANTECEDENTES DE LA TRANSPARENCIA Y DE LA APERTURA EN LA ADMINISTRACIÓN PÚBLICA

El 21 de Febrero de 2009, en el día en el cual tomó posesión de su cargo, el Presidente de los Estados Unidos Barak Obama, refiriéndose al Gobierno en Washington, dijo que "En esta ciudad durante mucho tiempo ha existido muchos secretismo", proclamando que al contrario, "la Transparencia y el Estado de derecho serán los hitos de esta presidencia." Luego, ordenó que: "Desde hoy, cada agencia y departamento debe saber que esta Administración está a favor de aquellos que buscan dar a conocer la información, no de aquellos que buscan retenerla."[1]

---

[*] Documento elaborado para el Congreso Iberoamericano de Derecho Público y Administrativo. *Homenaje a Romeu Felipe Bacellar Fihlo*, San José Costa Rica, 23-26 Noviembre 2009. Para su redacción partimos de los comentarios que efectuamos en la Conferencia sobre "Retos para la Reforma Gubernamental en México: Transparencia, Elecciones y Justicia criminal" organizada por el Centro de Estudios Latinoamericanos de la Universidad de Columbia, New York, y por el Instituto de Investigaciones Jurídicas, Universidad Nacional Autónoma de México, Nueva York, 19-20 de enero de 2009.

[1] Discurso pronunciado durante la ceremonia de juramentación de las autoridades principales del Poder Ejecutivo, el 21 de Febrero de 2009. Véase Sheryl Gay Stolberg, "On First Day, Obama Quickly Sets a New Tone," *The New York Times,* 22 de febrero, 2009, p. A1.

En cumplimiento de estos ofrecimientos, y para tales fines, el mismo día el Presidente emitió dos Memorándum presidenciales: uno sobre la Ley de libertad de información (*Freedom of Information Act*) y el otro sobre la transparencia y apertura gubernamental (*Transparency and Open Government*).

Citando al Juez Louis Brandeis de la Suprema Corte de los Estados Unidos, quien se refirió a la "luz del sol" como "el mejor desinfectante", Obama ordenó además que la Ley de libertad de información se aplicase con una clara predisposición "a favor de la revelación (*disclosure*)", de modo que "ante la duda, prevalece la apertura (*openness*)"; concluyendo en pocas palabras, con la preposición de que "el Gobierno no deberá retener información confidencial". En el segundo memorando, el Presidente ratificó que su "Administración está comprometida con la creación de un nivel de apertura gubernamental sin precedentes" considerando que "la apertura fortalecerá nuestra democracia y promoverá eficiencia y eficacia en el Gobierno;" agregando, finalmente que: "el *Gobierno debe ser transparente*. La transparencia promueve la responsabilidad y ofrece información a los ciudadanos sobre lo que su Gobierno está haciendo".[2]

Este concepto de la transparencia en el Gobierno responde a la idea política figurada en la "casa de cristal" (*la maison de verre*), que después de muchos años de opacidad, comenzó a desarrollarse relacionada con el simbolismo de lo visible y lo asequible, contrario a lo que es cerrado, misterioso, inasequible o inexplicable. Es decir, lo transparente como sensación de tranquilidad y serenidad que resulta de lo que puede ser dominado o racionalizado, es lo contrario a la angustia y la perturbación causadas por lo que es misterioso y desconocido.[3]

Este concepto de transparencia ha sido uno de los elementos clave que en la evolución de la Administración Pública, ha ayudado a la transformar el Estado Burocrático tradicional en el Estado Administrativo y Democrático de nuestros tiempos, más dedicado a los ciudadanos que al Monarca o a la burocracia. Ese Estado Burocrático era aquel caracterizado por Max Weber como la organización que trataba "de incrementar la superioridad del conocimiento profesional de las autoridades públicas, precisamente a través del secretismo y de la confidencialidad de sus intenciones". Por eso, dijo Weber, los gobiernos burocráticos, debido a sus tendencias, son siempre "gobiernos que excluyen la publicidad".[4]

Al contrario, en el mundo contemporáneo, la franqueza, la apertura y la transparencia son la regla; por ello, cualquier expresión gubernamental al respecto como la que fue anunciada por el Presidente de los Estados Unidos, debe ser siempre bienvenida, incluso en un país como ese, que tiene una larga tradición en la materia. En efecto, los Estados Unidos fue uno de los primeros países en aprobar en 1966 una legislación en materia de transparencia y acceso a la información pública, como lo fue la *Freedom of Information Act (FOIA)* (Ley de libertad de información).

Antes, sin embargo, desde 1951, en Finlandia ya existía un estatuto sobre el acceso a la información pública[5], siendo el origen común de ambas legislaciones, que su promulgación

---

2   Memoranda presidenciales, 21 de Enero de 2009, en www.whitehouse.gov

3   Véase Jaime Rodríguez-Arana, "La transparencia en la Administración Pública," en *Revista Vasca de Administración Pública*, N° 42, Oñati 1995, p. 452.

4   *Véase* Max Weber, *Economía y Sociedad*, Vol. II, Fondo de Cultura Económica, México 1969, p. 744.

5   En 1766, en Suecia se aprobó una ley sobre el mismo tema de acceso a la información.

fue debido a exclusivas iniciativas legislativas, provocada incluso por el activismo legislativo que se manifestó en contra del Ejecutivo con el objeto de imponer políticas de transparencia, habiendo sido en ambos casos, promovida por los partidos de oposición.[6]

Es de destacar, de las manifestaciones del Presidente de los Estados Unidos, que ahora, luego de más de cuarenta años de aplicación de dicha legislación, se busca definir nuevamente la misma política de transparencia, pero en este caso por iniciativa del Poder Ejecutivo.

II. EL AVANCE DE LA REFORMA DEMOCRÁTICA EN MÉXICO EN MATERIA DE ACCESO A LA INFORMACIÓN Y SUS LIMITACIONES

Algo muy similar ocurrió en México, en 2002, con la sanción de la Ley Federal de Transparencia y Acceso a Información Gubernamental Pública[7], aprobada tras varias iniciativas de ONG, como el Grupo Oaxaca, pero que se basó en un proyecto de ley que el Ejecutivo[8] (gobierno de Fox) había presentado al Congreso; y más importante, con la gran diferencia de que en este caso de México, la legislación estaba destinada a garantizar la aplicación de un derecho constitucional que había sido incorporado en la Constitución mexicana en una Enmienda de 1977, que había establecido el derecho de los ciudadanos a la información.

En efecto, en la Constitución mexicana, en contraste a la Constitución de los Estados Unidos en la que nada se puede encontrar que permita identificar un derecho fundamental de tener acceso a la información pública, el artículo 6 establece el derecho ciudadano a la información que el "Estado garantizará" (artículo 6). Por ello, basado en este derecho constitucional y en relación con la información pública, 15 años más tarde se sancionó la mencionada Ley Federal de Transparencia y Acceso a Información Gubernamental Pública, la cual tiene por objeto contribuir a la democratización de la Sociedad mexicana y garantizar la aplicación eficiente del Estado de derecho; garantizar el derecho de todos de tener acceso a la información; buscar la transparencia del servicio público por medio de la difusión de información pública; reforzar la posibilidad de responsabilidad pública; y proteger la datos personales contenidos en los registros públicos (artículo 6)

Además, y para ampliar el rango de su protección, la Ley Federal dispone expresamente que el derecho de tener acceso a la información pública debe ser interpretado no solo en

---

6   En cuanto a la FOIA, su origen resulta de la creación, durante la década de los cincuenta, de Comisiones de Senadores y Representantes para resolver la falta de acceso efectivo a la información de acuerdo a las provisiones de la Ley de Procedimiento Administrativo (Administrative Procedure Act), las cuales, a pesar de ser muy importantes en su momento, fueron descritas por el Representante John E. Moss, como parte de la "teoría burocrática" que permitía que cada entidad pública decidiera qué tipo de información debía llegar al público. Véase Pierre-Francois Divier, "Etats-Unis L'Administration Transparente: L'accés des citoyens américains aux documents officiels," en *Revue du Droit Public et de la Science Politique en France et a l'étranger*, N° 1, Librairie Générale de Droit et de Jurisprudence, Paris 1975, p. 64; Miguel Revenga Sánches, "El imperio de la política. Seguridad nacional y secreto de Estado en el sistema constitucional norteamericano", Ariel, Madrid 1995, p. 153). Luego la FOIA fue reformado en 1974 y en 1976 para hacerla más eficiente. Durante los mismos años, luego de los escándalos de Watergate y los Pentagon Papers (documentos del Pentágono), se aprobaron dos nuevas leyes: la Federal Privacy Act y la Federal Government in the Sunshine Act. *Véase* James Michael, "Freedom of information in the United States" en *Public access to government-held information* (Norman Marsh Editor), Steven & Son LTD, Londres 1987.

7   Algunos artículos de la Ley fueron reformados en 2006.

8   Por el Ministro de Gobernación Santiago Creel, de la Administración del Presidente Fox.

conformidad con la Constitución, sino también con lo previsto en la Declaración Universal de los Derechos Humanos; en el Pacto Internacional de Derechos Civiles y Políticos; en la Convención Americana de los Derechos Humanos; en la Convención para la eliminación de cualquier tipo de discriminación contra la mujer, y en los otros instrumentos internacionales ratificados por México (artículo 6); y además, conforme a la interpretación dada por las instituciones internacionales especializadas, como por ejemplo, la Comisión Interamericana de los Derechos Humanos y la Corte Interamericana de los Derechos Humanos.[9]

Con esta legislación tendiente a implementar una política de transparencia y apertura, puede decirse que México comenzó a resolver el permanente conflicto entre "secretismo" y "apertura" que todas las Administraciones Públicas han experimentado; y que ha existido, no solo en forma estructural conformando el secretismo atávico que durante tantos años han sido la regla, y no la excepción, en muchas de las Administraciones Públicas de Latinoamérica, sino también en forma circunstancial, en situaciones particulares que se han desarrollado, por ejemplo, como consecuencia del síndrome del espionaje de la post-guerra que marcó la era de la Guerra Fría, o de la lucha contra el terrorismo como consecuencia de los atentados del 11 de septiembre de 2001.[10]

Para imponer la transparencia y garantizar el derecho de tener acceso a la información pública, la Ley Federal de Transparencia mexicana del año 2002, definió también una presunción a favor de la publicidad, estableciendo el principio de que la interpretación de sus normas deben siempre ser realizadas en las entidades públicas en favor del "principio de mayor publicidad," es decir, lo contrario al secretismo.

Pero como siempre ha sucedido con estas legislaciones, las sola declaración de principios que contiene no es suficiente para resolver el conflicto entre secretismo y apertura, parti-

---

9   Esta declaración tan importante de sometimiento a las reglas y principios internacionales, inherentes de un gobierno democrático, contrastan con la situación que se presenta en otros países como Venezuela, donde desafortunadamente, el Tribunal Supremo de Justicia no solo ha sentenciado que en material de libertad de expresión las Recomendaciones de la Comisión Inter-Americana no son obligatorias en el país, sino que las propias decisiones de la Corte Inter-Americana de Derechos Humanos no son ejecutables en el país. Esta decisión fue dictada por la sala Constitucional del Tribunal Supremo en diciembre de 2008, en relación con la decisión de la Corte Inter-Americana de Derechos humanos del 5 de Agosto de 2008; emitida en el Caso *Apitz Barbera y otros ("Corte Primera de lo Contencioso Administrativo") vs. Venezuela*, en el cual la Corte sentenció que el Estado venezolano había violado las garantías jurídicas de varios jueces que habían sido removidos, establecidas en la Convención Americana de Derechos Humanos, condenando al Estado a pagarles la compensación debida, a reincorporarlos en cargos similares en el Poder Judicial, y a publicar parte de la decisión en los periódicos venezolanos (Véase decisión en Excepción Preliminar, Fondo, Reparaciones y Costas, Serie C N° 182, en www.corteidh.or.cr). Sin embargo, el 12 de diciembre de 2008, la Sala Constitucional del Tribunal Supremo de Justicia emitió la decisión N° 1939, (Expediente: 08-1572), Caso: *Abogados Gustavo Álvarez Arias y otros*, declarando que la decisión antes mencionada de la Corte Inter-Americana de Derechos Humanos, del 5 de agosto de 2008, era inejecutable en Venezuela; instando al Ejecutivo a denunciar a la Convención Americana de Derechos Humanos y acusando a la Corte Inter-Americana de haber usurpado los poderes del Tribunal Supremo.

10   Es por ello que los memoranda del Presidente Obama fueron considerados como el reverso de la política Post Septiembre 2001 que le facilitaba a las agencias gubernamentales el poder negarse ante las solicitudes de documentos conforme a la Freedom of Information Act. *Véase* Sheryl Gay Stolberg "On First Day, Obama Quickly Sets a New Tone", The New York Times, 22 de febrero de 2009, p. A1.

cularmente debido a la amplia variedad de excepciones que también se han establecidas en las legislaciones, lo cual se repite en la Ley federal mexicana en relación con las informaciones confidenciales, dejando incluso en las manos del director de la respectiva unidad de la Administración Pública (artículo 16) el poder de declarar determinado tipo de información como "reservada". En todos estos casos, la información se mantiene fuera del alcance de los ciudadanos, respecto de las cuales ningún derecho al acceso a la información puede existir efectivamente.

El problema en la Ley mexicana, en todo caso, no es le referencia que la misma hace en su Artículo 18 a la información considerada como "confidencial," referida a la consignada por los administrados con sus peticiones ante la Administración Pública, y a su datos personales contenida en los registros que requieren de su consentimiento para que sean divulgados o distribuidos;[11] sino la asignación a los jefes de las entidades públicas del poder para calificar, como reservada, cierta información durante un período de 12 años (artículo 15),[12] refiriéndose a la información cuya difusión pudiera comprometer la seguridad nacional, la seguridad pública o la defensa nacional; aquella que pudiese poner en riesgo la estabilidad monetaria, económica o financiera del país; que pudiera poner en peligro la vida de las personas, la seguridad y la salud públicas; y que pudiera afectar seriamente las actividades de policía, de prevención del delito, la justicia, la recaudación de impuestos, el control de inmigración, y estrategias que se adopten en los procedimientos judiciales o administrativos antes de su decisión final (artículo 15).

Es cierto que la Ley expresamente excluye de este amplio espectro de información reservada, aquella información que está relacionada con violaciones graves en contra de los derechos humanos y con crímenes contra la humanidad (artículo 14), pero sin duda, el amplio vocabulario utilizado en la enumeración para la clasificación de información como reservada, puede llevar a contradecir los mismos objetivos de apertura de la Ley.

En todo caso, para evitar esta distorsión y para controlar las posibles desviaciones en la aplicación de las excepciones, la Ley Federal creó un Instituto Federal de Acceso a la Información Pública atribuyéndole la potestad a cargo de decidir, en última instancia administrativa, sobre el rechazo de peticiones que se hubieses introducido solicitando acceso a información, y sobre la protección de la datos personales que puedan existir en los archivos de las entidades públicas (artículo 34). A fin de garantizar el derecho de solicitar información, la Ley también estableció un lapso preciso de 20 días para que se produzca la respuesta oficial, previendo el principio del "silencio positivo," es decir la presunción de respuesta positiva en caso de silencio, considerando entonces concedida la petición al agotarse el lapso de respuesta sin que se hubiese producido decisión expresa. Es de destacar que en este respecto, la Ley Federal de Transparencia incluso modificó la regla general contraria establecida en la Ley Federal de Procedimientos Administrativos de 1994, del "silencio negativo" donde lo que se presume es la "respuesta negativa" o el rechazo de las peticiones en los casos en los cuales no se haya producido una respuesta oportuna (artículo 17).

En cuanto al problema de las excepciones al derecho de la información, el mismo se agrava en la Ley Federal pues la misma, además de establecer los casos antes referidos en los cuales las autoridades pueden califica ciertas informaciones como reservadas, directamente

---

11   En cuanto a la información personal que se encuentra en los registros públicos, esta no es considerada como confidencial.

12   En el FOIA de los Estados Unidos, el plazo es de 25 años.

dispone la calificación de confidencial de otro tipo de información, sin la necesidad de requerir declaraciones adicionales por parte de las autoridades. Esto se refiere a las informaciones que ya han sido declaradas como confidenciales en otras leyes, como las relativas al secreto comercial, industrial, fiscal, bancario o fiduciario. También se refiere la Ley a los archivos de investigaciones preliminares; a los archivos de procedimientos judiciales o administrativos aún sin decisión definitiva; a los procesos de responsabilidad de las autoridades públicas aún sin decisión definitiva; y a las opiniones, sugerencias o puntos de vista ofrecidos por las autoridades públicas en las deliberaciones relativas a procedimientos hasta que se adopte decisión definitiva. Lamentablemente, todas estas exenciones constituyen una ventana abierta al secretismo (artículo 14).

Pero en todo caso, para cualquiera que ha estado involucrado en procesos de reforma de la Administración Pública en América Latina, la aprobación de un estatuto como la Ley Federal mexicana de Transparencia y Acceso a la información pública gubernamental y su aplicación, más que una reforma, puede ser considerado como el comienzo de una revolución administrativa que, aunque requerirá de muchos años para producir resultados definitivos, ya ha producido un sentido importante de apertura dentro de la Administración Pública de México, lo cual puede incluso percibirse en los reportajes ofrecidos por los medios de comunicación sobre la misma y sus funcionarios, en una forma nunca antes imaginada.

El resultado de este proceso inicial también fue la aprobación, en 2007, de una nueva Enmienda constitucional sobre el mismo artículo 6 de la Constitución para agregar a la declaración inicial del derecho a la información que el Estado debe garantizar, también con rango constitucional, los siguientes principios que todas las agencias y entidades públicas deber seguir para hacer efectiva dicha garantía: En primer lugar, la presunción de publicidad antes mencionada, es decir, el principio de que toda información que esté en manos de cualquier autoridad o entidad pública debe considerarse cómo de carácter público, siendo la excepción de esta regla, su declaración temporal como reservada basada en motivos de interés público. Es por ello que, en la interpretación del derecho constitucional a la información, la Ley Federal de 2002 establecía el principio de que la mayor publicidad siempre debe prevalecer. Esta es la misma presunción a favor de la revelación que se definió en el Memorando del Presidente Obama de fecha 21 de enero de 2009; de manera que en caso de duda, la apertura es la que debe prevaler; pero con la gran diferencia de que en México se trata de una previsión de rango constitucional, como un derecho de los ciudadanos, y no solo como una política del Poder Ejecutivo expresa sobre la aplicación de un estatuto que en definitiva podría ser modificada por otros gobiernos, como ha ocurrido en el pasado.

Los otros principios que se incluyeron en la Enmienda constitucional mexicana de 2007, que ya había desarrollado en la Ley Federal, fueron la previsión expresa del derecho de todos de que toda información relacionada con la vida privada y la datos personales esté debidamente protegida; y el derecho de tener acceso sin costo alguno, a la información pública relativa a los datos personales y a su rectificación. Para ello, la legislación debe establecer los medios adecuados para garantizar el acceso a la información y también procedimientos simples y expeditos de revisión ante entidades imparciales, autónomas y especializadas.

III. EL AVANCE EN OTROS PAÍSES LATINOAMERICANOS EN MATERIA DE TRANSPARENCIA Y ACCESO A LA INFORMACIÓN

En todo caso, la legislación mexicana del año 2002 no fue el primer estatuto en esta materia en América Latina. En 1985, en Colombia se promulgó la Ley N° 57 sobre la publicidad de documentos oficiales y administrativos, y en enero de 2002, antes de la Ley mexicana, se aprobó en Panamá la Ley N° 6 sobre las previsiones para la transparencia en la gestión pública y sobre acciones *habeas data*. Además de estos casos, el hecho es que en todas las otras leyes aprobadas en Latinoamérica durante los últimos siete años, la Ley Federal mexicana ha tenido una influencia definitiva en su redacción en lo que se refiere a la transparencia y al derecho al acceso a la información pública.[13] Ese ha sido el caso, por ejemplo, de los estatutos aprobados en el Perú en 2003 (Ley N° 27.806 de Transparencia y el acceso a la información pública); en Ecuador en 2004 (Ley Orgánica de Transparencia y acceso a la información pública), y el mismo año en la República Dominicana (Ley General N° 200-04 del Libre acceso a la información pública); en Honduras, en 2006 (Ley de Transparencia y acceso a la información pública); en Nicaragua en 2007 (Ley N° 621-2007 de acceso a la información); y en Chile (Ley de Transparencia y acceso a la información), en Guatemala (Ley de acceso a la información pública), y en Uruguay (Ley N° 18381 de acceso a la información pública y del *amparo informativo*), durante el año 2008.

Para promover la transparencia de las funciones administrativas dentro de todas las entidades públicas, todas estas Leyes establecen el derecho al acceso de información como un derecho fundamental de todos los ciudadanos; presumen expresamente que toda información emitida por las entidades públicas debe considerarse como de carácter público, con la excepción de los documentos confidenciales o aquellos declarados como reservados; casi todas establecen la presunción del silencio positivo ante la ausencia de respuestas expeditas a las solicitudes de información; y obligan a las entidades públicas a publicar la información concerniente a su organización o a su funcionamiento. Sin embargo, en muchas de estas leyes, y partiendo del precedente mexicano, también se establecen previsiones específicas para la protección judicial del derecho al acceso a la información, a través de la acción de *habeas data*, que se configura como una especie de *amparo informativo*, como se lo define en el derecho uruguayo.

En efecto, a pesar de que México es la cuna de la acción de amparo, en lo que respecta al derecho al acceso a la información y a su protección judicial, en contraste con el régimen establecido en los otros países Latinoamericanos, ni en la Constitución y en la Ley Federal se reguló la acción *habeas data*; es decir, el medio judicial específico diseñado para garantizar la protección de los derechos a la información sin necesidad de agotar, previamente, cualesquiera recursos de revisión administrativa. Esta acción específica de *habeas data*, establecida originalmente para la protección de datos personales y progresivamente ampliada para la protección del derecho de acceso a la información pública, ha sido prevista en las Constituciones de Argentina, Brasil, Ecuador, Paraguay, Perú y Venezuela, en paralelo a los otros medios judiciales para la protección de los derechos humanos, como el amparo y las acciones *habeas corpus*. En otros países, aún sin fuente constitucional, dicha acción de *habeas data* ha sido establecida por ley (Panamá, Uruguay).

IV. EL TEMA DE LA GARANTÍA JUDICIAL AL DERECHO DE ACCESO A LA IN-
     FORMACIÓN PÚBLICA

En materia de protección judicial, en cambio, en México, la Ley Federal solo ha establecido la posibilidad de tener acceso a los Órganos Judiciales (artículo 59), mediante la impugnación través de acciones contencioso administrativas o de mediante juicio de amparo, de las decisiones definitivas dictadas por el Instituto Federal de Acceso a la Información Pública; cuando dichas decisiones son adoptadas resolviendo recursos de revisión administra-

---

13   La Ley Federal también tuvo mucha importancia en la redacción de la legislación de los Estados
     de la federación.

tivos introducidos ante el organismo, contra las decisiones finales de las entidades administrativas correspondientes que niegan la información (artículo 49). Es decir, siguiendo la tendencia de las Estados Unidos, la posibilidad de tener acceso a la protección judicial del derecho de tener acceso a la información pública, en México está sujeta al agotamiento previo de recursos administrativos que deben ejercerse, *primero*, ante la Administración Pública correspondiente que posee la información y la niega, y *segundo*, ante el Instituto Federal de Acceso a la Información Pública.

Esta es una característica importante del sistema mexicano que sin duda contrasta con las otras legislaciones de América Latina, en las cuales el acceso a la protección judicial del derecho de acceso a la información pública es inmediato y directo, sin necesidad de agotar previamente cualesquiera recursos administrativos ante la Administración Pública de las Agencias Independientes.

Ese es el caso, por ejemplo, de las previsiones de la Ley de Transparencia y Acceso a la Información de Panamá de 2002, que como se ha dicho, fue promulgada antes que la Ley mexicana, en la cual la acción de *habeas data* está establecida para garantizar el derecho de cada persona a tener acceso a la información pública, por ejemplo, como lo establece la ley, en los casos en los cuales la autoridad pública responsable del registro, el archivo o el banco de datos que contiene la información o los datos personales requeridos, niegue dicha información o la suministre en forma insuficiente o inexacta (artículo 17). En esos casos, la Ley prevé la posibilidad de que se introduzca la acción *habeas data* ante las mismas Cortes Superiores capacitadas para decidir, en general, en materia de acciones de amparo cuando la acción se refiere a actos de autoridades públicas municipales o provinciales responsables de registros o archivos. Cuando se trata de autoridades públicas con jurisdicción sobre más de dos provincias o sobre toda la República, la Corte Suprema de Justicia es entonces la competente para decidir sobre la acción *habeas data* (artículo 18).

Esta acción de *habeas data* debe decidirse durante un proceso regido por las mismas reglas de la acción de amparo, sin formalidades y sin la necesidad de la asistencia de un abogado.

En este mismo sentido, la reciente Ley uruguaya de 2008 relativa al derecho de acceso a la información pública, también ha previsto una acción judicial especial de acceso a la información, denominada "amparo informativo," que todas las personas tienen para la garantía de su derecho. Esta acción puede ser introducida por cualquier persona interesada o por sus representantes (artículo 24) contra cualquier autoridad pública obligada por la Ley, cuando se niegue el suministro de la información solicitada, o cuando la información no es suministrada en los términos establecidos en la Ley. Los tribunales competentes para decidir sobre dicha acción son, en general, las los de Primera Instancia con jurisdicción en asuntos civiles o en materia contencioso administrativo (artículo 23), y el procedimiento que se debe aplicar está establecido en la misma Ley de forma expedita (artículo 25) y sin incidentes de procedimientos judiciales (artículo 30), dando lugar para la realización de una audiencia pública que debe llevarse a cabo dentro de los tres días siguientes bajo la dirección del tribunal, en la cual las partes deben discutir sus pretensiones y presentar las pruebas correspondientes. La decisión final debe ser emitida dentro del plazo de las siguientes veinticuatro horas (artículo 26). En cualquier caso, los tribunales tienen el amplio poder de adoptar las medidas provisionales o cautelares necesarias para proteger el derecho o libertad presuntamente violado (artículo 27). La sentencia final debe determinar lo que sea necesario hacer para garantizar el derecho al acceso a la información pública, en un plazo no mayor de 15 días (artículo 28); estando en todo caso sujeta a apelación y a una revisión de segunda instancia (artículo 29).

En el caso de Ecuador, donde también se promulgó en 2004 una Ley Orgánica de Transparencia y acceso a la información pública, desde 1997, la Ley de Control de Constitucionalidad estableció la acción del *habeas data* en adición a las acciones de *habeas corpus* y amparo para la protección de los derechos humanos, específicamente con el propósito de garantizar el derecho de cada individuo de tener acceso a la información relacionada con él mismo o con sus propiedades, y a conocer el uso y propósito de los datos (artículo 34). El recurso *habeas data* que puede ser introducido ante cualquier tribunal (artículo 37) tiene por objeto obtener por parte de la entidad correspondiente, la información que debe ser suministrada en forma completa, clara y acertada; la rectificación o supresión de información o evitar su divulgación a terceros; y las copias y verificación de corrección o supresión de información (artículo 35). Sin embargo, la acción de *habeas data* no procede cuando se pueda ver afectado el secreto profesional; cuando la justicia pueda ser obstruida; y en los casos de documentos reservados por razones de seguridad nacional (artículo 36). El procedimiento del recurso de *habeas data* también impone la necesidad de que el tribunal lleve a cabo una audiencia pública que de tener lugar dentro de un plazo de 8 días, debiendo adoptarse la decisión final durante los siguientes dos días (artículo 38). El querellado debe suministrar la información durante los siguientes ocho días, conjuntamente con una explicación sobre la misma (artículo 39), y la decisión está sujeta a apelación ante el Tribunal Constitucional (artículo 42).

Pero además de esta acción *habeas data*, en Ecuador, la Ley Orgánica de Transparencia y acceso a la información pública de 2004, estableció sin prejuicio de la acción de amparo, un recurso de acceso a la información, para garantizar judicialmente el derecho de acceso a la información pública (artículo 22). Este recurso puede ser introducido por cualquier persona cuya solicitud respecto de cualquier tipo de información establecida en la Ley, haya sido negada de forma tácita o expresa; ya sea por el rechazo expreso de la solicitud, o por recibir información incompleta, alterada o falsa; incluyendo casos en los cuales el rechazo de la información este basado en el carácter reservado o confidencial de la información solicitada. El recurso puede ser interpuesto directamente ante cualquier tribunal de primera instancia del domicilio de la autoridad pública que esté en posesión de la información; y el tribunal también debe convocar una audiencia pública para ello, dentro de las siguientes 24 horas. La decisión final debe ser emitida en un plazo no mayor de dos días después de la audiencia, incluso en el caso de que la autoridad pública ante la cual se solicitó la información no se presente en la audiencia. La información requerida debe ser entregada al tribunal en un plazo no mayor de ocho días, y en caso de que la información sea de carácter reservado o confidencial, ese hecho debe ser debidamente comprobado. En este último caso, una vez que el tribunal encuentre debidamente comprobado la calificación, debe confirmar la negativa de la información solicitada. En caso contrario, el tribunal debe ordenar que la autoridad libere la información en 24 horas, pudiendo esta decisión ser apelada ante el Tribunal Constitucional cuando la autoridad pública mantenga el carácter de confidencial o reservado de la información. En este caso, la Ley ecuatoriana también asigna amplios poderes a los tribunales competentes para adoptar medidas cautelares en casos en los cuales la información pueda verse en riesgo de encubrimiento, desaparición o destrucción.

En el Perú, el tema de la protección judicial del derecho al acceso a la información no está tratado en la Ley N° 27806 de Transparencia y acceso a la información pública de 2003; sino en Código Procesal Constitucional de 2004, en el que se incluyeron las acciones de amparo y *habeas corpus*, así como también el proceso de *habeas data*. Este último se estableció, particularmente, para la protección de los derechos constitucionales de acceso a la información; para la protección de la intimidad personal o familiar (artículos 2, 5 y 6); y particularmente, para garantizar el acceso a toda información recogida por las entidades públicas cualquiera que sea su forma o expresión, y para saber, actualizar, incluir, suprimir o rectificar información o data referente al accionante, reunida en cualquier forma dentro de instituciones públicas o privadas que ofrezcan servicios de acceso a terceros. Este derecho incluye la posibilidad de solicitar la supresión de información de carácter privado o sensible que pueda afectar los derechos constitucionales del accionante o impedir que se suministre (artículo 61).

La acción de *habeas data* sólo puede ser introducida una vez que la persona interesada haya hecho la solicitud ante la autoridad correspondiente y la misma haya sido rechazada, o cuando al momento de la introducción de la solicitud, la autoridad no ha dado una respuesta en un plazo de 10 días o 2 días, de acuerdo con el derecho exigido (artículo 62). El tribunal correspondiente tiene el poder de solicitar al accionado toda la información que considere necesaria (artículo 63); y el proceso aplicable es el mismo establecido en el Código para la acción de amparo, excepto en cuanto a la necesidad de un abogado que, en este caso, es facultativa (artículo 65).

Por otra parte, el recurso de *habeas data* aún cuando únicamente para la protección de datos personales, garantizando el derecho de tener acceso a los registros oficiales o bancos de datos que la contengan, y de los derechos de rectificar o corregir tal información, se estableció en la Constitución de Brasil, que fue el primer país latinoamericano en constitucionalizar este recurso (artículo 5, LXXII); en la Constitución de Argentina (Reforma de 1994) (artículo 43); y en la Constitución de Paraguay de 1992 (artículo 135).

Este es también el caso de Venezuela, donde la Constitución de 1999 regula la acción de *habeas data* para garantizar el derecho de las personas de acceder a la información y a los datos que sobre sí misma o sobre sus bienes consten en registros oficiales o privados, así como de conocer el uso que se haga de los mismos y su finalidad, y de solicitar ante el tribunal competente la actualización, la rectificación o la destrucción de aquellos, si fuesen erróneos o afectasen ilegítimamente sus derechos (artículo 28). La misma previsión de la Constitución garantiza el derecho de todos al acceso a documentos de cualquier naturaleza que contengan información cuyo conocimiento sea de interés para comunidades o grupos de personas, quedando en todo caso a salvo el secreto de las fuentes de información periodística y de otras profesiones que determine la ley. No obstante, la falta de desarrollo legislativo en materia de la acción de *habeas* ha reducido el alcance de esta acción, habiéndose reservado la Sala Constitucional del Tribunal Supremo el conocimiento de la misma.

V. EL DERECHO DE ACCESO A LA INFORMACIÓN COMO DERECHO CONSTITUCIONAL

Por otra parte, también se debe mencionar que el importante paso tomado en México en el año 1977, para garantizar en el texto constitucional el derecho a la información y al acceso a ella (artículo 6), sólo ha sido seguido por pocos países latinoamericanos. Este es el caso de la Constitución de Brasil de 1988, la que contiene una declaración sobre la garantía del "derecho de todos al acceso a la información" (artículo 5, XIV). En Colombia, la Constitución de 1991 solo establece el derecho al acceso a los documentos públicos, como un derecho de los partidos políticos de oposición (artículo 112); y en Perú, la Constitución de 2000, establece el derecho de todos a solicitar a las entidades públicas, la información necesaria, sin expresar ningún motivo en particular, y a recibirla dentro del plazo establecido por la ley. Solo la información referente a asuntos privados, y aquella establecida expresamente por la ley por razones de seguridad, está excluida; y los servicios de información no pueden suministrar información que pueda afectar la intimidad personal o familiar (artículos 2, 5 y 6).

En el caso de la Constitución de Venezuela de 1999, el artículo 143 establece el derecho de los ciudadanos tienen derecho a ser informados oportuna y verazmente por la Administración Pública, sobre el estado de las actuaciones en que estén directamente interesados, y a conocer las resoluciones definitivas que se adopten sobre el particular.

Asimismo, la misma disposición establece el derecho de acceso a los archivos y registros administrativos, únicamente sujeto a "los límites aceptables dentro de una sociedad democrática en materias relativas a seguridad interior y exterior, a investigación criminal y a la intimidad de la vida privada, de conformidad con la ley que regule la materia de clasificación de documentos de contenido confidencial o secreto.".

El mismo artículo prohíbe cualquier censura previa en lo que refiere a funcionarios públicos sobre la información que puedan ofrecer acerca de los asuntos bajo su responsabilidad.

VI. REFLEXIÓN FINAL

En todo caso, las declaraciones constitucionales de derechos a la transparencia y al acceso a la información pública, y su garantía por medio de leyes como las que están vigentes en América Latina, a pesar de que son pasos muy importantes hacia la democratización de la Administración Pública, no son lo suficiente para garantizar su aplicabilidad. Otros elementos son indispensables para tal propósito, como por ejemplo, la necesidad de la verdadera configuración de un Servicio Civil efectivo, estable y profesional que pueda adoptar el principio de transparencia como uno de sus valores. Un sistema de servidores públicos sujeto a cambios políticos y a la merced de los cambios de gobierno, o a la voluntad de los partidos políticos, o del Jefe de Estado, es completamente incompatible con el principio de presunción a favor de la información y del libre acceso, particularmente porque, al contrario, el secretismo es el principio que puede garantizar su supervivencia.

Por otro lado, para realmente garantizar el derecho de información, la existencia previa de dicha información también es indispensable, la cual por tanto, debe ser previamente recopilada en registros y archivos públicos bien organizados y seguros. Frente a una Administración Pública sin memoria de su propia información, situación que se repite en muchos de nuestros países en los que no existe una cultura de preservar la información o en los que persiste una política de destrucción de documentos históricos; los ciudadanos no pueden tener una garantía cierta de acceso a la información o de ser informados, excepto sobre lo que la autoridad pública determine qué es lo que quiere informar o puede informar.

Otro elemento indispensable para garantizar el derecho al acceso a la información pública, es la existencia de la libertad de expresión que para que se puedan difundir los casos de la falta de transparencia y que pudiera demandar apertura. A este respecto, por ejemplo, el progreso que se ha logrado desde la década de los sesenta en los Estados Unidos, además de tener su origen en el activismo legislativo, puede sin duda ser atribuido a la garantía efectiva de la libertad de expresión y de la libre prensa que ha ayudado a la transparencia. Pero por supuesto, el derecho de informar que tienen los medios de comunicación es solo un aspecto del asunto, y no puede quedar condicionado por lo que solo que la prensa u otro medio de comunicación quiere informar, y cuando lo quieren informar.

Sin la libertad de expresión y la libertad de prensa, sin duda, no se puede garantizar el derecho ciudadano de ser informado y de acceder a la información pública,[14] y sin ellas, no existe posibilidad para que el ciudadano común pueda ser informado cuando, por ejemplo, la falta de transparencia marque alguna acción política.

Por ejemplo, al inicio me referí a los anuncios que el Presidente Obama hizo en materia de transparencia y apertura dentro del Gobierno el día de la Toma de posesión de su cargo; asunto que fue informado a los ciudadanos por medio de la prensa. Y ha sido a través de la misma prensa que el ciudadano ha podido tomar conocimiento de ciertos retrocesos en el desarrollo de esa política pública. Es el caso, por ejemplo, de la discusión originada con motivo de la calificación como secreto de Estado que defendió un abogado del Departamento de Justicia ante una Corte de Apelación de los Estados Unidos, con motivo de los graves alegatos de tortura que se denunciaron en la aplicación del llamado "programa extraordinario de rendición," diseñado por la Administración anterior para casos de terroristas.[15] Por esa razón es que, en definitiva, no se puede lograr ninguna posibilidad de exigir transparencia sin la libertad de prensa; y la libertad de prensa solo puede existir en las democracias. Por eso la transparencia y la apertura en el Gobierno son políticas democráticas, diseñadas para fortalecer la democratización de la Administración Pública, siendo por supuesto incompatibles con los gobiernos autoritarios.

---

14   Es por esto, que así como es importante hacer énfasis en lo que significó la primera decisión Ejecutiva que tomó el Presidente Obama al tomar posesión de su cargo como Jefe de Estado, proclamando la política de Transparencia y Apertura en el Gobierno; también es importante mencionar la reacción de algunos periodistas atacando, ese mismo día, al nuevo Gobierno por falta de transparencia, solo porque no se les permitió la entrada a los fotógrafos de los medios de comunicación, para presenciar el Segundo juramento que hizo el Presidente, ese mismo día, ante el Presidente de la Corte Suprema; un hecho del que, sin embargo, todos fueron debidamente informados por medio de una fotografía oficial. El aspecto importante que resulta de esa situación es que el derecho de todos de estar informados y de tener acceso a la información pública no puede ser confundido con el derecho de todo medio de comunicación a estar presente en cualquier acto público. El derecho a estar informado es una cosa, y el derecho a la búsqueda de la información y a informar es otra.

15   Véase John Schwartz, "Obama Backs Off A Reversal On Secrets," en, 10 de febrero de 2009, pp. A12 y A16, y el Editorial *The New York Times* sobre "Continuity of the Wrong Kind," en The New York Times, 11 de febrero de 2009, p. A30.

EL CONTROL DE CONSTITUCIONALIDAD SOBRE LAS REFORMAS CONSTITUCIONALES EN MÉXICO

Marcos del Rosario Rodríguez
Profesor de la Universidad Panamericana de México

Resumen: *El Poder Revisor de la Constitución es el órgano encargado de gestar y adecuar el texto constitucional a la realidad. Esta función durante mucho tiempo, se consideró como ilimitada, es decir, que no había límites formales y materiales que pudiesen condicionarlo. Con el devenir y consolidación de los Derechos Humanos como factores de supremacía, se advirtió que todo poder debe supeditarse a estos, pues de lo contrario, atentarían contra la esencia misma del sistema constitucional. En algunos Estados, se ha configurado un núcleo de inmodificabilidad, o coto vedado, en el cuál se sustrae toda posibilidad de que los derechos y principios contenidos en dicho núcleo, puedan ser sujeto de cambio. En el sistema jurídico mexicano, no existe un coto vedado en el que pueda inactuar el Poder Revisor, por lo que se ha puesto en la palestra, que pasaría si dicho órgano actuara bajo el argumento de la legitimidad soberana, y de esta forma, reformara aspectos sustánciales, como los derechos fundamentales. Es por ello, que se pone a consideración, en que caso de una ejercicio desproporcionado por parte del Poder Revisor, qué instrumento de tutela sería el óptimo para salvaguardar los derechos y principios constitucionales que se vieran mermados.*

I.   CONSIDERACIONES PRELIMINARES

La Constitución política es la norma fundante de todo el sistema jurídico, fungiendo como elemento rector e informante de los principios y valores esenciales de la sociedad[1].

Ante esto, resultaría limitado concebir a la Constitución como un todo normativo, que valida al sistema por el hecho de tener un carácter supremo bajo un sentido formal. Si bien la ley fundamental contiene la cualidad de norma superior, su validez radica en los principios y valores esenciales que alberga.

La validación de cualquier acto jurídico se dará en la medida que se direccione y se adecue al ámbito material de la Constitución, sin detrimento del aspecto formal, ya que ambos deben complementarse para actuar como parámetros de medición[2].

---

1   …la idea de que la Constitución encarna un "orden de valores" o una "unidad material", que incluso a veces se califican de previos al ordenamiento jurídico positivo. Prieto Sanchís, Luis, *Constitucionalismo y Positivismo*, Ed. Fontamara, México, 1997, pp. 16, 17.

Por ende, es indispensable contar con un control constitucional óptimo, en el que se pueda hacer valer, no sólo los actos inconstitucionales en sentido formal, sino las vulneraciones materiales (en sentido negativo y positivo).

Si el Poder Revisor al momento de efectuar alguna reforma no tiene en cuenta ésta realidad ontológica, puede gestar una modificación que de forma contenga los elementos de validez necesarios, pero en realidad, vulneran y alteran el contenido axiológico de la Constitución. Un ejemplo de esto sería, una reforma que tuviese como objeto directa o indirectamente la reducción de la eficacia de algún derecho fundamental[3].

Bajo la tradición formalista imperante en nuestro país, durante mucho tiempo se ha negado la posibilidad de reconocer la existencia de algún tipo de incoherencia que pudiese alterar o incidir perjudicialmente en el contenido constitucional.

Siguiendo un formalismo jurídico exacerbado, es contradictorio siquiera suponer que pueda haber un acto emanado del Constituyente que pudiera tener un efecto negativo, pues es éste quien da legitimidad a las reformas y modificaciones constitucionales, bajo dos premisas fundamentales: 1) el hecho de tener la potestad soberana del pueblo; y 2) que toda reforma se adecua por naturaleza al carácter uniforme y coherente de la Constitución.

II. LA VIABILIDAD DEL AMPARO COMO MEDIO DE DEFENSA EN CONTRA DE REFORMAS CONSTITUCIONALES

Hacia finales de la década de los 90 se planteó ante la Suprema Corte de Justicia de la Nación, un primer análisis relativo a la existencia de los posibles efectos inconstitucionales provinentes de las reformas efectuadas por el Poder Revisor. Es decir, que dichas reformas trajesen como consecuencia el detrimento de algún principio o la reducción de la eficacia de uno o varios derechos fundamentales.

Sin duda, los casos deliberados por el máximo tribunal, abrieron un debate que parecía inexpugnable, pues se había considerado como un dogma jurídico la incuestionabilidad material y formal de toda acción derivada del proceso previsto por el artículo 135 constitucional.

Para éste efecto, es factible tomar con objeto de análisis, la última sentencia que permitió la configuración de la tesis jurisprudencial en la que se dio por sentando dos aspectos trascendentales: 1) La inexistencia de visos de inconstitucionalidad surgidos por reformas constitucionales; y 2) la imposibilidad de impugnar por vía de amparo, o por cualquier otro mecanismo de defensa, las presuntas acciones que transgredan al orden constitucional.

---

2   Dicha re materialización u orden de valores supone que la Constitución ya no tiene por objeto sólo la distribución formal del poder entre los distintos órganos estatales, sino que está dotada de un contenido material, singularmente principios y derechos fundamentales, que condicionan la validez de las normas inferiores…*Idem.*

3   Reforma e instauración constitucional se distinguen, entonces, no bajo un perfil formal –por el hecho de que una adviene de forma legal y otra de forma ilegal, extra *ordinem*- sino bajo el perfil sustancial: es una reforma toda modificación marginal, es instauración toda alteración –aunque legal- de la identidad axiológica de la Constitución. De lo anterior se sigue, entre otras cosas, que en ningún caso puede la reforma constitucional ser llevada hasta modificar los principios supremos de la Constitución existente. Tales principios son límites (lógicos) infranqueables para la reforma constitucional. Guastini, Riccardo, *Sobre el concepto de Constitución. Teoría de la Constitución. Ensayos escogidos.* Ed. Porrúa, Ed, 3ª, México, 2005, p. 105.

La tesis en cuestión, fue la emitida el mes de noviembre de 2002, en relación con el amparo en revisión interpuesto en contra de las reformas al artículo 2º constitucional, en la cual, se reconocieron una serie de derechos y prerrogativas a los pueblos indígenas:

El interés jurídico para promover el juicio de amparo en contra de un proceso de reformas a la Constitución Federal, debe derivar directamente de los efectos que produzca en la esfera jurídica del quejoso la vigencia de los nuevos preceptos, al ser éstos los que pueden producirle un menoscabo. En ese sentido, cabe concluir que el juicio de garantías promovido por una comunidad indígena en contra del referido proceso en materia de derechos de los indígenas es improcedente, al no surtirse el presupuesto de afectación a su interés, pues en los artículos constitucionales reformados se prevé una serie de derechos en su favor, como garantías mínimas que deben cumplirse, así como de acciones y obligaciones que deben ser realizadas por la Federación, los Estados y los Municipios, en sus respectivos ámbitos de competencia, para promover la igualdad de oportunidades de los indígenas, eliminar prácticas discriminatorias, asegurar la vigencia de sus derechos, promover su desarrollo integral y abatir las carencias y rezagos que padecen, lo que lejos de perjudicarlos los beneficia, por lo que el perjuicio relativo no puede derivar de la manera en que el Órgano Reformador de la Constitución Política de los Estados Unidos Mexicanos decidió proteger a la población indígena, toda vez que el Constituyente estableció la posibilidad de adicionar o reformar la propia Ley Fundamental a través de las instituciones representativas de la voluntad de la Nación Mexicana, sin dar intervención directa al pueblo, esto es, no se prevé medio de defensa alguno para impugnar el contenido de una modificación constitucional, ya que ello atentaría contra el sistema establecido. Asimismo, la falta de interés jurídico queda evidenciada con el hecho de que ante una hipotética sentencia que otorgara la protección constitucional contra el proceso de reforma constitucional en materia indígena, se ocasionarían perjuicios a la comunidad indígena quejosa en vez de beneficios, ya que no le serían aplicables las normas constitucionales que establecen derechos en su favor, pues en atención al principio de relatividad que rige las sentencias de amparo, en términos de lo dispuesto en los artículos 107, fracción II, de la Constitución Federal y 76 de la Ley de Amparo, sus efectos no podrían ser los de obligar al Órgano Reformador de la Constitución a reponer el proceso de reformas a la propia Carta Magna, porque con ello se darían efectos generales a la ejecutoria, en contravención al principio aludido.

III. ANÁLISIS DEL CONTENIDO DE LA RESOLUCIÓN

Un primer punto a analizar en la tesis citada, es la limitación que se plantea al interés jurídico de los sujetos que pretenden interponer un juicio de amparo por presuntos aspectos de inconstitucionalidad, emanados de un proceso de reforma constitucional, ya que toda posible vulneración a la esfera jurídica de los individuos, se da, sólo a partir de que surte efectos.

Sobre esto habrá que hacer dos precisiones: 1) Si bien los efectos jurídicos provenientes de una reforma, al momento de entrar en vigor o al ser aplicados generan un impacto en la esfera jurídica de una persona, no significa que toda reforma que ejerza una alteración a un principio o derecho fundamental por el hecho de haberse producido, independientemente de que surta efecto el contenido de la misma, no se tendrá por un violación al ámbito sustancial de la Constitución. Es aquí donde resalta la importancia que de manera preventiva, se anule todo acto que redunde en la restricción o supresión de uno o varios principios o derechos fundamentales. 2) Por otra parte, es importante resaltar, que si bien la SCJN niega la posibilidad de que existan violaciones constitucionales por motivo de una reforma sino hasta el momento de que surten efectos los contenidos de la misma, de forma tácita se acepta –y esto es un reconocimiento de trascendencia- que si existe la generación de violaciones constitucionales como consecuencia de una reforma.

Éste reconocimiento, es un avance a la postura que se había venido sosteniendo tanto en la doctrina, como en los criterios jurisprudenciales, en los que no había cabida a preceptos con vicios de inconstitucionalidad.

La influencia ejercida por Kelsen, se diseminó entre los jueces, en el sentido de que la Constitución como norma, consta de dos cualidades básicas: la uniformidad y la coherencia[4].

El peligro de esta visión, es que se puede llegar a posturas absurdas, como el aceptar como constitucional cualquier reforma que configure un precepto que reduzca o elimine un derecho fundamental.

Siguiendo con el análisis de la tesis, se puede advertir como la SCJN niega la existencia de elementos de inconstitucionalidad en la reforma efectuada al artículo 2º, enumerando los aspectos benéficos que trajo consigo al ámbito de validez de los derechos indígenas.

Sin entrar al fondo de la reforma, se puede observar que el resultado de ésta tesis, fue la clausurar la utilización de la vía de amparo como medio de defensa, para contrarrestar los efectos de una reforma que incide negativamente en aquellos núcleos inmodificables de la Constitución. La base para tal aseveración se sitúa cuando la Corte señala: "...*toda vez que el Constituyente estableció la posibilidad de adicionar o reformar la propia Ley Fundamental a través de las instituciones representativas de la voluntad de la Nación Mexicana, sin dar intervención directa al pueblo, esto es, no se prevé medio de defensa alguno para impugnar el contenido de una modificación constitucional, ya que ello atentaría contra el sistema establecido.*"

La imposibilidad de poder dejar sin efectos una reforma que afecta el contenido sustancial de la Constitución, se sitúa en que la propia ley fundamental estableció un procedimiento único para la revisión de la misma, mediante órganos que ostentan la representación popular. El órgano revisor, al ser el único facultado para modificar la Constitución, se encuentra ilimitado en su actuar, pues tiene el carácter de soberano, y puede constituir aquello que considere benéfico para el orden público.

Se ha evidenciado la imposibilidad de que se llegue a configurar una voluntad única por los integrantes de la sociedad. Esto se hace aún más palpable ante la realidad política imperante, ya que es común contemplar la integración plural política e ideológica de los órganos representativos, lo que hace cada vez más difícil, generar acciones orientadas al bien común[5].

La teoría de la representación en su origen ha estado vinculada con los distintos modelos políticos de soberanía popular. El paradigma de la representación popular, aduce que los órganos legislativos están investidos para determinar y decidir sobre los asuntos fundamentales. El detentar la voluntad soberana del pueblo permite que toda acción que emana de dichos órganos, integre la potestad única e indisoluble del pueblo[6].

---

4   Véase en Vigo, Rodolfo, *Constitucionalización y neoconstitucionalismo: algunos riesgos y algunas prevenciones*, s.e., Argentina, 2006,

5   La integración plural de los órganos de representación, ha propiciado que la negociación y la concertación sea los instrumentos más idóneos para llegar a acuerdos comunes. Estos acuerdos están regidos por lo general, por aquellos aspectos que benefician a los grupos políticos, y que en muchas de las ocasiones, no coinciden con los intereses generales.

6   Pero la teoría afirma que el Parlamento es un órgano secundario del pueblo, que la voluntad de aquél no es sino la voluntad de éste; ahora bien, esta afirmación no se basa en el Derecho Positivo,

Sin entrar en específico al análisis de la decadencia y crisis del modelo de representación política en su totalidad, es conveniente detenernos y discernir acerca de los efectos que pueden derivar de la acción deliberativa surgida en el seno de los órganos de representación.

Al no existir límite alguno en el actuar del Poder Revisor, no existe algún factor que garantice con certidumbre que no se vulnerará algún principio o derecho fundamental. Aunado a esto, se debe reiterar que el móvil en el accionar de los legisladores, es el interés partidista, haciendo propicio que la voluntad de los representantes pueda en determinado momento, distanciarse de los valores constitucionales, insertando en el marco constitucional preceptos que afectan los ámbitos materiales que deberían mantenerse intangibles[7].

El que no exista un mecanismo de defensa constitucional, que permita dejar sin efectos aquellos actos del Poder Revisor que atenten o vulneren los valores constitucionales, coloca en un estado de indefensión, no sólo al marco constitucional, sino a cualquier persona que pueda ser susceptible de una violación o reducción en sus derechos fundamentales.

Es por eso que se vuelve indispensable, que el órgano encargado de ejercer el control constitucional, no se limite al control de las leyes, ampliando su protección al ámbito sustancial de la Constitución.

El superar el modelo y concepción formal de la Constitución, permitirá una eficacia plena en el reconocimiento, aplicación y validez de los principios y derechos fundamentales.

Antes de efectuar un análisis bajo el principio de proporcionalidad de la presente tesis jurisprudencial, y así corroborar como atenta contra la razonabilidad y la esencia axiológica de la Constitución, en la parte final de ésta, se puede apreciar otra especie de reconocimiento tácito acerca de la existencia de aspectos de incoherencia dentro de la propia Constitución, pues se arguye que en el caso de que el amparo en revisión fuese admitido y se resolviese el dejar sin efectos las reformas efectuadas, sería perjudicial para los comunidades indígenas. Este razonamiento más que una ponderación racional, se asemeja a una condicionante de utilidad y de conveniencia.

IV. DIAGNÓSTICO DE LA RESOLUCIÓN BAJO EL PRINCIPIO DE PROPORCIONALIDAD

Si sometemos ésta tesis jurisprudencial bajo el parámetro del principio de proporcionalidad junto con sus sub principios de idoneidad, necesidad y proporcionalidad en estricto sensu[8], lograremos vislumbrar como se aleja de una visión principialista que debe primar, pues lo supremo de la constitución no se sustrae del elemento formal, sino de los valores, principios y derechos fundamentales que alberga.

---

sino en un dogma político: el dogma de la soberanía popular, que afirma que el poder legislativo corresponde por naturaleza al pueblo. Kelsen, Hans, *Teoría General del Estado,* Ed. Coyoacán, México, 2004, p. 401.

7   …la constitución autoriza su revisión en ciertas materias pero prohíbe cualquier alteración de su núcleo fundamental y ellos implica la inconstitucionalidad de cualquier reforma constitucional que pretenda reformar ese coto vedado. Salazar Ugarte, Pedro, *La democracia constitucional, una radiografía teórica*, Ed. Fondo de Cultura Económica, pp. 100, 101.

8   Alexy, Robert, *Teoría del Discurso y Derechos Constitucionales*, Ed. Fontamara, Cátedra Ernesto Garzón Valdés, México, 2005, p. 61.

1. *El sub principio de idoneidad*

El sub principio de idoneidad, expresa la adecuación de la norma en cuanto a su fin[9]. En el caso de la tesis en cuestión, la resolución no se apega al contenido esencial de la Constitución, pues al negar la posibilidad de interponer un medio de defensa en contra de actos del Poder Revisor, deja a merced de vaivenes políticos al ámbito intangible de la Ley Suprema, pudiendo traer consigo mermas o reducciones en la eficacia de los derechos y principios constitucionales.

La resolución en cuestión aduce que la reforma constitucional conlleva beneficios a los pueblos indígenas, pues amplia el ámbito de ejercicio de diversos derechos colectivos, al reconocerse en el marco constitucional. El análisis al respecto, como se señaló, no es materia del presente, sino el otro contenido de dicha resolución, en donde se desconoce cualquier medio de defensa contra reformas constitucionales que contraigan un perjuicio, ya que el mecanismo para reforma la Carta Magna es uno, y sólo por ésta vía es que se puede modificar.

El contenido de éste tesis, se aleja del deber ser de la norma fundamental, pues en un sentido idóneo, la Constitución es suprema no porque tenga una jerarquía formal solamente, sino por los diversos valores que alojan en su marco, siendo esto es lo que hace suprema a la Constitución. Los valores constitucionales, reflejados y optimizados en los principios y derechos fundamentales deben diseminarse por el sistema jurídico, independientemente que su configuración normativa sea expresa o inferida.

Si una reforma constitucional, derivada de deliberaciones políticas desacertadas, afecta de modo directo el espectro sustancial de la Constitución, las personas se verán tarde o temprano, en mayor o menor medida vulnerados en su esfera jurídica o en su dignidad, dependiendo el derecho fundamental que sea trastocado, y la forma en que se haya configurado la redacción del texto.

Bajo el sub principio de idoneidad, toda resolución que niega, y simultáneamente acepte de forma indirecta, actuaciones desproporcionadas del poder Revisor, irá en contra de la esencia y naturaleza de la norma fundamental. En la medida que una reforma fortalezca el ámbito axiológico de la Constitución, serán reformas con una validez material solvente, y que se adecuaran al fin de la misma.

2. *El sub principio de indispensabilidad*

Por otra parte, si analizamos los alcances de la tesis en cuestión bajo el sub principio de indispensabilidad, en el que se diagnostica si la norma en cuestión es necesaria o bien puede existir una alternativa distinta[10], se puedo observar que en sus efectos, la medida es reduccionista, y por ende, no solventa un estado de necesidad que justifique su realización.

---

9   Los principios de idoneidad y de necesidad se refieren a la optimización relativa a lo que es tácticamente posible; por lo que expresan la idea de optimalidad de Pareto. *Idem.*

10   ...el sub principio de necesidad prescribe que el legislador escoja de entre los medios idóneos para el logro del fin que procura aquel que resulte menos restrictivo de los involucrados. Tiene lugar, como se ve, un juicio de comparación entre el medio elegido por el legislador y otros medios hipotéticos que hubiera podido elegir. Cianciardo, Juan, *El ejercicio regular de los derechos,* Ed. Ad hoc, Argentina, 2007, p. 283.

La visión reduccionista se traduce en que no existen mecanismos de defensa, ante posibles actos que afecten el campo intangible de la Constitución, y que por ende, se puede transformar en violaciones a derechos fundamentales.

Sujetándonos a los lineamientos de éste principio, si la resolución conlleva una restricción a los principios y derechos fundamentales, por ende se aduce, que existen otras alternativas que pudieron haber sido contenidas en la resolución. En éste sentido, la SCJN debió haber reconocido que el Poder Revisor no es infalible, y que sus actos pueden ocasionar perjuicios directa o indirectamente.

En específico, el negar un medio de defensa ante los actos del Poder Revisor, la Corte eligió una opción reductiva, que en nada favorece la eficacia de la Norma Fundamental. Para tal motivo, lo idóneo sería que se hubiere reconocido que los medios de defensa diseñados para el control de la constitucionalidad de las leyes, funcionan y se adecuan de igual forma para controlar los actos del órgano reformador; pues el fin último de toda garantía es la protección de los derechos fundamentales de las personas, en su ámbito colectivo e individual.

Tomando en consideración la doble vertiente de los derechos fundamentales (positiva y negativa), en cuanto a su relación frente al Estado. Por una parte le dice que no debe hacer y que debe hacer.

Respecto a la primera vertiente, en los primeros años del constitucionalismo, en la llamada primera generación de los derechos humanos[11], los diversos marcos constitucionales se limitaban a limitar la actuación del Estado, frente a la libertad de las personas, en una obligación de no hacer por parte de aquél. En cambio en la vertiente positiva, le dice al Estado que hacer, y esto se traduce en crear legislaciones progresivas a favor de los derechos fundamentales. Y siempre, al momento de decidir sobre los contenidos de la norma que se realizará, deberá optar por aquellos que hagan más eficaces a los derechos fundamentales, y no por aquellos que incidan en una reducción de estos.

Por tanto, la resolución se aleja de toda necesidad, es decir, no es indispensable para una mejor salvaguarda y validez intrínseca de la norma constitucional, existiendo alternativas validas que se podrían apegar a la naturaleza y fines de la Ley Fundamental.

3. *El principio de proporcionalidad en sentido estricto*

Por último, conforme al criterio del sub principio de proporcionalidad o de razonabilidad en sentido estricto, se verifica si la medida expuesta en la resolución, justifica el costo beneficio de ésta y sus efectos, teniendo como parámetro elemental, que no se vulnere ningún derecho fundamental[12].

Si bien la reforma del artículo 2° no contiene violaciones o reducciones acentuadas a los derechos fundamentales, es un hecho que la violación en sí, es el negar que exista medio alguno en contra de los actos del Poder Revisor que sean incongruentes al sentido material de la Constitución, pues si bien puede existir circunstancias o problemas generador en la configuración semántica del artículo 2° constitucional, es indiscutible que al haberse erigido en un

---

11   *Cfr*. Fix Zamudio, Héctor, Valencia, Carmona, Salvador, *Derecho constitucional Mexicano y Comparado*, Ed. Porrúa, Ed, 4ª, México, 2005, p. 433.

12   La expresión "balance entre costos y beneficios" para indicar que será razonable toda medida que suponga un coste proporcionado con los beneficios. Cianciardo, Juan, *op. cit*. p. 285.

precedente jurisprudencial, sentaba las bases para que en lo futuro, los criterios jurisdiccionales se adecuaran a los lineamientos desprendidos por éste.

Ninguna reforma constitucional, por más presunción de legitimidad que pueda ostentar, tiene la cualidad de no estar limitada dentro la circunscripción intrínseca de la Constitución, pues de lo contrario sería tanto como aceptar que lo constitucional será aquello que emane de la voz del Poder Revisor, aunque sean actos que no optimicen de forma adecuada los valores constitucionales.

La Suprema Corte confirmó con éste criterio, otra inconsistencia respecto a su perspectiva de argumentar y resolver una posible inconstitucionalidad emanada de una reforma, pues de forma previa, en el *caso Camacho*, se había reconocido que la existencia de estas inconsistencias, y por ende del medio de defensa para restituirlas.

Éste antecedente, había dado luces de que la Corte dejaría a un lado sus criterios legalistas de interpretación, para posicionar a los principios y los derechos fundamentales, como los factores primarios de protección y de referencia.

Desafortunadamente, con la resolución del amparo en revisión en contra de la reforma constitucional al artículo 2° constitucional, se cerró los canales –momentáneamente- para que el seno de la propia constitución, estuviera supeditada a los valores que la sostienen y le dan validez en sí.

Diversos países con un desarrollo constitucional avanzado, han definido sus posturas de enaltecer las premisas fundamentales del texto constitucional, no sólo al dejar sin efectos reformas que alteran los núcleos sustanciales, sino en conflictos que requieren una interpretación exhaustiva, se han reconocido principios y derechos fundamentales de forma inferida, dejando atrás la práctica de reconocer sólo aquello que expresamente se reconoce a nivel constitucional[13].

Recientemente, la Suprema Corte dio entrada a decenas de amparos en revisión, en contra de las reformas constitucionales orientadas a la materia política- electoral, cambiando con esto el criterio sostenido por vía de jurisprudencia con la tesis analizada en éste trabajo.

Si bien aun no se resuelve de fondo, el que no hayan declarado la notoria improcedencia de tales amparos en contra de las reformas mencionadas, retoman el criterio utilizado para el *caso Camacho*.

La procedencia de los amparos contra la reforma, ha vuelto a levantar una serie de suspicacias en torno a la legitimidad y viabilidad de éste medio de defensa para dejar sin efectos una reforma que ateta contra los derechos fundamentales.

Habrá que seguir muy de cerca los argumentos que sean utilizados por la SCJN, pues se puede estar en la ante sala de inaugurar una etapa en que los criterios jurisprudenciales sean orientados conforme al principio de proporcionalidad, sin importar la rigidez y la sin razón que puede oponer un legalismo impregnado en nuestra cultura legal mexicana.

---

13 Basta destacar la resolución del Tribunal Constitucional Español, en el que se reconoció el principio de que ningún sujeto puede ser juzgado dos veces o más por la misma causa, pese aunque no estuviese reconocido expresamente.

V. CONCLUSIÓN

En conclusión, la tesis analizada a lo largo del presente trabajo, dejó sin posibilidad de contra restar los presuntos efectos negativos de las reformas constitucionales hechas al artículo 2º constitucional, ya que optó por una interpretación rígida, sujeta al texto legal, en el que sólo lo expreso existe y no ha posibilidad de inferir facultades o derechos, y mucho menos atentar o pretender disminuir la potestad del Poder Revisor. La realidad jurídica imperante, reclama un fortalecimiento permanente de los principios y derechos fundamentales, exentándolos de cualquier voluntad subjetiva, por más que venga del órgano reformador, pues los contenidos axiológicos están por encima de las propias facultades e intenciones de dicho poder.

EL DERECHO A LA VERDAD JUDICIAL

Asdrúbal Aguiar
Profesor Titular (Catedrático) de la Universidad Católica Andrés Bello

*"Existen campos en donde los conceptos típicos del
Derecho exigen enunciados ajustados a la verdad
de los sucesos".*

Peter Häberle

Resumen: *El derecho a la verdad es objeto de un amplio pero prudente tratamiento por la Corte Interamericana de Derechos Humanos. Antes de que Vaclav Habel, gobernante checo, se pregunte –según cita de Peter Häberle- si ¿acaso es un sueño querer fundar al Estado sobre la verdad?, aquella decide sobre el derecho de los familiares de una víctima de violación a sus derechos humanos, desaparecida, de conocer su paradero y las circunstancias de su muerte por agentes del Estado. La Comisión Interamericana de Derechos Humanos, a su turno, arguye que tal derecho a la verdad judicial es también parte del derecho colectivo a la información, al conocimiento por toda sociedad democrática de los períodos ominosos de su historia, que han de fijarse en la memoria nacional y para el castigo de los responsables de violaciones sistemáticas de derechos humanos. No obstante, media como riesgo que tras el derecho a la verdad surjan las verdades de Estado, que manipulan a la misma historia y dividen a las sociedades. Aún así, vale la afirmación de Häberle en cuanto a que la verdad es a la ciencia lo que la justicia es al Derecho.*

I. INTRODUCCIÓN

[1] La Corte Interamericana de Derechos Humanos, en su jurisprudencia constante, a partir de su sentencia de fondo en el Caso *Bámaca Velásquez v. Guatemala* de 25 de noviembre de 2000, a pedido de la Comisión Interamericana de Derechos Humanos reconoce el "derecho a la verdad" y lo justifica como parte del desarrollo progresivo propio del Derecho internacional de los derechos humanos y de suyo de la misma Convención Americana de Derechos Humanos o Pacto de San José, que no lo prevé expresamente. La Corte lo esboza de modo incipiente, sin precisarlo todavía, como tal derecho a la verdad, en su emblemática e inaugural sentencia del Caso *Velásquez Rodríguez v. Honduras* de 29 de julio de 1988, cuando al referirse al deber del Estado de investigar las desapariciones forzadas de personas e incluso, ante la hipótesis de que el mismo Estado, por razones legítimas de Derecho interno, no pueda sancionar a los responsables de aquéllas, afirma que subsiste en todo caso "el derecho de los familiares de la víctima de conocer cuál fue el destino de ésta... [lo que] representa una justa expectativa que el Estado debe satisfacer con los medios a su alcance" (Párr.181).

[2] Es de observar que mucho antes la Corte debate acerca de la veracidad como característica de la información, pero a objeto de proscribir su reclamo cuando actúa como mecanismo de censura por parte del Estado. En su Opinión Consultiva OC-5/85 sobre La Colegiación Obligatoria de Periodistas, dictada el 13 de noviembre de 1985, a pedido del Gobierno

de Costa Rica señala la ilicitud de "invocar el derecho de la sociedad a estar informada *ve-razmente* para fundamentar un régimen de censura previa supuestamente destinado a eliminar las informaciones que serían falsas a criterio del censor" (Párr.33). Luego de ello, añade que "[u]n sistema de control del derecho a la expresión en nombre de una supuesta garantía de la corrección y *veracidad* de la información que la sociedad recibe puede ser fuente de grandes abusos, en el fondo, viola el derecho a la información que tiene la misma sociedad".

[3] En el criterio autorizado de Peter Häberle, cabe agradecerle a Vaclav Havel, "que pasó de ser prisionero de la República Socialista Checoslovaca a presidente constitucional de la República Federal Checa, el exigir por primera vez el "derecho a la verdad". Aquél realiza, a tal propósito, la exégesis más lúcida –desde la perspectiva histórica, filosófica, cultural y jurídica– sobre la verdad constitucional y se pregunta si acaso ¿es un sueño el querer fundar el Estado en la verdad? Y en verdad se plantea y nos plantea un asunto crucial, como lo es indagar sobre los límites de la tolerancia en la democracia y el Estado de Derecho. Trátese de una empresa similar a la que asume con buena fortuna Norberto Bobbio, cuando le fija límites a las mayorías en la democracia, señalando que ellas no pueden vaciarla de contenido con sus votos o negarle con éstos los derechos a las minorías. Pero más próxima a la preocupación de Häberle es la que hace propia, *mutatis mutandi*, Esperanza Guisán, quien advierte sobre los límites de los consensos democráticos predicando la democracia moral.[1] El jurista y pensador quien es luz –en versos de Emilio Mikunda- de la Alemania de nuestro tiempo, cree, en suma, que sí "tiene sentido preguntarse si es posible que el Estado constitucional fije los límites dentro de los cuales exista la tolerancia y al mismo tiempo no se apoye ni en un mínimo de verdad, porque no puede decirse que sea posible tolerancia alguna sino hay un deseo por la verdad".[2]

[4] El asunto de la verdad, por lo visto, es complejo y más que actual, de modo que vuelve por sus fueros como en la antigüedad y por tanto no cabe darlo por resuelto, todavía, en sus extremos ni en el plano de lo filosófico o de lo científico ni en cuanto hace al mundo del Derecho. Aún así, Haberle, para llegar a su conclusión temporal, en la que afirma que la verdad es a la ciencia lo que la justicia es al Derecho -con lo cual aproxima y a la vez separa el significado del mismo término para ambas dimensiones- acepta como primer acuerdo "a la *teoría de la coherencia*…verdad como la inclusión coherente de una oración dentro del complejo de enunciados científicos, y también la *teoría del consenso*, de J. Habermas. Él –dice Häberle- entiende la verdad como la conformidad de una afirmación (mejor dicho capacidad de consenso) de los participantes en la comunicación, siempre y cuando, obviamente esta comunicación se encuentra guiada por la idea de la comunicación libre y universal". Sostiene, a todo evento, que todas las verdades, así entendidas, pueden confluir y cooperar unas con otras dentro del marco de la cultura, que no es ajena al Derecho, pero parte, éste, de una premisa o verdad que ata a todas las verdades: el reconocimiento de la dignidad de la persona humana. La búsqueda judicial de la Justicia, equivale, entonces, a la verdad dentro del Derecho. De allí que pueda hablarse y debatirse, en propiedad, sobre un derecho a la verdad judicial.

[5] Acerca de la veracidad, respecto de cuanto nos ocupa, como lo es la revisión del derecho a la verdad judicial y su revisión a la luz de la jurisprudencia establecida por la Corte

---

1   Apud. nuestros libros *La democracia del siglo XXI y el final de los Estados*. Caracas, 2010 (en edición) y *El derecho a la democracia,* Editorial Jurídica Venezolana, Caracas, 2008

2   *Véase in extensu* la obra de Peter Haberle, *Verdad y Estado constitucional*. Instituto de Investigaciones Jurídicas de la UNAM, México, 2006

Interamericana de Derechos Humanos, según el diccionario de filosofía predica "el carácter del que no engaña" y "no se dice correctamente más que de las personas". De allí que se explique que la veracidad tiene una connotación "estrictamente subjetiva", "no implica una garantía de verdad".[3] "Esta palabra designa, la mayor parte del tiempo, la buena fe del que habla, sin más". Determina su compromiso de búsqueda de la verdad, desprendido de la mala intención. De allí que, por vía de consecuencias, en el ámbito del ejercicio del derecho humano a la libertad de expresión, la doctrina jurídica dominante proponga, como límite para la determinación del abuso de ésta con perjuicio del derecho de terceros, la denominada tesis de la Real Malicia, a cuyo tenor la veracidad informativa resulta no de una contraposición entre un dicho y un hecho sino, mejor aún, de la *due diligence* del comunicador o informador quien, al informar sobre hechos –incluso pudiendo errar en su juicio de aproximación a los mismos– lo hace sin desprecio por la verdad o falsedad de lo comunicado.[4]

[6] La consideración anterior es relevante, pues la Corte alguna vez se plantea, sin admitirlo pero sin su rechazo de pleno, la eventual consideración del denominado derecho a la verdad dentro del marco de la libertad de pensamiento y expresión (artículo 13 del Pacto de San José), tal y como se lo piden repetidas veces tanto la Comisión Interamericana de Derechos Humanos como representantes de las víctimas, cuando media la negativa del Estado de investigar los hechos que dan lugar a violaciones de derechos humanos y fijarlos judicialmente. La Comisión, en efecto, a propósito del referido Caso *Bámaca Velásquez*, califica el derecho a la verdad como derecho colectivo, pues "conlleva el derecho de la sociedad a tener acceso a la información esencial para el desarrollo de los sistemas democráticos" (Párr.197).

[7] Más recientemente, en el Caso *Anzualdo v. Perú*, cuya sentencia es dictada el 22 de septiembre de 2009, los representantes de la víctima insisten ante la Corte que "la evolución del derecho internacional contemporáneo en el ámbito universal e interamericano apoya una visión más amplia del derecho a la verdad, que otorga al mismo carácter de derecho autónomo y lo vincula a un rango más amplio de derechos", y que en su criterio son los contenidos en los artículos 8 [Garantías judiciales], 13 [Libertad de pensamiento y de expresión] y 25 [Protección judicial] de la Convención Americana y en relación con el artículo 1.1 *ejusdem*, que fija la obligación de respeto de los derechos por los Estados partes.

[8] Hasta el presente, sin embargo, la Corte prefiere situar dicho derecho a la verdad dentro del marco de los artículos 8 y 25 del mencionado Pacto, relativos a los derechos al debido proceso y a la tutela judicial efectiva. Y es razonable que así sea, por lo pronto. En nuestro criterio, la libertad de expresión y de prensa pide de quienes informan o dan informaciones, de los comunicadores o de los opinantes, compromiso con la verdad, en otras palabras, comportamiento veraz. Mal puede exigirse de éstos decir o fijar la verdad material, real u objetiva –que se predica como carácter de las cosas y no de las personas– o decir lo que es verdadero; pues la verdad material alude al "carácter de una proposición verdadera en sí misma, independientemente del contexto del que forma parte". Es realidad distinta, como tal verdad material, de la verdad lógica o formal, obra de la razón. El derecho a la verdad, que puede ser obra de una suerte de combinación entre la verdad material y formal, es otra cosa, pues reclama del Estado y en lo particular de sus órganos de administración de Justicia, fijar hechos

---

3   Andrés Lalande (Editor). *Vocabulario técnico y crítico de la filosofía.* Sociedad Francesa de Filosofía. Librería El Ateneo Editorial, Buenos Aires, 1953, tomo II, p.1415

4   Asdrúbal Aguiar. *La libertad de expresión y prensa (Jurisprudencia interamericana 1987-2009).* Colección Chapultepec. Sociedad Interamericana de Prensa. Miami, 2009, p.27 y 28

–que por sí solos representen la verdad- por la vía judicial y declararlos de suyo verdaderos, conforme a Derecho y con base en los razonamientos que éste demanda.

[9] En síntesis, las personas hablan o no verazmente, es decir, de buena o de mala fe, guiadas por la búsqueda de la verdad; las cosas predican realidades o dan lugar a proposiciones que son verdades materiales u objetivas, por haber sido efectivamente probadas; y los juicios emitidos o construidos por las personas pueden o no ser verdaderos, en tanto y en cuanto, nacidos del razonamiento, son tales como parecen ser.[5] Por lo mismo, el ejercicio de la libertad de pensamiento y expresión, dado su compromiso de pluralidad –en cuyo defecto se niega a sí misma- y el pedido de su oportunidad o inmediatez con vistas a la construcción de la opinión pública democrática, mal se colige con la idea de la verdad como *veritas rei*; aun cuando, quizás y en determinadas tareas propias a la información democrática *lato sensu*, ésta acepte o se ayude para sus finalidades con la verdad lógica o formal o *veritas in congnoscendo*. La primera, en suma, mal puede pedirse o reclamarse, cabe repetirlo, de cada sujeto o persona, pues la verdad objetiva resulta del consenso señalado entre los razonantes y de la conformidad del conocimiento con la cosa, en todos y cada uno de los espíritus, luego de realizado su necesario cruce dialéctico, es decir, en momento posterior a la realización informativa.[6]

II.   CONTENIDO DEL DERECHO A LA VERDAD

1.   *Alcances del derecho a la verdad judicial*

[10] En su decisión del Caso *Radilla Pacheco v. Estados Unidos Mexicanos* de 23 de noviembre de 2009, la Corte recuerda, como lo hace antes a propósito del Caso *de la Masacre de Pueblo Bello v. Colombia* (31 de enero de 2006), que el derecho a la verdad es un derivado del "derecho de acceso a la justicia". El mismo, en lo particular tratándose de desapariciones forzadas de víctimas que es el supuesto más tratado por la Corte, se resuelve en el derecho de las víctimas -noción que incluye como tales a los familiares de la persona fallecida o desaparecida- de "conocer cuál fue el destino" de ésta y en su caso "dónde se encuentran sus restos".

[11] Textualmente, en fallo más reciente la Corte precisa conceptualmente la cuestión del contenido y alcances del derecho a la verdad, reiterando cuanto dice en su sentencia de 26 de septiembre de 2006 en el Caso *Almonacid Arellano v. Chile* (Párr.148). *Lato sensu* señala que "el derecho a la verdad se encuentra subsumido en el derecho de la víctima o de sus familiares a obtener de los órganos competentes del Estado el esclarecimiento de los hechos violatorios [de sus derechos humanos conculcados] y [el establecimiento y exigencia de] las responsabilidades correspondientes, a través de la investigación y juzgamiento que previenen los artículos 8 y 25 de la Convención" (Caso *de la Masacre de Las Dos Erres v. Guatemala*, Sentencia de 24 de noviembre de 2009, párr.151). En el Caso *Almonacid*, cabe reseñarlo, la Corte llega a tal criterio para desechar expresamente el pedido de los representantes de la víctima a objeto de que subsuma el derecho a la verdad dentro del artículo 13 de la Convención Americana, sobre libertad de pensamiento y de expresión.

[12] Se trata, además, de una justa expectativa que el Estado debe satisfacer a través de sus funciones de investigación y juzgamiento, como lo advierte también la Corte en el *Caso Servellón García v. Honduras*, en su sentencia de 21 de septiembre de 2006 (Párr.76), y que

---

5   *Vocabulario técnico y crítico…, loc. cit.*, p. 1415 y ss.

6   E. Kant igualmente se refiere al consenso de los razonantes, *vid.* Aguiar, *loc.cit.*

se concreta en "una sentencia en la que se establezca la verdad de los hechos, reconocidos por el propio Estado" (Caso *Vargas Areco v. Paraguay*, Sentencia de 26 de septiembre de 2006, párr. 66), es decir y como lo afirma de su lado la Comisión, que fije judicialmente "la verdad histórica de los hechos" y sancione a los responsables (Caso *La Cantuta v. Perú*, Sentencia de 29 de noviembre de 2006, párr. 192).

[13] Para la jurisprudencia interamericana, a tenor de lo explicado, el "derecho a la verdad" carece, como tal, de autonomía, sea o no que se le fundamente en los artículos 8, 13 y 25 de la Convención Americana citados. La Comisión Interamericana, no obstante, insiste desde hace tiempo en controvertir la clara tesis de la Corte, alegando que los derechos al debido proceso y a la tutela judicial efectiva, contenidos en los mencionados artículos 8 y 25 del Pacto de San José, "son instrumentales en el establecimiento judicial de los hechos y circunstancias que rodearon la violación de un derecho fundamental", en tanto que el derecho a la verdad nace del artículo 13.1 *ejusdem*, que impone al Estado "la obligación positiva de garantizar información esencial para preservar los derechos de las víctimas, asegurar la transparencia de la gestión estatal y la protección de los derechos humanos", como se lee en la sentencia de 14 de marzo de 2001 del Caso *Barrios Altos v. Perú* (Párr.45).

[14] Al precisar y avanzar a profundidad en el estudio del contenido del derecho de acceso a la justicia, dentro del que se subsume, como parte de su núcleo pétreo, el derecho a la verdad, la Corte sentencia que éste "debe asegurar, en tiempo razonable, el derecho de las presuntas víctimas o sus familiares, a que se haga todo lo necesario para conocer la verdad de lo sucedido" (Caso *Zambrano Vélez y otros v. Ecuador*, Sentencia de 4 de julio de 2007, párr.115). Por lo cual, "la eficiente determinación de la verdad en el marco de la obligación de investigar [*v.g.*] una muerte, debe mostrarse desde las primeras diligencias con toda acuciosidad" (*Idem*, párr.121); en virtud de ello, como lo reconoce de modo preciso uno de los jueces de la misma Corte, en voto razonado, "en el ejercicio de la función judicial, deben, a mi juicio, prevalecer la búsqueda de la verdad y la realización de la justicia" (Caso *del Penal Miguel Castro Castro v. Perú*, Sentencia de 2 de agosto de 2008, Voto razonado del juez Cançado Trindade, párr. 27).

[15] Podría suponerse, así las cosas, que afirmar el derecho a la verdad resulta tautológico. Pero la necesidad de darle relevancia y especificidad, como lo entendemos, surge más de una exigencia ética y social imperativa que de un reclamo normativo o exegético. La Corte pone de relieve una realidad ominosa y agravada, que se instala como constante, sobre todo en los cuadros de violaciones sistemáticas de derechos humanos que tienen lugar en algunos Estados partes: "En casos de desaparición forzada, la característica común a todas las etapas del hecho es la denegación de la verdad de lo ocurrido", se lee en la Sentencia del citado Caso *Anzualdo* (Párr.63).

[16] Sin perjuicio de lo anterior, de la afirmada ausencia de autonomía del derecho a la verdad o de su subordinación al derecho de acceso a la Justicia previsto en el artículo 25 (derecho a la protección judicial) de la Convención, pero que como tal es síntesis igual o desiderata del artículo 8 (derecho al debido proceso) *ejusdem*, arriba mencionados, cabe destacar que en una cuidadosa revisión de la jurisprudencia interamericana se advierte la tendencia hacia la caracterización del derecho a la verdad como derecho transversal, incidente sobre varios derechos, como el ya comentado derecho a la libertad de pensamiento y de expresión (artículo 13). En el varias veces repetido Caso *Anzualdo*, de manera novedosa, la Corte declara que "la privación continua de la verdad acerca del destino de un desaparecido constituye una forma de trato cruel e inhumano para los familiares cercanos" (Párr.113) de la víctima, es decir, representa una violación en perjuicio de un derecho propio de aquéllos y contenido en el artículo 5 de la Convención, que reconoce el derecho a la integridad personal.

[17] En el Caso *Barreto Leiva v. Venezuela*, sentenciado el 17 de noviembre de 2009, en consonancia con lo referido la Corte da por probado "que la falta de justicia y el desconocimiento de la verdad generó un profundo dolor, sufrimiento psicológico intenso, angustia e incertidumbre a los familiares de la víctima" (Párr.139). Cabe, pues, la afirmación de los representantes de los familiares durante el desarrollo del Caso *Anzualdo*, en cuanto a que "la evolución del derecho internacional... apoya una visión más amplia del derecho a la verdad... y lo vincula a un rango más amplio de derechos". (Párr.117).

[18] Aún así, la Corte, en su sentencia más próxima, recaída en el Caso *de la Masacre de Las Dos Erres*, se repite en su tesis constante: "el derecho a conocer la verdad se encuentra subsumido en el derecho de la víctima o de sus familiares a obtener de los órganos competentes del Estado el esclarecimiento de los hechos violatorios..." (Párr. 151). Es obligación del Estado, en fin, "establecer la verdad... a través de los procesos judiciales" (*Idem*, párr. 232); lo que implica fijar hechos y sucesivamente determinar conductas y autorías, aun cuando la exigencia de responsabilidades legales sea el efecto, no como parte del mismo derecho a la verdad sino como realización *in totus* del derecho a la Justicia.

2. *Justas expectativas y obligaciones de garantía*

[19] Es reiterada la jurisprudencia interamericana en cuanto a que el derecho a la verdad, entendido como derecho a la verdad judicial, plantea en beneficio de la víctima y/o sus familiares una "justa expectativa". Así lo establece desde su Sentencia de 28 de noviembre de 2005 en el Caso *Blanco Romero y otros v. Venezuela*, al señalar que tal derecho, al "ser reconocido y ejercido en una situación concreta,... da lugar a una expectativa que el estado debe satisfacer" (Párr.95), en texto que repite en su más reciente Sentencia de 23 de septiembre de 2009, en el Caso *Garibaldi v. Brasil* (Párr.167). En 2006, sin embargo, a propósito de su fallo en el *Caso La Cantuta*, ya citado, precisa que la expectativa en cuestión ha de ser "una justa expectativa de Justicia con el propósito de tratar de establecer la verdad histórica de los hechos" (Párr. 192).

[20] La idea de expectativa, justa y como consecuencia de la realización de la Justicia, de suyo implica que el derecho a la verdad, como "medio" (Caso *La Cantuta,cit*, párr. 71) o "medida" (Caso *Radilla, cit*, párr.336) de reparación, exige la disposición del Estado hacia la realización de Justicia, como algo que no se reduce a la formalidad en cuanto a la consagración de los recursos pertinentes o la facilitación de su acceso a los interesados. El acceso a la Justicia, lo ha señalado la Corte en su Sentencia del Caso *Juan Humberto Sánchez v. Honduras*, de 7 de junio de 2003, predica que ésta debe "dar resultados o respuestas" (Párr.146), a fin de que el recurso pertinente pueda considerarse efectivo, no ilusorio. En otras palabras, con vistas al derecho a la verdad, la víctima o sus familiares –lo señala con claridad la doctrina– deben contar con acceso garantizado a la jurisdicción, proceso debido que asegure la participación de la víctima o sus familiares en el mismo y bajo las garantías necesarias, y cabal ejecución de la sentencia.[7] "No pueden considerarse efectivos aquellos recursos que, por las condiciones generales del país o incluso por las circunstancias particulares de un caso dado, resulten ilusorios", lo dice la Corte en su Sentencia de 25 de noviembre de 2000 en el Caso *Bámaca Velásquez v. Guatemala* (Párr.191).

[21] Cabe ajustar, sin embargo, como lo admite la Corte en su Sentencia de 22 de noviembre de 2005 en el Caso *Gómez Palomino v. Perú*, que "las falencias investigativas que se

---

7　Al respecto, *vid.* Jesús M. Casal, *Los derechos humanos y su protección*, UCAB, Caracas, 2008, pp. 134 y ss)

dieron con posterioridad a la desaparición forzada... y que han sido aceptadas por el Estado, difícilmente pueden ser subsanadas por las tardías e insuficientes diligencias probatorias..." (Párr.85); en otras palabras, cabe que la realización del derecho a la verdad pueda alcanzarse sólo de manera parcial o resulte de imposible consecución, incluso mediando *due diligence*, lo que no impide el alcance de la Justicia por medios sustitutivos. Por ello, es pertinente la caracterización del derecho en cuestión como expectativa justa, es decir, razonable, o como bien lo explica la doctrina constitucional colombiana en remisión que hace a Aristóteles, realizable con vistas al ideal de la prudencia "como método para tomar decisiones justas". Como lo advierte ésta, "no se puede juzgar con base en la demostración incontestable".[8] El deber de investigación, según lo indica la jurisprudencia constante de la Corte Interamericana, "es una obligación de medios, y no de resultado, como recuerda en el *Caso Garibaldi*; previniendo, a todo evento, que no se trata de "una simple formalidad condenada de antemano a ser infructuosa" (Párr.113).

[22] En contrapartida o como exigencia propia del derecho de acceso a la Justicia para el logro del derecho a la verdad, la llamada "debida diligencia en la conducción de las acciones oficiales de investigación" por el Estado, el aseguramiento procesal de las "garantías judiciales" en beneficio del interesado, "en un plazo razonable", y disponiéndose de un "recurso efectivo para asegurar los derechos... a la investigación de la verdad de los hechos" que se reclama judicialmente (Caso *Goiburú y otros v. Paraguay*, Sentencia de 22 de septiembre de 2006, párr.110), son inexcusables. La "eficiente determinación de la verdad" en el marco de la obligación de investigar que incumbe al Estado es, como criterio, consistente con lo anterior; lo que ha de hacerse, además, por un juez natural y competente: "[E]xtemder la competencia del fuero castrense... ha vulnerado el derecho a un juez natural de los familiares...[t]odo ello en detrimento del derecho a conocer la verdad...", dice la Corte en su fallo del *Caso Radilla Pacheco* (*cit.*, párr.331).

[23] La Corte, con vistas a que se constate la acuciosidad de la investigación que es propia del derecho a la Justicia, remite a las previsiones del Manual sobre Prevención e Investigación Efectiva de Ejecuciones Extrajudiciales, Arbitrarias y Sumarias de Naciones Unidas, en cuyo texto se describen como deberes *inter alia* los siguientes: "a) identificar a la víctima; b) recuperar y preservar el material probatorio relacionado con la muerte; c) identificar posibles testigos y obtener sus declaraciones en relación con la muerte que se investiga; d) determinar la causa, forma, lugar y momento de la muerte, así como cualquier procedimiento o práctica que pueda haberla provocado, y e) distinguir entre muerte natural, muerte accidental, suicidio y homicidio. Además, es necesario investigar exhaustivamente la escena del crimen, se deben realizar autopsias y análisis de restos humanos, en forma rigurosa, por profesionales competentes y empleando los procedimientos más apropiados" (*Caso del Penal Miguel Castro, cit.*, párr.383).

[24] Se trata, en conjunto y como efecto de la justa expectativa que implica para la víctima o sus familiares el derecho a la verdad, de una suma de obligaciones positivas, de hacer, que pesan sobre el Estado y a modo de garantía que desborda la mera formalidad investigativa. Es un "deber jurídico propio" como lo define la Corte, que no debe entenderse por el Estado como simple gestión de intereses particulares que depende de las probanzas aportadas por las víctimas o sus familiares o del impulso procesal que le den a la respectiva causa judicial. Pero, además, el deber del Estado como garante del derecho a la verdad judi-

8   Carlos Bernal Pulido, *El Derecho de los derechos*, Universidad Externado de Colombia, Bogotá, 2005, pp. 72-73.

cial, por tratarse de un derecho que desborda la simple expectativa de la certeza judicial a que tiene derecho todo litigante o parte de un proceso y que anuda o se explica en la ocurrencia de violaciones de derechos humanos, implica por parte del mismo Estado diseños institucionales que favorezcan su logro "en la forma más idónea, participativa y completa posible y no enfrente obstáculos legales o prácticos que lo hagan ilusorio" (Caso *de la Masacre de La Rochela v. Colombia*, Sentencia de 11 de mayo de 2007, párr.195). En síntesis, el derecho a la verdad judicial reclama acceso a la Justicia, pero asimismo "conocimiento y acceso a la verdad" (*Idem*, párr.193), mediante la participación y presencia activa de la víctima o de sus familiares en los procesos judiciales correspondientes, en los que tienen derecho a consignar pretensiones, allegar pruebas y exigir que sean analizadas con seriedad y de forma completa.

[25] Toda investigación "orientada a la determinación de la verdad", en fin, para que satisfaga la justa expectativa de la víctima o sus familiares debe reunir como características, una vez como la autoridad conoce de los hechos, su apertura ex officio; sin dilación; ser seria, imparcial y efectiva; disponiendo todos los medios legales disponibles; y orientada a la mencionada determinación de la verdad. Y cuando el derecho a la verdad actúa por vía reparatoria, es decir, una vez como se le ha negado a la víctima o a sus familiares, sobre todo en contextos de violaciones graves, masivas o sistemáticas de derechos humanos, junto a lo anterior, que implica la existencia de un cuadro institucional propicio – principios y reglas del debido proceso legal – y donde el Ministerio Público ha de actuar "con profesionalismo, buena fe y lealtad procesal" (Caso *Anzualdo, cit.*, párr.133), es deber inexcusable del Estado impedir que la investigación pueda "verse atenuad[a] por actos o disposiciones normativas internas de ninguna índole" (Caso *Vargas Areco, cit.*, párr.81). No debe enfrentar, cabe repetirlo, "obstáculos legales o prácticos que l[a] hagan ilusori[a]" (*Caso de la Masacre de La Rochela, cit.*, párr.195).

[26] La jurisprudencia que impone un deber de diligencia muy exigente al Estado, "con el fin de establecer toda la verdad de los hechos" es concluyente. "[E]l Estado – reza el párrafo respectivo de la sentencia en el Caso *Anzualdo* (*cit.*) – debe remover todos los obstáculos, *de facto* y *de jure*, que impidan la debida investigación de los hechos y el desarrollo de los respectivos procesos judiciales, así como utilizar todos los medios disponibles para hacerlos expeditos, a fin de evitar la repetición de hechos... [E]l Estado no podrá argüir ni aplicar ninguna ley ni disposición de derecho interno, existente o que se expida en el futuro, para eximirse de la orden de la Corte de investigar y, en su caso, sancionar penalmente a los responsables de los hechos. Por esa razón, tal como lo ordenó este Tribunal desde la emisión de la Sentencia en el caso *Barrios Altos vs. Perú*, el Estado no podrá volver a aplicar las leyes de amnistía, las cuales no tienen efectos ni los generarán en el futuro..., ni podrá argumentar prescripción, irretroactividad de la ley penal, cosa juzgada, ni el principio *ne bis in idem* o cualquier excluyente similar de responsabilidad, para excusarse de esta obligación" (Párr.182).

[27] No huelga advertir, dado lo explicado anteriormente, que con independencia del sentido final que tiene la determinación de hechos violatorios de derechos humanos y su fijación por vía judicial a objeto de realizar el derecho a la verdad judicial que nos ocupa, debe entenderse que la necesidad de la remoción de los obstáculos legales señalados – como las leyes de amnistía – tiene como propósito preciso el fin indicado, la investigación de la verdad de los hechos. La determinación del contenido de la responsabilidad institucional o personal que se deriven de éstos, por declarárselos como hechos ilícitos, y su exigencia por el Juez, no es propia o específica del derecho a la verdad. Tanto es así que, en el *Caso de la Masacre de la Rochela* (*cit.*) la Corte Interamericana se hace eco de la jurisprudencia constitucional colombiana relativa a la demanda de inconstitucionalidad de una ley que su peticionaria considera de amnistía o indulto, por ende contraria a la Convención Americana, y que

la Corte Constitucional rechaza arguyendo que la misma "ni impide proseguir los procesos penales ya iniciados, ni elimina las penas, sino que concede un beneficio penal en aras de la paz". Y al efecto, el Tribunal de San José admite que "el beneficio de la alternatividad penal... no representa una afectación desproporcionada de los derechos de las víctimas a la verdad" (Párr.192) y a su carácter reparatorio.

III. EL DERECHO A LA VERDAD COMO OBLIGACIÓN PRIMARIA Y SECUNDARIA DEL ESTADO

[28] Afirmada la existencia de un derecho a la verdad, pero negándosele especificidad y autonomía al hacérselo depender de la hipótesis particular o supuesto fáctico que implique la violación de uno o de algunos derechos consagrados en la Convención Americana, como el derecho al debido proceso o a las garantías judiciales (artículo 8), a la tutela judicial efectiva (artículo 25), o acaso a la libertad de buscar o recibir información (artículo 13.1) en su relación con el artículos 1.1 sobre la obligación estatal de respetar los derechos y el artículo 29, inciso c), que predica la interpretación de las normas convencionales sin "excluir otros derechos y garantías... que se derivan de la forma democrática representativa de gobierno", se advierte lo complejo de situarlo de entrada y sin otra consideración como generador de una obligación primaria correlativa que obligue a su respeto y garantía por los Estados partes.

[29] El asunto en cuestión tiene importancia para la teoría del derecho internacional de los derechos humanos vista a la luz de las previsiones de la Convención Americana, dado que, en una aproximación inmediata, la violación del derecho a la verdad, por su acusada falta de autonomía, no ha lugar como forma de incumplimiento de una obligación primaria dirigida al Estado sin que, previamente, haya lugar a la violación de una de las normas específicas y propias señaladas con anterioridad, que reconocen *lato sensu* el derecho a la Justicia. En otras palabras, de no obtener la víctima o sus familiares oportunamente o de negárseles el conocimiento de la verdad judicial a la que tienen derecho y reclamen, ora en su cumplimiento, ora en su reparación, en propiedad ha lugar a una falencia de la tutela judicial efectiva o el acceso a la Justicia. Cabe preguntarse, pues, si el derecho a la verdad es un derecho o mejor un medio de reparación "a ser reconocido y ejercido en una situación concreta", como tantas veces lo señala e identifica la Corte Interamericana (*v.g.* Caso *Goiburú y otros, cit.*, párr.164, y Caso *de la Masacre de Las Dos Erres,cit.*, párr.245).

[30] No alcanzarse la verdad judicial, por omisión, retardo o denegación de justicia, deliberada o no, o bien realizada sin interés por el Estado de propender a la Justicia, ha lugar a un hecho ilícito imputable al mismo Estado por defecto de cumplimiento de su obligación primaria, como se ha explicado. Y en determinados supuestos, a la vez, al negarse el Estado a informar o negar el acceso a informaciones que posea y sean de interés público, por referirse a violaciones de derechos humanos que inciden sobre los elementos esenciales de la democracia –que es base institucional, regla de interpretación, y límite para el ejercicio y garantía de los derechos humanos, según la Convención *in comento*– vendría se suyo, dada la hipótesis concreta, el irrespeto, por el Estado, del derecho la información que además de las víctimas tiene toda la sociedad en su conjunto.

[31] En suma y en principio, la afirmación de que el derecho a la verdad judicial se corresponde con obligaciones convencionales primarias de derechos humanos y a tenor del Pacto de San José parece valer como efecto mediato; de donde resulta complejo afirmar que la misma, en el estado actual de desarrollo de la jurisprudencia interamericana, concite por sí sola y autónomamente obligaciones originales para el Estado. Mas no cabe desestimar que, a propósito de su sentencia de Indemnización Compensatoria de 21 de julio de 1989 en el *supra* mencionado Caso *Velásquez Rodríguez*, ante pedido de los abogados de la víctima para

que ordene -como parte de las reparaciones que manda el artículo 63.1 de la Convención- la "investigación exhaustiva" de la desaparición forzada de personas en Honduras y la información de sus resultados a los familiares de éstas y al público (Párr.9), la Corte sostiene que pedidos de tal naturaleza hacen parte de la "reparación de las consecuencias" (Párr.33) de la violación de derechos humanos habida. En otras palabras, las integra al conjunto de las consecuencias jurídicas propias del hecho ilícito y a título de obligaciones secundarias surgidas o nacidas del incumplimiento de la obligación original pactada.

[32] Sin embargo, a renglón seguido, luego de observar que sobre el asunto en cuestión ya se pronuncia en su sentencia de fondo sobre el Caso *Velásquez* referido, la Corte ajusta "la subsistencia del deber de investigar que corresponde al Gobierno, mientras se mantenga la incertidumbre sobre la suerte final de la persona desaparecida" (Párr.34); siendo el caso que la norma del artículo 63.1 citada, en su redacción primitiva –antes de adoptarse la Convención o Pacto de San José[9]– se limita a fijar, ante la violación de un derecho humano reconocido, la potestad de la Corte para declarar las consecuencias jurídicas, es decir, para determinar las obligaciones secundarias a que tal violación da lugar. El texto final del Pacto, antes bien, discierne entre la subsistencia de la garantía del derecho conculcado a favor de la víctima u obligación convencional primaria y, si fuera procedente, la reparación de la consecuencias de la violación del derecho humano en cuestión y el pago de una justa indemnización a la víctima (obligaciones secundarias). En igual término se pronuncia la codificación de la Comisión de Derecho Internacional de las Naciones Unidas, como consta en el artículo 29 de los Artículos sobre Responsabilidad del Estado por Hechos Internacionalmente Ilícitos: "Las consecuencias jurídicas del hecho internacionalmente ilícito... no afectan la continuidad del deber del Estado responsable de cumplir la obligación violada".[10]

[33] Al margen de lo anterior, la Corte es consecuente al afirmar sin más, de manera reiterada, que el derecho a la verdad "constituye un medio importante de reparación", en otras palabras, tiene la verdad un claro fundamento dentro del marco de las obligaciones secundarias que se derivan de la responsabilidad internacional del Estado por un hecho internacionalmente ilícito a tenor de las disposiciones de la Convención Americana de Derechos Humanos. Ello parece ser así, aun cuando la misma Corte advierta, a propósito de la participación de las víctimas en procesos judiciales tendentes a realizar sus derechos a la Justicia, que ella "no está limitada a la mera reparación del daño, sino, preponderantemente, ha hacer efectivos sus derechos a conocer la verdad y a la justicia ante tribunales competentes" (Caso *Radilla Pacheco*, *cit.*, párr. 297). Al respecto, la jurisprudencia señala, textualmente que "en una situación concreta [el reconocimiento y el ejercicio del derecho a conocer la verdad] constituye un medio de reparación" (Caso *Garibaldi, cit.* párr.167). En cita de pié de página de la Sentencia en el Caso *Escué Zapata v. Colombia*, de 4 de julio de 2007, al fundar su declaratoria del derecho a la verdad como medio de reparación refiere que "los familiares de las víctimas pidieron a la Corte que solicite al Estado que se haga justicia" (Párr.165).

IV. TITULARIDAD Y/O DIMENSIÓN INDIVIDUAL Y/O COLECTIVA DEL DERE-
CHO A LA VERDAD

[34] Al considerar la jurisprudencia interamericana constante que el derecho a la verdad hace "parte del derecho a la justicia", de suyo el indicado derecho muestra su portada indivi-

---

9   Conferencia Especializada Interamericana sobre Derechos Humanos (OEA/Ser.K/XVI/1.2), San
     José de Costa Rica, 1969, Passim.
10   Resolución 56/83 de la Asamblea General de NN.UU. de 12 de diciembre de 2001.

dual dominante. Es el derecho, en efecto, que corresponde a la víctima o a sus familiares de obtener "el esclarecimiento de los hechos violatorios [de derechos] y las responsabilidades" (Caso *Almonacid, cit.* supra), y que se funda, precisamente, en las actividades de investigación y juzgamiento que mandan los artículos 8 y 25 de la Convención Americana, teniendo como titulares a toda persona. Pero tal dimensión mejor se entiende en su dimensión individual vista desde el ángulo opuesto, como lo destaca la Corte en su sentencia de 6 de mayo de 2008 en el Caso *Yvone Neptune v. Haití,* en los siguientes términos: "Este Tribunal entiende que una persona sobre la cual exista imputación de haber cometido un delito tiene el derecho, en los términos del artículo 8.1 de la Convención, en caso de ser penalmente perseguida, a ser puesta sin demora a disposición del órgano de justicia o de investigación competente, tanto para posibilitar la sustanciación de los cargos que pesan en su contra, en su caso, *como para la consecución de los fines de la administración de justicia, en particular la averiguación de la verdad.* La razón de esto es que la persona se encuentra sujeta a imputación y en un estado de incertidumbre que hace necesario que su situación jurídica sea sustanciada y resuelta lo más pronto posible, a fin de no prolongar indefinidamente los efectos de una persecución penal, teniendo en cuenta además que en el marco del proceso penal su libertad personal puede ser restringida" (Párr.81, cursivas nuestras).

[35] En su señalada perspectiva individual, el derecho a la verdad corre en paralelo y en beneficio de ambas partes dentro de todo proceso judicial, sea la víctima, sea el victimario, como bien se advierte de la explicación de la Corte siguiente a la anterior: "A su vez, confluye con lo anterior la necesidad de posibilitar y hacer efectiva la determinación de los hechos que se investigan y, en su caso, de las correspondientes responsabilidades penales, en atención a *la necesidad de proteger y garantizar los derechos de otras personas perjudicadas*" [*Idem*, cursivas nuestras].

[36] En su tratamiento del derecho a la verdad judicial la jurisprudencia en estudio también revela la portada colectiva de éste, al recordar que "en una sociedad democrática se debe conocer la verdad sobre los hechos de graves violaciones de derechos humanos... justa expectativa que el Estado debe satisfacer... con la divulgación pública de los resultados de los procesos penales e investigativos" (Masacre de Las Dos Erres, *cit.*, párr.149). Tal portada la aprecia la Corte en dos planos. El primero hace relación con la exigencia de publicidad que es inherente a toda actividad judicial realizada con fundamento en las garantías del debido proceso, de la cual se benefician tanto la víctima como el victimario en lo individual pero cuyos resultados procuran incidir en la opinión pública o el colectivo a fin de que, bajo conocimiento y presión por parte de ésta, se logre "evitar la repetición de las mismas [vulneraciones graves a derechos fundamentales]", en otras palabras la impunidad. De allí que, en el Caso *del Penal Miguel Castro Castro* citado, la Corte refiera "el derecho de las víctimas y de la sociedad en su conjunto de acceder al conocimiento de la verdad de lo sucedido" (Párr.440), y recuerde de modo preciso que "los resultados de estos procesos [penales que conduce el Estado a propósito de violaciones de derechos humanos] deberán ser públicamente divulgados" (Párr.441). Ello, por cuanto al impedírsele a la sociedad –lo dice la Corte– conocer de lo ocurrido, se "propicia la repetición crónica de las violaciones de derechos humanos y la total indefensión de las víctimas y sus familiares", según lo recuerda la misma en su fallo del *Caso de la Masacre de La Rochela* ya comentado *supra* (Párr.148).

[37] El derecho de la sociedad a conocer de la verdad acerca de violaciones de derechos humanos ocurridos procura, asimismo, la legitimación *ad causam* de ésta para hacerse presente –vía el Ministerio Público o las Defensorías del Pueblo, según corresponda o conforme lo prevean las Constituciones y leyes nacionales– en los procesos judiciales penales respectivos, tal y como lo sugiere la propia jurisprudencia interamericana. Es ilustrativo al respecto el comentario de la Corte a propósito del repetido *Caso de la Masacre de La Rochela*, a cuyo

tenor se requiere, por una parte, "la adopción de los diseños institucionales que permitan que este derecho se realice en la forma más idónea, participativa y completa posible", y por la otra, que haya lugar a la determinación procesal "de la más completa verdad histórica posible" de los hechos, de los "patrones de actuaciones conjunta", y de sus responsables, identificándose las distintas formas de participación que hayan tenido éstos, en cuyo defecto, según la jurisprudencia citada, no se lograría "la satisfacción de la dimensión colectiva del derecho a la verdad" (Párr.195).

[38] Cabe precisar, en un segundo plano y a todo evento, que si bien la Corte de San José pone de relieve – a propósito de la perspectiva o dimensión colectiva del derecho a la verdad – el papel que juegan al respecto las célebres Comisiones de la Verdad, instaladas en distintas épocas y en diversos Estados mediante la concertación entre gobiernos y sociedades civiles, para poner en claro hechos ominosos atentatorios contra la dignidad humana, no cabe confundir la llamada verdad histórica con la verdad judicial, que le da cuerpo y especificidad relativa al derecho objeto de nuestra consideración. En algún momento, cabe señalarlo, la jurisprudencia habla de la "justa expectativa de justicia" que tienen los familiares de una víctima "con el propósito de establecer la verdad histórica de los hechos y sancionar a los responsables" de haber violado los derechos fundamentales de ésta (Caso *La Cantuta,cit.*, párr.192), y repite que "la satisfacción de la dimensión colectiva del derecho a la verdad exige la determinación de la más completa verdad histórica posible" (Caso *La Rochela,cit.*, párr.195). Y lo cierto, sin embargo, es que tal perspectiva –que no nos convence- sugiere que al juez de causa corresponde fijar la certeza histórica de un período determinado de tiempo junto a sus hechos y responsables.

[39] Cabe observar, por lo mismo, que con pertinencia más acabada la Corte, al destacar el valor de las Comisiones de la Verdad y el rol que cumplen "en tratar en construir de manera colectiva la verdad de lo ocurrido" en un amplio espacio temporal –lo que es propio de la investigación histórica– donde el Estado o grupos terroristas han provocado violaciones sistemáticas de derechos humanos, precisa, sin desconocer lo anterior, que "la verdad histórica contenida en los informes de las citadas Comisiones no puede sustituir la obligación del Estado de lograr la verdad a través de los procesos judiciales" (Caso *Almonacid, cit.*, párrs. 149-150). De modo que, la verdad histórica, como tal, es distinta de la verdad judicial, con independencia de que ésta se alimente de aquélla o la utilice como desiderátum.

[40] Se entiende así, entonces, que no pueden los tribunales de justicia –en los casos de violaciones de derechos humanos– limitar su actividad y pronunciamientos a las exigencias procesales formales, que le permiten fijar la conocida verdad procesal, producto de la contradicción entre las partes y de la actividad probatoria que éstas procuran y someten a control del juzgador. La propia Corte Interamericana en el Caso *Lori Berenson Mejía v. Perú*, destaca en su sentencia de 25 de noviembre de 2004 que "el proceso es un medio para realizar la Justicia y ésta no puede ser sacrificada en aras de meras formalidades" (Párr.82), dado lo cual, el juez de derechos humanos, en lo particular, ha de procurar la verdad más allá de su tarea supervisora y de valoración de las pruebas ofertadas por los interesados, de la versión que le presenta la víctima, o de las expectativas de satisfacción que reclaman ésta o sus familiares.

[41] En cualquier caso, todo juez juzga a la luz de las realidades que aprecia dentro de sus límites personales y temporales como de las limitaciones normativas por las que rige su actividad. Sirve a la verdad judicial y ésta, por su naturaleza, es susceptible de variar, tanto que, como ocurre dentro del Sistema de la propia Corte Interamericana, la cosa juzgada puede ser trastocada cuando median hechos o circunstancias sobrevinientes de las que no se tuvo noticia durante el curso del correspondiente juicio y susceptibles de hacer variar la verdad

judicial declarada: "De acuerdo con lo establecido por el Estatuto de la Corte Internacional de Justicia y los Reglamentos del citado Tribunal Europeo [de Derechos Humanos], en aplicación de los principios generales del derecho procesal, tanto interno como internacional y, siguiendo el criterio de la doctrina generalmente aceptada, el carácter definitivo o inapelable de una sentencia no es incompatible con la existencia de un recurso de revisión en algunos casos especiales", afirma la Corte Interamericana en su Resolución de 13 de septiembre de 1997, en el Caso *Genie Lacayo v. Nicaragua* (Párr.9). Luego de lo cual ajusta que "[e]l recurso de revisión debe fundamentarse en hechos o situaciones relevantes desconocidas en el momento de dictarse la sentencia. De ahí que ella se puede impugnar de acuerdo a causales excepcionales, tales como las que se refieren a documentos ignorados al momento de dictarse el fallo, a la prueba documental, testimonial o confesional declarada falsa posteriormente en una sentencia pasada en autoridad de cosa juzgada; a la existencia de prevaricación, cohecho, violencia o fraude y a los hechos cuya falsedad se demuestra posteriormente, como sería estar viva la persona que fue declarada desaparecida" (*Idem*, párr.12).

[42] Podría decirse que el riesgo del revisionismo lo plantean también la investigación histórica propia y su verdad, pero cierto grado de relatividad le han de otorgar la Corte y su jurisprudencia a ésta, con relación a la verdad judicial, que en la sentencia del Caso *Zambrano Velez* (*cit.supra*) deslinda las especificidades de una y de otra, así: "[E]l establecimiento de una comisión de la verdad, según el objeto, procedimiento, estructura y fin de su mandato, puede contribuir a la construcción y preservación de la memoria histórica, el esclarecimiento de hechos y la determinación de responsabilidades institucionales, sociales y políticas en determinados períodos históricos de una sociedad. Las verdades históricas que a través de ese mecanismo se logren, no deben ser entendidas como un sustituto del deber del Estado de asegurar la determinación judicial de responsabilidades individuales o estatales por los medios jurisdiccionales correspondientes, ni con la determinación de responsabilidad internacional que corresponda a este Tribunal. Se trata de determinaciones de la verdad que son complementarias entre sí, pues tienen todas un sentido y alcance propios, así como potencialidades y límites particulares, que dependen del contexto en el que surgen y de los casos y circunstancias concretas que analicen". En consecuencia, para la misma Corte, "la verdad histórica documentada en los informes y recomendaciones de órganos como la Comisión Nacional [de la Verdad], no completa o sustituye la obligación del Estado de establecer la verdad también a través de procesos judiciales" (Caso *Radilla Pacheco*, *cit.* párr, 179); de donde, el contenido de los informes elaborados por ésta puede ser receptado en las causas judiciales y obtener el reconocimiento de un "valor probatorio especial" sujeto, de suyo, al escrutinio de las partes y la final decisión por el juez respectivo" (*Idem*, párr.74).

V.   LA VERDAD JUDICIAL Y SU TEMPORALIDAD

[43] El derecho a la verdad judicial y su realización, por último, exigen de una temporalidad o inmediatez prudencial que aseguren –dentro del mencionado contexto de la Justicia y distantes de las formalidades no sustantivas– que el trabajo del juzgador sea congruente con la misma idea de la verdad material y objetiva reseñada al inicio de esta comunicación y con vistas al juicio verdadero que los hechos objeto de ésta puedan concitar en aquél. La apreciación no es ociosa. La propia Corte Interamericana al exigir del Estado llevar adelante las investigaciones y procesos para el conocimiento de la verdad de lo sucedido con ocasión de violaciones de derechos humanos, sea como obligación primaria, sea como obligación secundaria o de reparación, advierte que el derecho de acceso a la justicia –dentro del que se subsume el derecho a la verdad– ha de realizarse en tiempo razonable (Caso *La Cantuta*, *cit*, párr.149), con un doble propósito como lo creemos. Uno, no extender por más tiempo que el necesario la lesión del derecho a la verdad de la víctima o sus familiares y/o su debida repa-

ración; dos, evitar, como lo sugiere la propia Corte, en el *Caso Velásquez* reseñado *supra* que el derecho a la verdad y sus efectos resulten de imposible consecución. "La razonabilidad del plazo de un proceso –como lo admite la jurisprudencia– depende de las circunstancias de cada caso". Todo lo cual, en modo alguno significa y cabe aclararlo, que la verdad judicial, dadas sus exigencias, quede inhibida de servir de fundamento a la verdad histórica y vicever-sa, y al sentido teleológico de ésta dentro de sociedades democráticas, reclamadas de su lucha contra la impunidad y la preservación de la memoria que impida la repetición de cuadros ominosos de violaciones graves y sistemáticas a los derechos humanos. Pero una cosa es ello y otra confundir a la historia, a su método y a su verdad, con las características inherentes del derecho a la verdad judicial que motiva estas páginas.

[44] La historia y su método, cabe recordarlo, se basan en el estudio crítico de hechos y de documentos inscritos en el pasado, con vistas a su reconstrucción y valoración, pero a la luz de las mismas circunstancias y apreciaciones vividas por las sociedades y los actores del momento, dentro de un contexto cultural, social y político dado; lo cual procura hipótesis que científicamente pueden demostrarse a la luz de los hechos y de los documentos referidos, pero con sujeción a los parámetros indicados. De modo que, la historia admite versiones y perspectivas diversas, aun cuando éstas no puedan conspirar contra la existencia de una pers-pectiva colectiva que en ese momento y a la luz de los hechos objeto de la actividad histórica logran hacer y crear conciencia universal. Lo explica mejor y según su criterio Valderrama, así, y sin que hagamos propio todo su pensamiento: "Únicamente por medio de esta expe-riencia la historiografía ha podido declarar que si bien, en lo esencial, toda observación de los acontecimientos pasados se realiza desde un punto de vista determinado, o por lo menos condicionado por la propia posición que la mirada necesariamente ocupa en la historia, este reconocimiento no logra socavar, sin embargo, las pretensiones de verdad que los enunciados históricos entablan. Ello, en la medida que dichos enunciados se asocian a la idea de un cum-plimiento productor, al despliegue totalizador del proyecto de una voluntad colectiva, a la creación ininterrumpida de un mundo"[11]. La prevención al respecto, lo repetimos, vale ahora como nunca antes y por obra de una coyuntura que pretende revisar la historia, acomodarla a los dictados de circunstancia más que a las perspectivas de un análisis particular, o con la pretensión de escribir otra historia sin pasado, sin memoria, libre de errores, infalible, hecha de pretendidas hegemonías ideológicas que reniegan de la misma historia y al efecto buscan valerse, en la circunstancia, de verdades judiciales temporales, obtenidas bajo presión de la opinión pública y transformadas en absolutos circunstanciales.

VI. CONCLUSIONES

[45] La jurisprudencia establecida por la Corte Interamericana de Derechos Humanos, en síntesis, forja por vía pretoriana un derecho a la verdad, pero le niega su autonomía y lo hace subsidiario –parte del núcleo pétreo– del derecho a la justicia, ora al derecho al debido proceso (artículo 8), ora a la tutela judicial efectiva (artículo 25), previstos por la Convención Americana. Dado ello es pertinente calificarlo como derecho a la verdad judicial y en la perspectiva de una verdad atada a los presupuestos normativos y hermenéuticos propios a la ciencia del Derecho.

[46] Vista, además, la naturaleza del mencionado derecho a la verdad judicial y por tra-tarse de una verdad que se procura en supuestos de violaciones de derechos humanos, cono-cidos por vía subsidiaria en sede internacional y cuya corporeidad –como tal derecho– deriva

---

11   Miguel Valderrama, *Historia y verdad, una vez más*, Santiago de Chile, s/f.

de una interpretación progresiva de la Convención Americana de Derechos Humanos, cabe señalar que el mismo adquiere su más exacto perfil como medio de reparación; es decir, como un derecho que mejor se explica en el conjunto de las obligaciones secundarias que le corresponde determinar soberanamente al Tribunal de San José, por aplicación del artículo 63.1 del citado tratado regional interamericano: "Cuando decida que hubo violación de un derecho o libertad protegidos en esta Convención, la Corte dispondrá... asimismo, si ello fuera procedente, que se reparen las consecuencias de la medida o situación que ha configurado la vulneración de esos derechos...".

[47] No reconocer la Corte el derecho a la verdad judicial como parte del derecho a la libertad de pensamiento y expresión consagrado en el artículo 13 *ejusdem*, que comprende -en su dimensión tanto individual como colectiva- el derecho de toda persona a buscar, recibir y transmitir informaciones, en otras palabras, el derecho de acceso a la información pública de que dispone el Estado y que éste se obliga a transmitir, se explica, como lo creemos, en la idea de que el derecho a la verdad judicial, ligado a la necesidad de la verdad histórica, surge por defecto; es decir, no plantea la negación de un derecho convencional en lo particular urgido de reparación, sino la efectividad integral de un sistema de respeto y garantía de derechos humanos en el que la verdad sirve u opera, si se quiere, como derecho transversal, dándole sustento y contenido a la experiencia democrática y obligando fundarla en la vigencia y certeza que le aporta del Estado de Derecho.

LEGISLACIÓN

Información Legislativa

LEYES, DECRETOS NORMATIVOS, REGLAMENTOS Y RESOLUCIONES DE EFECTOS GENERALES DICTADOS DURANTE EL PRIMER TRIMESTRE DE 2010

Recopilación y selección
por Marianella Villegas Salazar
Abogado

SUMARIO

VI.   DESARROLLO SOCIAL

1. *Régimen del Trabajo.* A. Aumento del Salario mínimo. B. Días no laborales. 2. *Régimen de los Juegos y Apuestas Lícitas: Casinos y Salas de Bing.* 3. *Cultura: Artesanos Indígena.* 4. *Régimen de protección de niños y adolescentes.*

VII.   DESARROLLO FÍSICO Y ORDENACIÓN DEL TERRITORIO

1. *Régimen de Protección del Medio Ambiente y los Recursos Naturales.* 2. *Régimen del Transporte y Tránsito.* A. Transporte y Tránsito Terrestre. a. Suspensión del cobro de tarifas de peajes. b. Fletes para el transporte de combustible. c. Estaciones para la revisión de vehículos. B. Transporte y Tráfico Aéreo.

I.   ORDENAMIENTO FEDERAL DEL ESTADO

1.   *Consejo Federal de Gobierno*

Ley Orgánica del Consejo Federal de Gobierno. Véase *G.O.* N° 5.963 Extraordinario de la misma fecha). *G.O.* N° 39.371 de 22-2-2010.

Decreto N° 7.306, mediante el cual se dicta el Reglamento de la Ley Orgánica del Consejo Federal de Gobierno. *G.O.* N° 39.382 de 9-3-2010.

2.   *Fondo Intergubernamental para la Descentralización (FIDES).*

Ley Derogatoria de la Ley que crea el Fondo Intergubernamental para la Descentralización (FIDES). *G.O.* N° 39.394 de 25-3-2010.

II.   ORDENAMIENTO ORGÁNICO DEL ESTADO

1.   *Régimen del Poder Público Nacional*

A.   *Administración Pública: Restricción de horario de funcionamiento*

Decreto N° 7.175 de la Presidencia de la República, mediante el cual se establece como medida extraordinaria de carácter provisional, por un período de 150 días, una restricción en el horario de funcionamiento de la Administración Pública Nacional Central y Descentralizada, el cual será de 8:00 a.m. a 1:00 p.m. en forma continua, quedando excluidos de la aplicación del presente Decreto las dependencias u oficinas públicas de atención al pueblo, los servicios considerados de carácter esencial y el personal de alto nivel y de confianza. *G.O.* N° 39.345 de 13-1-2010 (Véase N° 5.955 Extraordinario de la misma fecha).

B.   *Organización Comunal*

Resolución N° MPCPS-029-10 del Ministerio del Poder Popular para las Comunas y Protección Social, por la cual se dictan las Normas para la adecuación de los Consejos Comunales en el marco de la Ley Orgánica de los Consejos Comunales.

III.   RÉGIMEN DE LA ADMINISTRACIÓN GENERAL DEL ESTADO

1.   *Sistema Financiero: Régimen Presupuestario: Plan de cuentas patrimoniales*

Providencia N° 09-004 del Ministerio del Poder Popular para Economía y Finanzas (Oficina Nacional de Contabilidad Pública), mediante la cual se establece el Plan de Cuentas Patrimoniales aplicable a la República y sus Entes Descentralizados funcionalmente sin fines empresariales. *G.O.* N° 39.352 de 22-1-2010.

2. *Sistema de Personal: Personal al servicio de la Administración Pública Nacional (escala de sueldos)*

Resolución N° 62 del Ministerio del Poder Popular para Relaciones Interiores y Justicia, por la cual se aplica en forma transitoria la Escala de Sueldos y Salarios vigente para la Administración Pública Nacional. *G.O.* N° 39.376 de 1-3-2010.

3. *Sistema de Control: Sistema Nacional de Control Fiscal (Designación de los titulares de los órganos de control fiscal)*

Reglamento N° 01-00-000004 de la Contraloría General de la República, sobre los Concursos Públicos para la designación de los Contralores Distritales y Municipales, y los titulares de las Unidades de Auditoría Interna de los Órganos del Poder Público Nacional, Estadal, Distrital y Municipal y sus Entes Descentralizados. *G.O.* N° 39.350 de 20-1-2010.

4. *Sistema Impositivo*

A. *Unidad Tributaria*

Providencia N° SNAT/2010-0007 del SENIAT, mediante la cual se ajusta la Unidad Tributaria de cincuenta y cinco Bolívares (Bs. 55,00), a sesenta y cinco Bolívares (Bs. 65,00). *G.O.* N° 39.361 de 4-2-2010.

B. *Tributos: Impuesto sobre la Renta (Exoneraciones)*

Decreto N° 7.184, mediante el cual se exoneran del pago de Impuesto Sobre la Renta los intereses obtenidos por los tenedores, personas naturales y jurídicas, provenientes de los Bonos de P.D.V.S.A. *G.O.* N° 39.349 de 19-1-2010.

IV. POLÍTICA, SEGURIDAD Y DEFENSA

1. *Política de Relaciones Exteriores*

A. *Tratados, Convenios y Acuerdos Internacionales*

a. *Bilaterales: Establecimiento de Mecanismos de Consultas Políticas*

Memorándum de Entendimiento N° DM-061 del Ministerio del Poder Popular para Relaciones Exteriores, para el establecimiento de un mecanismo de Consultas Políticas entre el Ministerio del Poder Popular para Relaciones Exteriores de la República Bolivariana de Venezuela y el Departamento Federal para Asuntos Exteriores de la Confederación Suiza. *G.O.* N° 39.383 de 10-3-2010.

Memorándum de Entendimiento N° DM-062 del Ministerio del Poder Popular para Relaciones Exteriores, para el Establecimiento de un Mecanismo de Consulta entre el Gobierno de la República Bolivariana de Venezuela y el Gobierno de Burkina Faso. *G.O.* N° 39.383 de 10-3-2010.

Memorándum de Entendimiento N° DM-063 del Ministerio del Poder Popular para Relaciones Exteriores, entre el Ministerio del Poder Popular para Relaciones Exteriores de la República Bolivariana de Venezuela y el Ministerio de Asuntos Exteriores del Estado de Eritrea para el Establecimiento de un Mecanismo de Consulta. *G.O.* N° 39.383 de 10-3-2010.

Memorándum de Entendimiento N° DM-064 del Ministerio del Poder Popular para Relaciones Exteriores, para el Establecimiento de un Mecanismo de Consulta entre el Gobierno de la República Bolivariana de Venezuela y el Gobierno de la República Islámica de Mauritania. *G.O.* N° 39.383 de 10-3-2010.

Memorándum de Entendimiento N° DM-065 del Ministerio del Poder Popular para Relaciones Exteriores, para el Establecimiento de un Mecanismo de Consulta entre el Gobierno de la República Bolivariana de Venezuela y el Gobierno de la República Centroafricana. *G.O.* N° 39.383 de 10-3-2010.

Memorándum de Entendimiento N° DM-066 Ministerio del Poder Popular para Relaciones Exteriores, para el Establecimiento de un Mecanismo de Consultas Políticas entre el Gobierno de la República Bolivariana de Venezuela y el Gobierno de la Unión de las Comoras. *G.O.* N° 39.383 de 10-3-2010.

Memorandum de Entendimiento N° DM-073 del Ministerio del Poder Popular para Relaciones Exteriores, entre el Ministerio del Poder Popular para Relaciones Exteriores de la República Bolivariana de Venezuela y el Ministerio de Relaciones Exteriores e Integración Regional de la República de Ghana para el Establecimiento de un Mecanismo de Consulta Política. *G.O.* N° 39.394 de 25-3-2010.

b.   *Multilaterales*

a'.   *Integración Latinoamericana y Caribeña*

Ley Aprobatoria del Tratado Constitutivo del Sistema Unitario de Compensación Regional de Pagos (Sucre). *G.O.* N° 39.345 de 13-1-2010 (Véase *G.O.* N° 5.955 Extraordinario de la misma fecha).

2.   *Política de Relaciones Interiores: Política en materia de Sustancias Estupefacientes y Psicotrópicas (aportes obligatorios de las empresas).*

Providencia N° 001-2010 de la ONA, mediante la cual se dictan las Normas relativas a las rebajas admisibles al aporte establecido en el artículo 96 de la Ley Orgánica Contra el Tráfico Ilícito y Consumo de Sustancias Estupefacientes y Psicotrópicas y su reglamento para la debida liquidación de los Ejercicios Gravables 2006, 2007 y 2008.

3.   *Seguridad y Defensa*

A.   *Fuerza Armada Nacional Bolivariana*

Aviso Oficial mediante el cual se corrige por error material la Ley Orgánica de la Fuerza Armada Nacional Bolivariana, en los términos que en él se indican.- (Subsanando error en el artículo 61 de la Ley, en relación al otorgamiento de jerarquía). *G.O.* N° 39.359 de 2-2-2010.

B.   *Prendas y Accesorios Militares*

Resolución N° 013354 del Ministerio del Poder Popular para la Defensa, por la cual se dictan las Normas que Regulan la Autorización, Registro y Control de las Empresas Asociativas, Establecimientos y Casas Comerciales que Confeccionen, Fabriquen y Comercialicen Prendas y Accesorios Militares. *G.O.* N° 39.363 de 8-2-2010.

C.   *Cuerpos de Policía: Normas y principios de actuación*

Resolución N° 85 del Ministerio del Poder popular para Relaciones Interiores y Justicia, por la cual se dictan las Normas sobre Rendición de Cuentas en los Cuerpos de Policía en sus diversos ámbitos político territoriales. *G.O.* N° 39.390 de 19-3-2010.

Resolución N° 86 del Ministerio del Poder popular para Relaciones Interiores y Justicia, por la cual se dictan las Normas y Principios para la Atención a las Víctimas del Delito y/o Abuso Policial; así como la creación de la Oficina de Atención a la Víctima en los Cuerpos de Policía, en sus diferentes ámbitos político territoriales. *G.O.* N° 39.390 de 19-3-2010.

Resolución N° 87 del Ministerio del Poder popular para Relaciones Interiores y Justicia, por la cual se dictan las Normas para Adoptar un Sistema y Diseño Único de Credencial, que permitan al Órgano Rector acreditar adecuada y formalmente a los funcionarios y funcionarias del Cuerpo de Policía Nacional Bolivariana y de las Policías estadales y municipales del país, para el ejercicio legítimo de la función policial. *G.O.* N° 39.390 de 19-3-2010.

Resolución N° 88 del Ministerio del Poder popular para Relaciones Interiores y Justicia, por la cual se dictan las Normas y Principios para el Uso Progresivo y Diferenciado de la Fuerza Policial por parte de los funcionarios y las funcionarias de los Cuerpos de Policía en sus diversos ámbitos político territoriales. *G.O.* N° 39.390 de 19-3-2010.

D.   *Sistema de prevención y atención en días festivos*

Resolución N° 31 del Ministerio del Poder Popular para Relaciones Interiores y Justicia, por la cual se limita el expendio de bebidas alcohólicas, en todo el espacio geográfico del Territorio Nacional, durante el período festivo de Carnaval, comprendido entre los horarios y días que en ella se señalan. *G.O.* N° 39.364 de 9-2-2010.

Resolución N° 96 del Ministerio del Poder Popular para Relaciones Interiores y Justicia, por la cual se activa e implementa el Plan Nacional de Protección para la Prevención y Atención en Períodos Festivos de Asueto y Vacacionales, y se limita el expendio de bebidas alcohólicas, en todo el espacio geográfico de la República Bolivariana de Venezuela durante el período festivo de Semana Santa, comprendido en la fecha que en ella se menciona. *G.O.* N° 39.394 de 25-3-2010.

V.   DESARROLLO ECONÓMICO

1.   *Fondo Único Social*

Ley Especial de Supresión y Liquidación del Instituto Autónomo Fondo Único Social (IAFUS). *G.O.* N° 39.358 de 1-2-2010.

2.   *Régimen Cambiario*

A.   *Adquisición de Divisas*

Resolución Conjunta de los Ministerios del Poder Popular para Economía y Finanzas, para el Comercio, para las Industrias Básicas y Minería, para la Agricultura y Tierras, para la Salud, para la Energía y Petróleo, para Ciencia, Tecnología e Industrias Intermedias, y para la Alimentación, N° DM/2580, DM-004, DM-001, DM-002/10, DM-021/2010, DM-004, DM-014 y DM-002/10, mediante la cual la Comisión de Administración de Divisas (CADIVI), determina los bienes que requieren y los que no requieren el Certificado de Insuficiencia o Certificado de no Producción Nacional para el otorgamiento de la Autorización de Adquisición de Divisas (AAD), previo cumplimiento de los requisitos establecidos en la normativa cambiaria vigente.- (Se determinan los bienes que corresponden al tipo de cambio de Bs. 2,60 y de Bs. 4,30 por dólar americano). *G.O.* N° 39.345 de 13-1-2010.

Providencia N° 101 de CADIVI, que reforma la Providencia N° 092, mediante la cual se establecen los requisitos y el trámite para operaciones de exportación. (Se reforma el Art. 13, *G.O.* 39.027 del 30/09/2008). *G.O.* N° 15-1-2010.

Providencia N° 102, que reforma la Providencia N° 014 mediante la cual se autoriza la compra de divisas en el País por parte de Operadores Cambiarios Autorizados.- (Se modifica el Art. 1, *G.O.* 5.632 del 28-02-2003). *G.O.* N° 15-1-2010.

Resolución N° 2.581 del Ministerio del Poder Popular para Economía y Finanzas, por la cual se establece que las importaciones de bienes de capital, insumos y materias primas realizadas por las empresas que conforman los sectores productivos y transformadores del país, gozarán de la agilización en el trámite para la obtención de la Autorización de Adquisición de Divisas (AAD) y de la Autorización de Liquidación de Divisas (ALD), previo cumplimiento de los requisitos establecidos en la Providencia que al efecto dicte la Comisión de Administración de Divisas (CADIVI). *G.O.* N° 39.350 de 20-1-2010.

B.   *Convenios Cambiarios*

Convenio Cambiario N° 14 (Se establece el tipo de cambio de Bolívares por Dólar Americano, correspondiente a la liquidación de las operaciones de venta de dividas aquí señaladas). *G.O.* N° 39.342 de 8-1-2010.

Resolución N° 10-01-02, mediante la cual se establece que a partir de la entrada en vigencia del Convenio Cambiario N° 14 del 8 de enero de 2010, salvo lo previsto en el artículo 2 de la presente resolución, la valoración y registro contable de los activos y pasivos en moneda extranjera mantenida por bancos, casas de cambios y demás instituciones financieras, públicas y privadas, regidas por la Ley General de Bancos y Otras Instituciones Financieras, la Ley de Mercados de Capitales, la Ley de Empresas de Seguros y Reaseguros y demás leyes especiales, se efectuará al tipo de cambio de dos bolívares con sesenta céntimos (Bs. 2,60) por dólar de los Estados Unidos de América. *G.O.* N° 39.356 de 28-1-2010.

Convenio Cambiario N° 16. (Tipo de Cambio de Divisas efectuadas por el BCV a organismos e instituciones internacionales, para la venta será de Bs. 2,60, y para la compra Bs. 4,2893). *G.O.* N° 39.356 de 28-1-2010.

3.   *Régimen de los Bancos y Otras Instituciones Financieras*

A.   *Fondo de Garantía de Depósitos del Público*

Decreto N° 7.207, mediante el cual se modifica el porcentaje de aportes mensuales que los bancos, Entidades de Ahorro y Préstamo y Demás Instituciones Financieras deberán efectuar al Fondo de Garantía de Depósitos y Protección Bancaria.- (Banca del sector público 0,50% y sector privado 0,75%). *G.O.* N° 39.358 de 1-2-2010.

B.   *Aportes a la SUDEBAN*

Resolución N° 010.10 de la SUDEBAN, por la cual se dictan las instrucciones relativas al pago del aporte especial que deben efectuar las Instituciones que en ella se mencionan, y además personas sujetas a la supervisión y control de esta Superintendencia. *G.O.* N° 39.361 de 4-2-2010.

C.   *Comisiones a los clientes de las instituciones financieras*

Resolución N° 10-03-01 del Banco Central de Venezuela, por la cual se informa que los bancos, entidades de ahorro y préstamo y demás instituciones financieras regidos por la Ley General de Bancos y Otras Instituciones Financieras y demás Leyes Especiales, sólo podrán cobrar a sus clientes o al público en general comisiones, tarifas y/o recargos por los conceptos que hayan sido establecidos por este Ente. *G.O.* N° 39.379 de 4-3-2010.

Aviso Oficial. (Límites máximos de comisiones, tarifas o recargos por diversas operaciones). *G.O.* N° 39.379 de 4-3-2010.

D.   *Liquidación de Bancos y otras instituciones*

Providencia *de* FOGADE, mediante la cual se dicta la Reforma Parcial a las Normas para la Liquidación de Bancos, Entidades de Ahorro y Préstamo, Otras Instituciones Financieras y Empresas Relacionadas no Financieras. *G.O.* N° 39.383 de 10-3-2010. (Véase *G.O.* N° 5.966 de la misma fecha).

E.   *Delitos de legitimación de capitales y financiamiento al terrorismo*

Resolución N° 119.10 de la SUDEBAN, por la cual se dictan las Normas relativas a la Administración y Fiscalización de los riesgos relacionados con los delitos de legitimación de capitales y financiamiento al terrorismo aplicables a las Instituciones reguladas por esta Superintendencia. *G.O.* N° 39.388 de 17-3-2010.

F.   *Tasas de interés*

Providencia N° SNAT/2010/0001del SENIAT, por la cual se informa que la tasa de interés activa promedio ponderada de los seis (6) principales Bancos comerciales y universales con mayor volumen de depósitos, excluidas las carteras con intereses preferenciales, fijada por el Banco Central de Venezuela para el mes de diciembre de 2009, ha sido de 21,73%. *G.O.* N° 39.344 de 12-1-2010.

Aviso Oficial del Banco Central de Venezuela (BCV). (Tasa de Interés de Prestación de antigüedad, para la Adquisición de Vehículos, Operaciones con Tarjetas de Créditos y Operaciones Crediticias al Sector Turismo). *G.O.* N° 39.344 de 12-1-2010.

Providencia N° SNAT/2010/0009 del SENIAT, mediante la cual se informa que la tasa de interés activa promedio ponderada de los seis (6) principales Bancos Comerciales y Universales con mayor volumen de depósitos, excluidas las carteras con intereses preferenciales, fijada por el Banco Central de Venezuela para el mes de enero de 2010, ha sido de 21,20%. *G.O.* N° 39.365 de 10-2-2010.

Providencia N° SNAT-2010-0017 del SENIAT, mediante la cual se establece que la tasa de interés activa promedio ponderado de los seis (6) principales bancos comerciales y universales del País con mayor volumen de depósitos, excluidos las carteras con intereses preferenciales, fijada por el Banco Central de Venezuela para el mes de febrero de 2010, es de 22,33%. *G.O.* N° 39.383 de 10-3-2010.

G.   *Cartera de crédito obligatoria para el sector turismo*

Resolución N° 126 del Ministerio del Poder Popular para el Turismo, por la cual se establece que los bancos comerciales y universales destinarán el tres por ciento (3%) sobre los promedios de los cierres de la cartera de crédito bruta al 31 de diciembre de 2008 y al 31 de diciembre 2009, para el financiamiento de las operaciones y proyectos de carácter turístico reflejados en esta Resolución. *G.O.* N° 39.359 de 2-2-2010.

H.   *Cartera de Crédito Agraria Obligatoria*

Resolución Conjunta N° DM/2599 y DM/012/2010 de los Ministerios del Poder Popular de Planificación y Finanzas y para la Agricultura y Tierras, mediante la cual se fijan los porcentajes mínimos mensuales y las condiciones aplicables a la Cartera de Crédito Agraria Obligatoria para el Ejercicio Fiscal 2010.

4. Régimen del Mercado de Capitales

Resolución N° 013-I-2010 de la Comisión Nacional de Valores, por la cual se consideran desistidas las solicitudes con una antigüedad que exceda de seis (6) meses, contados a partir de la fecha de introducción de la solicitud de autorizaciones de venta de acciones de las sociedades de corretaje y casas de bolsa, o de la fecha en que se haya solicitado el último recaudo y éste no haya sido consignado. *G.O.* N° 39.386 de 15-3-2010

5. Régimen del Comercio Interno

A. Bienes de primera necesidad o de consumo masivo

Resolución Conjunta de los Ministerios del Poder Popular de Planificación y Finanzas, para la Alimentación y para la Agricultura y Tierras N° DM/2.637, DM/008-10 y DM/015/2010, por la cual se califican como bienes de primera necesidad o de consumo masivo, las mercancías correspondientes a la subpartida de Arancel de Aduanas, que en ella se indican. (Fórmulas Lácteas de Primera Infancia, Reproductores de Raza Pura, los demás Trigos, entre otros). *G.O.* N° 39.380 de 5-3-2010.

B. Precios máximos de venta al público

Resolución Conjunta de los Ministerios del Poder Popular para el Comercio, para la Agricultura y Tierras y para la Alimentación N° DM/017, DM/016/2010 y DM/009-10, mediante la cual se fija en todo el Territorio Nacional el Precio Máximo de Venta al Público (PMVP) y el Precio Máximo de Venta (PMV), pagado al productor de los productos alimenticios y rubros que en ella se indican. (Pollo, Azúcar y Arroz en sus diferentes presentaciones). *G.O.* N° 39.381 de 8-3-2010.

Resolución Conjunta N° DM/029, DM/024/2010 y DM/011 de los Ministerios del Poder Popular para el Comercio, para la Agricultura y Tierras y para la Alimentación, mediante la cual se fija en todo el territorio nacional el Precio Máximo de Venta al Público (PMVP) y el Precio Máximo de Venta (PMV) de los productos alimenticios y rubros que en ella se indican. (Leche y queso en diferentes presentaciones). *G.O.* N° 39.395 de 26-3-2010.

6. Régimen de Energía y Petróleo: Medidas de ahorro de electricidad

Decreto N° 7.228 de la Presidencia de la República, mediante el cual se declara el estado de emergencia sobre la Prestación del Servicio Eléctrico Nacional y sus Instalaciones y Bienes Asociados, por un lapso de sesenta (60) días, prorrogables, en virtud de lo cual se autoriza al Ministro del Poder Popular para la Energía Eléctrica, para dictar por vía de excepción las medidas especialísimas que estime pertinentes, a fin de garantizar a la población el suministro de energía eléctrica. *G.O.* N° 39.363 de 8-2-2010.

Resolución N° 008 del Ministerio del Poder Popular para la Energía Eléctrica, por la cual se prohíbe el uso de la energía eléctrica en los sistemas de publicidad contenidos y promovidos en vallas y avisos publicitarios luminosos. *G.O.* N° 39.364 de 9-2-2010.

Resolución N° 009 del Ministerio del Poder Popular para la Energía Eléctrica, mediante la cual se regula la reducción del consumo de energía eléctrica de aquellos usuarios sujetos a las tarifas que en ella se mencionan, cuya Demanda Asignada Contratada (DAC) exceda los 25 KVA, en un veinte por ciento (20%) y establecer las estrategias y lineamientos necesarios para garantizar el uso racional y eficiente de la energía eléctrica en las Áreas y Zonas servidas por la Corporación Eléctrica Nacional S.A. (CORPOELEC), a través de C.A. La Electricidad de Caracas. *G.O.* N° 39.366 de 11-2-2010.

7.   *Régimen de la actividad minera: uso de sustancias explosivas y sus accesorios*

Resolución N° DM/016-2010 del Ministerio del Poder Popular para las Industrias Básicas y Minería, por la cual se dictan las Normas para la emisión del Informe Favorable para el uso de sustancias explosivas y sus accesorios en la actividad minera. *G.O.* N° 39.382 de 9-3-2010.

8.   *Régimen del Comercio Exterior: Sistema Unitario de Compensación Regional de Pagos (SUCRE)*

Resolución Conjunta N° DM/S-N, DM/006-2010, DM/S-N, DM/S-N, DM/021-2010 y DM/S-N de los Ministerios del Poder Popular para Economía y Finanzas, para el Comercio, para las Industrias Básicas y Minería para la Agricultura y Tierras para la Energía y Petróleo, para Ciencia, Tecnología e Industrias Intermedias y para la Alimentación, por la cual se establece la lista de bienes que serán objeto de las operaciones de importación y exportación que efectuarán única y exclusivamente las empresas del Estado de la República Bolivariana de Venezuela, con el Estado Plurinacional de Bolivia, la República de Cuba, la República del Ecuador, la República de Nicaragua, conforme a las asignaciones de Sucres en el marco del Sistema Unitario de Compensación Regional de Pagos (SUCRE) que establezca el Consejo Monetario Regional del Sucre. *G.O.* N° 39.355 de 27-1-2010.

Resolución N° 10-01-01 del Banco Central de Venezuela, mediante la cual se dispone que será de carácter voluntaria la canalización de pagos a través del Sistema Unitario de Compensación Regional de Pagos (SUCRE), correspondiente a las operaciones comerciales de cualquiera de los bienes y servicios contenidos en los listados emanados de los organismos competentes. *G.O.* N° 39.356 de 28-1-2010.

9.   *Régimen de Protección al Consumidor y al Usuario*

Ley de Reforma Parcial de la Ley para la Defensa de las Personas en el Acceso a los Bienes y Servicios. *G.O.* N° 39.358 de 1-2-2010.

VI. DESARROLLO SOCIAL

1.   *Régimen del Trabajo*

A.   *Aumento del Salario mínimo*

Decreto N° 7.237 de la Presidencia de la República, mediante el cual se fija un aumento del veinticinco por ciento (25%) del salario mínimo mensual obligatorio en todo el Territorio Nacional, para los trabajadores y las trabajadoras que presten servicios en los sectores público y privado.

B.   *Días no laborales*

Decreto N° 7.338 de la Presidencia de la República, mediante el cual se declara días no laborales y por tanto se les otorga el carácter de feriados a los efectos de la Ley Orgánica del Trabajo, los días 29, 30 y 31 de marzo del año 2010. *G.O.* N° 39.393 de 24-3-2010.

2.   *Régimen de los Juegos y Apuestas Lícitas: Casinos y Salas de Bingo*

Providencia N° 29 del Ministerio del Poder Popular para el Turismo, mediante la cual se prohíbe el funcionamiento y operación de cajeros electrónicos de Bancos y Otras Instituciones financieras dentro de los establecimientos de casinos y salas de bingos. *G.O.* N° 39.353 de 25-1-2010.

Providencia N° 30 del Ministerio del Poder Popular para el Turismo, mediante la cual se establece dentro de los establecimientos de casinos y salas de bingos la obligación de informar a las jugadoras y jugadores de los daños que causa la ludopatía. *G.O.* N° 39.353 de 25-1-2010.

Providencia N° 31 del Ministerio del Poder Popular para el Turismo, mediante la cual se establece que las empresas licenciatarias de casinos y salas de bingos que a partir de la presente fecha pretendan desarrollar actividades fuera del horario establecido en el artículo anterior, deberán abastecerse enteramente por unidades de producción autónoma de energía eléctrica, garantizando siempre la calidad y seguridad de los servicios prestados a los usuarios. *G.O.* N° 39.353 de 25-1-2010.

3.   *Cultura: Artesanos Indígena*

Ley del Artesano y Artesana Indígena. *G.O.* N° 39.338 de 4-1-2010.

4.   *Régimen de protección de niños y adolescentes*

Providencia N° 002-2010 del Ministerio del Poder Popular para las Comunas y Protección Social (IDENA), mediante la cual se dicta el Lineamiento General para Regir la Visita de los Niños, Niñas y Adolescentes a los Centros de Privación de Libertad. *G.O.* N° 39.362 de 5-2-2010.

VI.   DESARROLLO FÍSICO Y ORDENACIÓN DEL TERRITORIO

1.   *Régimen de Protección del Medio Ambiente y los Recursos Naturales*

Ley para la Protección de la Fauna Doméstica Libre y en Cautiverio. *G.O.* N° 39.338 de 4-1-2010.

Resolución N° 0000016 del Ministerio del Poder Popular para el Ambiente, por la cual se dictan las Normas Sobre el Registro Nacional de Usuarios y Usuarias de las Fuentes de las Aguas.- (Se reimprime por error material). *G.O.* N° 39.361 de 4-2-2010.

2.   *Régimen del Transporte y Tránsito*

A.   *Transporte y Tránsito Terrestre*

a.   *Suspensión del cobro de tarifas de peajes*

Resolución N° 212 del Ministerio del Poder Popular para Obras Públicas y Vivienda, por la cual se suspende el cobro de tarifas de peaje a nivel nacional, a todos los usuarios de las vías terrestres, por el periodo comprendido entre el 23 de diciembre de 2009 y el 3 de enero de 2010, ambas fechas inclusive. *G.O.* N° 39.342 de 8-1-2010.

Resolución N° 21 del Ministerio del Poder Popular para Obras Públicas y Vivienda, por la cual se suspende el cobro de la tarifa de peaje a todos aquellos usuarios y usuarias de las vías terrestres, correspondiente a vehículos automotores en tránsito por el período comprendido entre el 12 de febrero al 17 de febrero de 2010, ambas fechas inclusive. *G.O.* N° 39.366 de 11-2-2010.

Resolución N° 038 del Ministerio del Poder Popular para las Obras Públicas y Vivienda, por la cual se suspende el cobro de la tarifa de peaje a todos aquellos usuarios y usuarias de las vías terrestres, correspondiente a vehículos automotores en tránsito por el período comprendido entre el 26 de marzo y el 4 de abril de 2010, ambas fechas inclusive. *G.O.* N° 39.394 de 25-3-2010.

b. *Fletes para el transporte de combustible*

Resolución N° 003 del Ministerio del Poder Popular para la Energía y Petróleo, por la cual se establecen los fletes para el transporte de las gasolinas de motor y combustible diesel automotor desde las plantas de suministro propiedad de Petróleos de Venezuela S.A. (PDVSA), hasta las estaciones de servicio y/o marinas. *G.O.* N° 39.348 de 18 de enero de 2010.

c. *Estaciones para la revisión de vehículos*

Providencia N° 00034 del Ministerio del Poder Popular para las Obras Públicas y Vivienda (INTT), por la cual se establecen los requisitos, normas y procedimientos para la instalación y funcionamiento de las estaciones para la revisión técnica, mecánica y física de vehículos. *G.O.* N° 39.387 de 16-3-2010.

B. *Transporte y Tráfico Aéreo*

Providencia del INAC, mediante la cual se dicta la primera enmienda a la Regulación Aeronáutica Venezolana 14 (RAV 14) denominada «Diseño y Operación de Aeródromos y Helipuertos» en los Capítulos, Secciones y Apéndices que en ella se mencionan.- (Véase N° 5.962 Extraordinario de la GACETA OFICIAL DE LA REPÚBLICA BOLIVARIANA DE VENEZUELA, de esta misma fecha, en reemplazo de la N° 5.941 Extraordinario, publicada el 7 de diciembre de 2009). *G.O.* N° 39.370 de 19-2-2010.

Providencia del INAC, mediante la cual se dicta la primera enmienda a la Regulación Aeronáutica Venezolana 273 (RAV 273) denominada «Servicios de Información Aeronáutica, Cartas Aeronáuticas y Unidades de Medidas que se Emplean en las Operaciones Aéreas y Terrestres» en los Capítulos, Secciones y Apéndices que en ella se mencionan.- (Véase N° 5.962 Extraordinario de la GACETA OFICIAL DE LA REPÚBLICA BOLIVARIANA DE VENEZUELA, de esta misma fecha, en reemplazo de la N° 5.941 Extraordinario, publicada el 7 de diciembre de 2009). *G.O.* N° 39.370 de 19-2-2010.

Providencia del INAC, mediante la cual se dicta la primera enmienda a la Regulación Aeronáutica Venezolana 91 (RAV 91) denominada «Operacionales Generales de Aeronaves» en los Capítulos, Secciones y Apéndices que en ella se mencionan.- (Véase N° 5.962 Extraordinario de la GACETA OFICIAL DE LA REPÚBLICA BOLIVARIANA DE VENEZUELA, de esta misma fecha, en reemplazo de la N° 5.941 Extraordinario, publicada el 7 de diciembre de 2009). *G.O.* N° 39.370 de 19-2-2010.

JURISPRUDENCIA

Información Jurisprudencial

Jurisprudencia Administrativa y Constitucional (Tribunal Supremo de Justicia y Cortes de lo Contencioso Administrativo): Primer Trimestre de 2010

Selección, recopilación y notas
por Mary Ramos Fernández
Abogado
Secretaria de Redacción de la Revista

Marianella Villegas Salazar
Abogado Asistente

SUMARIO

VII. LA JUSTICIA CONSTITUCIONAL

1. *Control Difuso de la Constitucionalidad.* 2. *Recursos de Revisión de sentencias en materia constitucional.* 3. *Acción de Amparo Constitucional.* A. Competencia. a. Juzgados Superiores en lo Civil y Contencioso Administrativo. B. Objeto. a. Amparo contra actos normativos. b. Amparo contra sentencias. C. Admisibilidad.

VIII. FUNCIONARIOS PÚBLICOS

1. *Responsabilidades: declaración jurada de patrimonio.*

I. EL ORDENAMIENTO CONSTITUCIONAL Y FUNCIONAL DEL ESTADO

1. *Principios Fundamentales del Estado: Estado Social de Derecho*

CSCA   **8-2-2010**

Juez Ponente: Emilio Ramos González

Caso: CORP BANCA, C.A. Banco Universal contra la Superintendencia de Bancos y otras Instituciones Financieras.

La Corte analiza, ampliamente la definición y finalidad de Estado Social de Derecho.

Mediante decisión N° 2008-1596 dictada el 14 de agosto de 2008, recaída en el caso: *Oscar Alfonso Escalante Zambrano vs. Cabildo Metropolitano de Caracas*, esta Corte Segunda de lo Contencioso Administrativo dejó sentado que la acepción generalizada de Estado de Derecho designa la forma política que sustituye al Estado policía por el "gobierno de las normas [...] donde sin distingos de ninguna naturaleza se respeten los derechos subjetivos del hombre y el Derecho objetivo vigente" (Enciclopedia Jurídica OPUS, 1994). La expresión Estado de Derecho significa también que la comunidad humana se encuentra sometida, toda ella, sin excepción, a normas fundamentales, cuya vigencia y aplicación ha de excluir la arbitrariedad. La sola existencia de una Constitución basta para afirmar que el "Estado de Derecho creado por ella excluye todo el derecho que no nazca de ella explícita o implícitamente" (Enciclopedia Jurídica OMEBA, 1966).

En este sentido, se puede afirmar que la preponderancia de la Carta Magna involucra que ésta se encuentra en la cúspide de todo el ordenamiento jurídico de un país y ésta es precisamente el atributo principal de la configuración de todo Estado de Derecho.

La noción de Estado de Derecho (concepto propio de la ideología o bagaje cultural político alemán: Sozialstaat) consiste primordialmente en que el poder se ejerce exclusivamente por medio de normas jurídicas, por lo tanto, la ley ha de regular absolutamente toda la actividad Estatal y, específicamente, la de toda la Administración Pública.

En atención a lo expuesto, la Constitución tiene un significado propio: es el documento indispensable para la organización política y jurídica de la sociedad, es decir, para la existencia del Estado de Derecho. Sobre la definición de Estado de Derecho existen profundas divergencias. Para algunos autores, entre los que destaca Hans Kelsen, todo Estado lo es de Derecho, puesto que se rige por normas jurídicas, cualquiera sea su procedencia o la autoridad de que dimanen.

Es lo que se llama la teoría monista del Derecho, pues "el Estado en su calidad de sujeto de actos estatales es precisamente la personificación de un orden jurídico y no puede ser definido de otra manera" (KELSEN, Hans: *Teoría Pura del Derecho*, Editorial Universitaria de Buenos Aires, Buenos Aires, Argentina, 1981).

Pero no sólo introdujo la Constitución de la República Bolivariana de Venezuela de 1999 esta noción de Estado de Derecho, sino que lo adminiculó estrechamente con el concepto de Estado Social, lo cual se deduce de la lectura del artículo 2 Constitucional, que, aunque no lo define como tal, sí permite perfilar su alcance.

Sobre el marco de todo lo anteriormente expuesto, tenemos que los orígenes del Estado Social se remontan al cambio profundísimo que se produjo en la sociedad y el Estado a partir, aproximadamente, de la Primera Guerra Mundial (ARIÑO ORTIZ, Gaspar: *Principios de Derecho Público Económico*, Editorial Comares, Granada-España, 2001, pp. 88)

La idea del Estado Social fue constitucionalizada por primera vez en 1949 por la Constitución de la República Federal de Alemania, al definir a ésta en su artículo 20 como un Estado federal, democrático y social, y en su artículo 28 como un Estado democrático y social de Derecho. Por su parte, la Constitución española de 1978 establece en su artículo 1.1 que España se constituye en un Estado Social y democrático de Derecho. Así, tanto el esclarecimiento de su concepto como la problemática que comporta esta modalidad de Estado han sido ampliamente desarrollados, aunque no únicamente, por los juristas y tratadistas políticos alemanes.

En este punto, resulta oportuno destacar que el Estado Social pretende garantizar los denominados derechos sociales mediante su reconocimiento en la legislación (trabajo y vivienda dignos, salud, educación o medio ambiente) y mediante políticas activas de protección social, de protección a la infancia, a la vejez, frente a la enfermedad y al desempleo, de integración de las clases sociales menos favorecidas, evitando la exclusión y la marginación, de compensación de las desigualdades, de redistribución de la renta a través de los impuestos y el gasto público.

Así pues, Estado y sociedad ya no van a ser realidades separadas ni opuestas. Por el contrario, el Estado social parte de que la sociedad, dejada a sus mecanismos autorreguladores, conduce a la pura irracionalidad y de que sólo la acción del Estado puede neutralizar los efectos disfuncionales de un desarrollo económico y social no controlado.

Como ya se ha expuesto, el Estado Social es un Estado que se responsabiliza de que los ciudadanos cuenten con mínimos vitales a partir de los cuales poder ejercer su libertad. Si el Estado Liberal quiso ser un Estado mínimo, el Estado Social quiere establecer las bases económicas y sociales para que el individuo, desde unos mínimos garantizados, pueda desenvolverse. De ahí, que los alemanes hayan definido al Estado Social como Estado que se responsabiliza de la procura existencial (Daseinvorsorge) concepto formulado originariamente por Forsthoff y que puede resumirse en que el hombre desarrolla su existencia dentro de un ámbito constituido por un repertorio de situaciones y de bienes y servicios materiales e inmateriales, en pocas palabras, por unas posibilidades de existencia a las que Forsthoff designa como espacio vital.

Dentro de esta perspectiva, este Órgano Jurisdiccional precisó en reciente sentencia, que el Estado Social tiene por finalidad satisfacer las necesidades que tengan un interés general y colectivo, cuyo cumplimiento incida en el incremento de la calidad de vida del pueblo. De manera que, tal como lo señala el autor Manuel García Pelayo, en su obra *Las Transformaciones del Estado Contemporáneo*:

"Los valores básicos del Estado democrático-liberal eran la libertad, la propiedad individual, la igualdad, la seguridad jurídica y la participación de los ciudadanos en la formación de la voluntad estatal a través del sufragio. El estado social democrático y libre no sólo no niega estos valores, sino que pretende hacerlos más efectivos dándoles una base y un contenido material y partiendo del supuesto de que individuo y sociedad no son categorías aisladas y contradictorias, sino dos términos en implicación recíproca de tal modo que no puede realizar el uno sin el otro (…). De este modo, mientras que el Estado tradicional se sustentaba en la justicia conmutativa, el Estado social se sustenta en la justicia distributiva; mientras el primero asignaba derechos sin mención de contenido, el segundo distribuye bienes jurídicos de contenido material; mientras que aquel era fundamentalmente un Estado Legislador, éste es, fundamentalmente, un Estado gestor a cuyas condiciones han de someterse las modalidades de la legislación misma (predominio de los decretos leyes, leyes medidas, etc.), mientras que el uno se limitaba a asegurar la justicia legal formal; el otro se extiende a la justicia legal material. Mientras que el adversario de los valores burgueses clásicos era la expansión de la acción estatal, para limitar la cual se instituyeron los adecuados mecanismos -derechos individuales, principio de legalidad, división de poderes, etc-, en cambio lo único que puede asegurar la vigencia de los valores sociales es la acción del Estado, para lo cual han de desarrollarse también los adecuados mecanismos institucionales. Allí se trataba de proteger a la sociedad del Estado, aquí se trata de proteger a la sociedad por la acción del Estado. Allí se trataba de un Estado cuya idea se realiza por la inhibición, aquí se trata de un Estado que se realiza por su acción en forma de prestaciones sociales, dirección económica y distribución del producto nacional". (GARCÍA PELAYO, Manuel: *Las Transformaciones del Estado contemporáneo*, Editorial Alianza Universidad, Madrid-España 1989, p. 26) (Negrillas de esta Corte).

En razón de ello, señaló el citado autor que:

"[bajo] estos supuestos, el Estado social ha sido designado por los alemanes como el Estado que se responsabiliza por la 'procura existencial' (Deseinvorsorge), concepto formulado originalmente por Forsthoff y que puede resumirse del siguiente modo. El hombre desarrolla su existencia dentro de un ámbito constituido por un repertorio de situaciones y de bienes y servicios materiales e inmateriales, en una palabra, por unas posibilidades de existencia a las que Forsthoff designa como espacio vital. Dentro de este espacio, es decir, de este ámbito o condición de existencia, hay que distinguir, el espacio vital dominado, o sea, aquel que el individuo puede controlar y estructurar intensivamente por sí mismo o, lo que es igual, espacio sobre el que ejerce señorío (que no tiene que coincidir necesariamente con el derecho de propiedad) y, de otro lado, el espacio vital efectivo constituido por aquel ámbito en que el individuo realiza fácticamente su existencia y constituido por un conjunto de cosas y posibilidades de que se sirve, pero sobre las que no tiene control o señorío. Así por ejemplo (…) el servicio de agua, los sistemas de tráfico o telecomunicación, la ordenación urbanística, etc (…). Esta necesidad de utilizar bienes y servicios sobre los que carece de poder de ordenación y disposición directa, produce la 'menesterosidad social', es decir, la inestabilidad de la existencia. Ante ello, le corresponde al Estado como una de sus principales misiones la responsabilidad de la procura existencial de sus ciudadanos, es decir llevar a cabo las medidas que aseguren al hombre las posibilidades de existencia que no puede asegurarse por sí mismo, tarea que, según Forsthoff, rebasa tanto las nociones clásicas de servicio público como la política social" (*Op. Cit.* pp. 26, 27 y 28) (Negrillas y corchetes del fallo citado).

Dentro de este modelo de Estado Social de Derecho, se da impulso a los denominados derechos económicos, sociales y culturales (propiedad, salud, trabajo, vivienda, familia, entre otros); mediante estos derechos se busca garantizar progresivamente niveles de vida dignos que permitan el acceso real y efectivo a los demás derechos y libertades, además se busca establecer niveles de igualdad entre los grupos que generalmente no ostentan el poder y los que históricamente sí lo han detentado.

Un elemento más del Estado Social de Derecho es el goce efectivo de los derechos en lugar de la mera enunciación de los mismos, en este sentido se establece un régimen de garantías concebidos como el medio o camino para su real eficacia. Las garantías cumplen varias funciones: Una preventiva ante la inminente afectación de un derecho; una protectora ante la afectación presente y real que busca el cese de la afectación de los derechos; y, una conservadora o preservadora de derechos que está encaminada al resarcimiento de los daños causados. Tal como lo establece la Corte Interamericana de Derechos Humanos tanto en opiniones consultivas como en sus fallos, la existencia de los recursos o garantías debe trascender el aspecto meramente formal, es decir no basta con su mera enunciación normativa, sino en su incidencia como medio idóneo para la real protección de derechos.

Podemos afirmar sobre la base de sus elementos que el Estado Social de Derecho es un régimen eminentemente garantista de los derechos humanos tanto por las medidas que adopta el gobierno como por el grado de intervención que tiene la sociedad dentro del proyecto político.

La cláusula de Estado Social influye o repercute tanto en el plano de la creación normativa (a través del reconocimiento, respeto y protección de los principios reconocidos constitucionalmente que han de informar a la legislación positiva, excluyendo normas que contradigan esos principios) como en el de la interpretación y aplicación del Derecho (a través de la búsqueda de la interpretación más favorable para la consecución efectiva de aquellos principios) (ARIÑO ORTIZ, Gaspar: *Principios de Derecho Público Económico*, Editorial Comares, Granada-España, 2001, pp. 94).

Para Delgado Ocando el Estado social de Derecho se caracteriza básicamente por dos aspectos: primero, el desarrollo de la administración prestacional, en búsqueda de la "procura existencia" o "espacio mínimo vital cónsono con un bien común que permita el desarrollo y el enriquecimiento de la persona humana"; y luego, el establecimiento de los derechos exigencias, es decir, de los derechos sociales, económicos y culturales (frente a los derechos resistencias o libertades civiles y políticas). El Estado social de Derecho, democrático por naturaleza, debe generar las garantías indispensables para que los derechos exigencias sean respetados, por ello se habla de un Estado manager o de un Estado administrador, "cuya legitimidad es por performance, es decir, por resultados, no la que deriva del origen y del ejercicio del poder conforme a las normas preestablecidas" (DELGADO OCANDO, José Manuel: "El Estado Social de Derecho", *Revista Lex Nova del Colegio de Abogados del Estado Zulia*, Nº 240, Maracaibo, Venezuela, 2000).

En otras palabras, esta forma de Estado se sostiene entonces sobre una Administración que se orienta mayormente a dar cumplimiento a las necesidades sociales, impulsando los instrumentos más idóneos para este fin democrático.

Esta concepción de equidad social fue perfectamente recogida en nuestra Carta Magna, cuando consagra en el artículo 2, lo que se transcribe a continuación:

"Venezuela se constituye en un Estado democrático y social de Derecho y de Justicia, que propugna como valores superiores de su ordenamiento jurídico y de su actuación, la vida, la libertad, la justicia, la igualdad, la solidaridad, la democracia, la responsabilidad social y, en general, la preeminencia de los derechos humanos, la ética y el pluralismo político".

Precisamente, ese concepto de Estado Social fue desarrollado de manera muy prolija por el Máximo Tribunal en una decisión de capital importancia en la materia, en la cual definió las bases fundamentales de esta importante noción, dada su relevancia a partir de la vigencia de nuestra Carta Magna.

Es así como, en decisión Nº 85 del 24 de enero de 2002, recaída en el caso: *ASODEVI-PRILARA vs. SUDEBAN e INDECU*, la Sala Constitucional del Tribunal Supremo de Justicia precisó que el Estado Social de Derecho "persigue la armonía entre las clases, evitando que la clase dominante, por tener el poder económico, político o cultural, abuse y subyugue a otras clases o grupos sociales, impidiéndoles el desarrollo y sometiéndolas a la pobreza y a la ignorancia; a la categoría de explotados naturales y sin posibilidad de redimir su situación", agregando la Sala que "el Estado Social debe tutelar a personas o grupos que en relación con otros se encuentran en estado de debilidad o minusvalía jurídica, a pesar del principio del Estado de Derecho Liberal de la igualdad ante la ley, el cual en la práctica no resuelve nada, ya que situaciones desiguales no pueden tratarse con soluciones iguales". (Subrayado de esta Corte)

A mayor abundancia tenemos, que el Estado Social viene a robustecer la protección jurídico-constitucional de personas o grupos que se encuentren ante otras fuerzas sociales o económicas en una posición jurídico-económica o social de debilidad, disminuyendo la salvaguarda de los más fuertes, ya que, como bien lo afirmó la Sala en dicha decisión, un Estado Social tiene en sus hombros la ineludible obligación de prevenir los posibles daños a los débiles, patrocinando sus intereses amparados en la Norma Fundamental, en especial, por medio de los distintos Órganos Jurisdiccionales; y frente a los que tienen más poder, tiene el deber de tutelar que su libertad no sea una carga para todos.

Por sobretodo, el Estado Social trata de armonizar intereses antagónicos de la sociedad, sin permitir actuaciones ilimitadas a las fuerzas sociales, y mucho menos existiendo un marco normativo que impida esta situación, ya que ello conduciría inevitablemente, no sólo a que se desvirtúe la noción en referencia, con lo cual se infringiría una norma constitucional, sino que de alguna forma se permitiría que "los económicos y socialmente más fuertes establezcan una hegemonía sobre los débiles, en la que las posiciones privadas de poder se convierten en una disminución excesiva de la libertad real de los débiles, en un subyugamiento que alienta perennemente una crisis social", como bien lo afirmó la Sala en la decisión *in commento*.

En el marco de las consideraciones anteriores, el Estado Social y de Derecho bien puede entenderse como habilitación y mandato constitucional, no sólo al legislador para que se interese en los asuntos sociales, adoptando un orden social justo, sino también a los mismos jueces para que interpreten las normas constitucionales, con apego a todo lo desarrollado previamente en este fallo.

Entonces, no es posible hablar de estado de derecho mientras no exista justicia social y a su vez no podemos ufanamos de ella, mientras un pequeño grupo goza de privilegios que no le han sido dados como un don divino sino que ha sido la misma sociedad quien les ha cedido dichos privilegios; lo que en palabras de J.J. Rauseau *es simplemente contrario a la ley de la naturaleza... mientras la multitud hambrienta no puede satisfacer las necesidades básicas de la vida*".

El fundamento legal del estado de derecho en Venezuela lo encontramos en el artículo 2 de la Carta Magna, el cual contiene en sí mismo, el verdadero espíritu, razón y propósito del legislador frente al estado social de derecho, a tono con el espíritu del pueblo Venezolano. Son muchos los motivos por los que se incluye el artículo 2 en nuestra Constitución, entre ellos la inspiración política que mueve a las mayorías, y que intenta plasmar el deseo del pueblo de obtener garantías personales y políticas, en la tradición del respeto a los terceros y sin divinizar al Estado.

La búsqueda de un estado social de derecho implica no sólo alcanzar el mínimo de desigualdades, sino fortalecer las condiciones económicas de los más desposeídos en aras de las cuales se establecen leyes de carácter social.

Así, la doctrina ha reconocido que el estado social de derecho persigue la armonía entre las clases, evitando que la clase dominante, por tener el poder económico, político o cultural, abuse y subyugue a otras clases o grupos sociales; impidiéndoles el desarrollo y sometiéndolos a la pobreza, a la ignorancia, a la categoría de explotados naturales y sin posibilidad de redimir su situación.

Luego, es de observar que si bien el artículo 2 consagra el estado social de derecho, lo hace como desarrollo lógico y consecuente del preámbulo de la Constitución, que sienta las bases de esos derechos intrínsecos de los pueblos como son: el derecho a la libertad, la soberanía la democracia participativa; y que además soporta los valores de la libertad, independencia, paz, solidaridad, bien común, integridad territorial, convivencia y el imperio de la ley en el tiempo; así como el derecho a la vida, el trabajo, la cultura, educación, justicia social, igualdad, insubordinación, y autodeterminación de los pueblos, que en conjunto conforman las tan nombrada garantía universal de los derechos humanos.

El ordenamiento no se agota y continúa soportándose en el artículo 3 de la Constitución, que confía en manos de todos los órganos del Estado la garantía de cumplimiento de los principios, derechos y deberes que consagra la Constitución y es que corresponde, a los Poderes Públicos velar por esos fines esenciales del Estado como son la defensa y el desarrollo de la persona y el respeto a su dignidad, así como la construcción de una sociedad justa y amante de la paz.

2.   *Responsabilidad Patrimonial del Estado*

TSJ-SPA ACC. (0026)   **9-3-2010**

Magistrado Ponente: Miriam Elena Becerra Torres

Caso: Ángel Nava

La Sala Político Administrativa determina la responsabilidad de la República, por los daños que se le produjeron al accionante al ser recluido en aplicación de la Ley de Vagos y Maleantes.

......De lo expuesto se deriva que para el momento en que ocurrieron los hechos que originaron la presente demanda, el régimen de responsabilidad de la Administración Pública era el previsto en el artículo 47 de la Constitución de 1961, que disponía: *"En ningún caso podrán pretender los venezolanos ni los extranjeros que la República, los Estados o los Municipios les indemnicen por daños, perjuicios o expropiaciones que no hayan sido causados por autoridades legítimas en el ejercicio de su función pública"*.

Lo que se reconocía, ni más ni menos, era la responsabilidad patrimonial del Estado, solamente cuando esos daños hubieren sido causados por autoridades legítimas de la República o de las demás entidades locales.

Con relación a la responsabilidad de la Administración la Exposición de Motivos de la Constitución de la República Bolivariana de Venezuela, prevé:

*"Finalmente, en las disposiciones generales (de la Constitución), se establece bajo una perspectiva de derecho público moderna, la obligación directa del Estado de responder patrimonialmente por los daños que sufran los particulares en cualquiera de sus bienes y derechos, siempre que la lesión sea imputable al funcionamiento, **normal o anormal, de los servicios***

públicos y por cualesquiera actividades públicas, administrativas, judiciales, legislativas, ciudadanas o electorales, de los entes públicos o incluso de personas privadas en ejercicio de tales funciones" (paréntesis, cursivas y negrillas de este texto).

Asimismo el artículo 140 *eiusdem* estableció:

Artículo 140.- "El Estado responderá patrimonialmente por los daños que sufran los particulares en cualquiera de sus bienes y derechos, siempre que la lesión sea imputable al funcionamiento de la Administración Pública".

En efecto, la Constitución de 1999, mejora la consagración constitucional del principio de la responsabilidad del Estado.

Así, el precitado artículo 140 de la Constitución de la República Bolivariana de Venezuela consagra un régimen de responsabilidad que amplía el ámbito de la responsabilidad patrimonial del Estado, extendiendo esa responsabilidad patrimonial tanto a los casos de funcionamiento normal como anormal de la Administración.

Por otra parte, es menester precisar que no será resarcible el daño cuyo objeto indemnizatorio comporte una actividad de naturaleza ilícita por parte de los afectados, de manera que no todo daño causado por el funcionamiento normal o anormal de la Administración debe ser reparado, debiendo determinarse en cada caso, la procedencia de la reclamación atendiendo a las indicaciones antes expuestas.

Debe señalarse además, que la noción de responsabilidad de la Administración, admite límites y que tales límites derivan de las eximentes de responsabilidad que consagra el derecho común, que no pueden ser soslayadas pues atienden a la responsabilidad general por hecho ilícito, como son las constituidas por la falta de la víctima, por el hecho de un tercero, o por caso fortuito o fuerza mayor.

Al respecto en Sentencia N° 01693 de fecha 17 de octubre de 2007 (Caso: *Walter Humberto Felce Salcedo contra la República*), la Sala Político-Administrativa de este Máximo Tribunal señaló lo siguiente:

"(...) La Sala ha señalado respecto a este tema que, en sus inicios el sistema de responsabilidad de la Administración Pública se configuró con base a las teorías de la culpa, denominándosele así, por un sector de la doctrina, sistema subjetivo, es decir, aquél en el cual se exige que la conducta dañosa de la Administración sea culpable.

Asimismo se ha indicado, que este esquema tradicional se hizo insuficiente, razón por la cual en la actualidad, atendiendo a principios de derecho público, debe acentuarse en la reparación de quien sufre el daño basado en los criterios de falta o falla de servicio e incluso del riesgo, que es el denominado en doctrina sistema objetivo, en donde se prescinde de las teorías de culpa.

En este sentido, las teorías que fundamentan el sistema de responsabilidad del Estado deben tener adecuados límites.

*Así, la aplicación de las teorías subjetivas en grado extremo generaría la posibilidad de que difícilmente Estado responda, lo cual iría contra la norma constitucional que así lo establece. Por otra parte, **la responsabilidad administrativa soportada en juicios en alto grado objetivistas, debe ser interpretada con criterios razonables**, es decir, guardando la debida ponderación o prudencia, a fin de evitar generalizaciones impropias, injustas e inconducentes que excluyan los supuestos necesarios eximentes de la responsabilidad, tales como, hecho del tercero, culpa de la víctima, fuerza mayor o caso fortuito, los cuales de no ser tomados en cuenta crearían situaciones injustas y de extrema onerosidad sobre la hacienda pública.*

Es por ello que deben articularse ambos criterios o tesis de la responsabilidad de la Administración Pública y adaptarlos a los postulados axiológicos previstos en el artículo 2 de la Constitución de la República Bolivariana de Venezuela, (...); es decir, deben armonizarse los sistemas de responsabilidad entendiendo que, conforme a la norma constitucional, debe prevalecer siempre el bien común, el interés social y general sobre el particular o individual, todo lo cual, sin duda alguna, amplía las garantías de los administrados y los intereses de la Administración. (...)" (Subrayado de la Sala Accidental).

Conforme a lo expuesto, la responsabilidad patrimonial del Estado constituye una de las garantías de las que dispone el ciudadano frente éste, en orden a la obtención de las correspondientes indemnizaciones en aquellos supuestos en que la actividad estatal ha lesionado su esfera jurídica, teniendo presente la debida ponderación o prudencia al momento de excluir los supuestos necesarios eximentes de la responsabilidad, tales como, hecho del tercero, culpa de la víctima, fuerza mayor o caso fortuito, los cuales de no ser tomados en cuenta crearían situaciones injustas y de extrema onerosidad sobre la hacienda pública.

Ahora bien, la Administración estaría obligada a reparar el daño, cuando concurran los siguientes elementos:

a) Que se haya producido un daño a los administrados en la esfera de cualquiera de sus bienes y derechos.

b) Que el daño infligido sea imputable a la Administración, con motivo de su funcionamiento.

c) Que haya relación de causalidad entre el hecho imputado a la Administración y el daño efectivamente producido por tal hecho…….

……..Con fundamento en los precitados documentos considera la Sala Accidental que la actuación de la Administración en el caso del ciudadano Ángel Nava fue irregular y arbitraria ya que omitió subsumir la conducta del actor en alguno de los supuesto de la Ley de Vagos y Maleantes, en contravención de lo dispuesto en el artículo 16 del mencionado texto legal, vulnerando con ello el derecho a la defensa y a la libertad personal del accionante (artículos 60 y 69 de la Constitución de 1961 vigente en ese entonces), hoy artículos 44 y 49 de la Constitución de 1999. Así se declara.

Adicionalmente a las consideraciones expuestas, advierte la Sala que la Ley de Vagos y Maleantes -fundamento jurídico en el que se basó la Administración para mantener por más de dos (2) años privado de su libertad al demandante- fue declarada inconstitucional por la entonces Corte Suprema de Justicia en Pleno mediante decisión de fecha 14 de octubre de 1997, publicada en la Gaceta Oficial N° 36.330 del 10 de noviembre de 1997.

Dicha decisión se fundamentó en que la mencionada ley vulneraba los derechos a la defensa, a la libertad personal, al juez natural de quienes eran calificados como vagos o maleantes, además de contrariar los principios de nullum crimen nulla poena sine lege y non bis in idem.

Conforme a lo expuesto y a los recaudos que constan en autos se colige que el actor fue privado de su libertad cuando tenía 29 años y enviado a las Colonias Móviles de El Dorado a través de una actuación irregular de la Administración de aquel entonces y con fundamento en una ley que posteriormente fue declarada inconstitucional por violentar los derechos fundamentales ya mencionados. En atención a lo expuesto, a juicio de esta Sala Político-Administrativa Accidental en el presente caso se verifican los requisitos concurrentes que determinan la responsabilidad de la República, ya que se ha producido un daño al actor, que es imputable al funcionamiento de la Administración Pública. Así se declara.

Daños materiales

En relación a los daños materiales la Sala Accidental precisa que no es reparable sino el perjuicio probado. Ésta regla, es la aplicación del Derecho común, que tiende o exige que sea el reclamante el que haga la prueba de su derecho. No es procedente la indemnización de daños y perjuicios, cuando el reclamante no acredita suficientemente la existencia de los mismos ni demuestra con datos exactos e irrefutables el porqué de la cuantía en que los fija. Y, ello es así, **porque no puede convertirse el derecho a una indemnización en fuente de riqueza indebida o sin causa**, con daño injusto del patrimonio del Estado que está obligado tan sólo al abono de lo debido, de lo justo.

El resarcimiento debe consistir y constituir en la atribución de un valor pecuniario (=relativo al dinero) que llene el vacío formado en el patrimonio de la víctima, de forma que dicho patrimonio quede en igual o similar situación a aquélla en que se habría encontrado de no haberse producido el daño o la lesión de su derecho.

Respecto a los daños materiales, la Sala Político-Administrativa ha establecido que:

"están constituidos por perjuicios de tipo patrimonial, que la doctrina comúnmente divide en daño emergente y lucro cesante. Éstos consisten, bien en la pérdida experimentada en el patrimonio del acreedor, es decir, en los gastos médicos o de otra naturaleza en que éste pudo haber incurrido por las lesiones físicas o psicológicas que le ocasionó el daño (daño emergente), o en la utilidad que se le hubiere privado por el incumplimiento de la obligación (lucro cesante).

De tal manera, que el reclamante de los daños materiales debe probar las lesiones actuales y ciertas sufridas, señalando expresamente cuál fue la disminución de su patrimonio, no pudiendo el Juez presumir tales daños económicos."

En cuanto a los daños materiales reclamados por el accionante por los ingresos dejados de percibir o lucro cesante se observa que el demandante adujo que para la fecha de su detención laboraba como taxista. Asimismo se observa que en los párrafos que anteceden esta Sala Accidental consideró que al ciudadano Ángel Nava se le causaron daños debido a su reclusión por un lapso de dos (2) años y catorce (14) días en las Colonias Móviles de El Dorado bajo la vigencia de la Ley de Vagos y Maleantes, sin imputarle cargo alguno.

En este punto de la controversia se advierte que en virtud de las circunstancias particulares que definen el presente caso, en el que el demandante fue sometido a una medida correccional sin determinarse el supuesto legal previsto en la Ley de Vagos y Maleantes, e igualmente al tiempo transcurrido desde que ocurrieron los hechos (año 1965), considera esta Sala Accidental que el principio conforme al cual quien alega debe probar, debe ceder, ante los derechos y garantías que le fueron vulnerados al actor (derecho a la defensa y a la libertad personal previstos en los artículos 60 y 69 de la Constitución de 1961 vigente en ese entonces y artículos 44 y 49 de la Constitución de 1999), conforme a lo previsto en la sentencia (de revisión) N° 1542 de fecha 17 de octubre de 2008 dictada por la Sala Constitucional. Así se decide.

Adicionalmente se observa que tal como se deriva de autos, el demandante nació el 01 de diciembre de 1935, es decir, que para la fecha de su detención 19 de julio de 1965 tenía 29 años de edad, en virtud de lo cual podía realizar cualquier actividad laboral propia de un hombre joven y capaz, la cual fue interrumpida por la indebida reclusión antes mencionada, en otras palabras la medida correccional a la que fue sometido **truncó su proyecto de vida**, entendido este como el plan de realización personal que todo sujeto tiene para conducir su vida y alcanzar el destino que se propone.

Establecido lo anterior entiende este Tribunal que la actuación irregular de la Administración de ese entonces ocasionó que el demandante dejara de laborar -en principio- por el lapso que duró su reclusión, privándosele de la utilidad que pudo haber percibido con motivo de su trabajo, de no haber sido injustamente detenido con fundamento en una Ley -que como ha sido expuesto- fue declarada posteriormente inconstitucional, daño material que deberá resarcir la República Bolivariana de Venezuela por órgano del Ministerio del Poder Popular para Relaciones Interiores y Justicia al ciudadano Ángel Nava. Así se decide.

En cuanto a los daños materiales reclamados por el actor debido a su no incorporación al mercado laboral en el período comprendido desde 1969 hasta 1979 por ser necesario para ese entonces la presentación de la Carta de "No antecedentes penales" para la incorporación de los ciudadanos al mercado laboral, la Sala Constitucional en sentencia Nº 1542 de fecha 17 de octubre de 2008 cuando declaró ha lugar la revisión del fallo Nº 0409 del 02 de abril de 2008 dictado por la Sala Político-Administrativa (Ver en Revista de Derecho Público Nº 114 p. 101 y ss.)

Con fundamento en lo expuesto, esta Sala Accidental observa que en los párrafos que anteceden fue determinada la existencia de un daño en la esfera de derechos del demandante derivado de su reclusión por más de dos (2) años en las Colonias Móviles de El Dorado, por motivo de la medida correccional impuesta sin imputar cargo alguno por el Ministerio de Justicia de ese entonces, en aplicación de la Ley de Vagos y Maleantes.

Asimismo se advierte que tal como lo indicara el demandante, la Ley de Registro de Antecedentes Penales (publicada en la *Gaceta Oficial* Nº 31.791 de fecha 03 de agosto de 1979) estableció en su artículo 8 lo siguiente: *"Queda prohibido a cualquier empresa o persona, exigir a los particulares, con ocasión de las ofertas de trabajo y en materia relacionada con el reclutamiento laboral, la presentación de los Antecedentes Penales".*

Lo expuesto denota que antes de la vigencia del citado instrumento legal los patronos exigían la presentación de una constancia de no poseer antecedentes penales a los aspirantes a obtener un empleo. Ello obviamente constituía un requisito de imposible cumplimiento por parte del demandante, ya que por una actuación de la Administración de aquel entonces poseía antecedentes penales derivados de su reclusión en las Colonias Móviles de El Dorado. La ausencia de cumplimiento de tal requisito por parte del actor pudo haber impedido que éste obtuviera empleos desde su excarcelación hasta la fecha en que se promulgó la prenombrada Ley de Registro de Antecedentes Penales, produciendo un daño material al accionante. Así se declara.

Asimismo se observa que el actor sostuvo que con motivo de su inesperada detención y aplicación de una medida correccional por más de 2 años en las Colonias Móviles de El Dorado perdió un vehículo de su propiedad y los enseres de que disponía en su vivienda, lo cual produjo daños materiales al demandante, que a su entender, deben ser indemnizados. Precisada como ha sido la existencia cierta de un daño, correspondía al actor probar su cuantificación, circunstancia que no se ha verificado en el caso que se examina, sin embargo, conforme al criterio parcialmente transcrito en la sentencia de revisión constitucional citada y a lo dispuesto en los artículos 26, 30, 140 y 259 de la Constitución de 1999 corresponde a este Tribunal Accidental *"determinar la entidad real del daño (...) y (...) fijar (...) la reparación o indemnización del mismo". Asimismo advierte esta Sala Accidental que el actor es una persona de avanzada edad (nacido el 01 de diciembre de 1935), y en atención a que la actuación irregular de la Administración de aquél entonces (año 1965) impidió su desarrollo laboral lo cual redundó en un grave deterioro de su proyecto de vida, la Sala considera que hay un daño en la esfera patrimonial del accionante.*

Al respecto se observa que los artículos 80 y 86 de la Constitución de 1999 disponen:

Artículo 80.- **"El Estado garantizará a los ancianos y ancianas el pleno ejercicio de sus derechos y garantías.** *El Estado (...) está obligado a respetar su dignidad humana, (...) y les garantizará atención integral y los beneficios de la seguridad social que eleven y aseguren su calidad de vida.* Las pensiones y jubilaciones otorgadas mediante el sistema de seguridad social no podrán ser inferiores al salario mínimo urbano. (...)"

Artículo 86.- **"Toda persona tiene derecho a la seguridad social como servicio público de carácter no lucrativo, que garantice la salud y asegure protección en contingencias de (...) vejez, (...) y cualquier otra circunstancia de previsión social.** *El Estado tiene la obligación de asegurar la efectividad de este derecho, creando un sistema de seguridad social universal, integral, de financiamiento solidario, unitario, eficiente y participativo, de contribuciones directas o indirectas. La ausencia de capacidad contributiva no será motivo para excluir a las personas de su protección. (...)"* (Resaltado de la Sala).

Estima la Sala que la actuación irregular de la Administración de aquel entonces no permitió que el actor obtuviese oportunamente los beneficios de la seguridad social. Así se declara.

Daño Moral.

Con relación al daño moral el actor adujo que aun cuando recobró su libertad física, no ha recobrado su libertad emocional debiendo acostumbrarse a vivir siendo señalado como ex –convicto de El Dorado, produciéndoles eventuales ataques, rechazos, vejaciones y discriminaciones, tanto a su persona como a su grupo familiar, por lo cual solicitó a los fines de la indemnización por tal concepto la suma de seiscientos setenta y nueve millones doscientos dieciséis mil novecientos setenta y cinco bolívares (Bs. 679.216.975,00), hoy seiscientos setenta y nueve mil doscientos dieciséis bolívares con noventa y ocho céntimos (Bs. 679.216,98).

Respecto al daño moral, el Código Civil dispone:

Artículo 1.196.- "La obligación de reparación se extiende a todo daño material o moral causado por el acto ilícito.

El Juez puede, especialmente, acordar una indemnización a la víctima en caso de lesión corporal, de atentado a su honor, a su reputación, o a los de su familia, a su libertad personal, como también en el caso de violación de su domicilio o de un secreto concerniente a la parte lesionada.

El Juez puede igualmente conceder una indemnización a los parientes, afines, o cónyuge, como reparación del dolor sufrido en caso de muerte de la víctima". (Resaltado de la Sala).

En relación al daño moral, la Sala Político-Administrativa ha señalado:

"(...) la indemnización por daño moral encuentra su fundamento en la afección de carácter intangible desde el punto de vista material que se produce en la esfera inmanente al individuo, tomándose en cuenta para su valoración las circunstancias personales de la víctima, es decir, la edad, sexo y el nivel de incapacidad que le produjeron los daño. Este derecho a la indemnización por daño moral no persigue en modo alguno sancionar civilmente al causante del daño -como sucede en otros ordenamientos jurídicos- pues su fundamento es indemnizar el dolor sufrido por una persona a raíz de una pérdida inmaterial, espiritual o afectiva. De allí que el legislador haya dejado al Juez la estimación de la indemnización que merezca en cada caso, quien haya resultado dañado moralmente.

*Advierte la Sala que para la determinación del monto de la indemnización **no está obligado el Juez a tomar en cuenta el monto** sugerido **por la parte actora**, ya que dicha cantidad se formuló a los únicos efectos de la estimación de la demanda (…)"* (Resaltado de la Sala Político- Administrativa)

En el caso de autos, el demandante señaló que su detención por más de dos (2) años en las Colonias Móviles de El Dorado le produjo un daño moral que no culminó con su excarcelación y que se ha mantenido en el tiempo. Observa la Sala Accidental que en el presente caso ha sido determinado el hecho generador del daño moral alegado [la privación de libertad irregular del demandante por un lapso mayor a dos (2) años] por lo que corresponde ahora es hacer una estimación del mismo.

Ningún medio probatorio, puede determinar cuánto dolor, cuánto sufrimiento, cuánta molestia o en cuánto mermó el prestigio y el honor de la víctima, ciudadano Ángel Nava, por su ilegal reclusión, ni las secuelas que emocionalmente esto le ha generado.

En este sentido, es criterio reiterado de esta Sala que los daños morales *"por su naturaleza esencialmente subjetiva no están sujetos a una comprobación material directa, pues ella no es posible"* (Vid. Sentencias números 02874 y 02452, de fechas 4 de diciembre de 2001 y 08 de noviembre de 2006, respectivamente).

Se estima que ese tipo de situaciones (privación ilegal de libertad) generan intensos sufrimientos y daños psíquicos irreversibles, daños morales que no podrán ser remediados con el pago de una cantidad de dinero.

Con fundamento en todas las consideraciones que anteceden esta Sala Accidental considera procedentes los daños reclamados por el demandante como consecuencia de la afectación de su proyecto de vida y de su esfera moral debido a su reclusión por más de dos (2) años en las Colonias Móviles de El Dorado con fundamento en la Ley de Vagos y Maleantes sin especificar los motivos de su detención, por lo que ordena a la República Bolivariana de Venezuela (por órgano del Ministerio del Poder Popular para Relaciones Interiores y Justicia) pagar al ciudadano Ángel Nava una **indemnización integral única** de doscientos mil bolívares (Bs. 200.000,00), así como una pensión vitalicia mensual equivalente a treinta unidades tributarias (30 U.T.). Asimismo, no procede indexar el monto que se ordeno pagar. Así se declara.

Igualmente ordena la inserción de una nota marginal que dé cuenta de la presente decisión en el Libro de Registro de Reclusos en la Colonia de Trabajo de El Dorado, Departamento Archivo, folio 199, que guarda y custodia el Archivo General de la Nación en relación con el ciudadano Ángel Nava. Así como notificar de esta sentencia al Ministerio Público y exhortarlo a iniciar una averiguación, a fin de determinar los hechos que originaron la reclusión indebida del ciudadano Ángel Nava por más de dos (2) años en las Colonias Móviles de El Dorado y determinar las responsabilidades a que hubiese lugar de acuerdo a lo previsto en el artículo 139 de la Constitución de 1999. Así también se decide. Con fundamento en las consideraciones expuestas esta Sala Político-Administrativa Accidental declara parcialmente con lugar la demanda.

Voto Concurrente del Conjuez Fermín Toro Jiménez

Quien suscribe, Fermín Toro Jiménez, en su cualidad de Conjuez de la Sala Político-administrativa de este Tribunal Supremo de Justicia, en Sala Accidental, para decidir la acción de indemnización por daños materiales y morales, interpuesta contra la República Bolivariana de Venezuela, por el ciudadano Ángel Nava, con cédula de identidad N° 2.242.984, que cursa en Expediente N° 2.000-0727, expreso mi plena conformidad con el fallo suscrito por los demás Magistrados de esta Sala.

Es mi parecer, que resulta útil, a propósito de este contencioso, producir una interpretación pertinente del artículo 49 de la Constitución, que consagra las reglas del Debido Proceso, en cuanto concierne específicamente a la prueba de los daños materiales sufridos en su patrimonio, por quien ha sido privado de modo irregular e ilegítimo de su libertad por un acto arbitrario de violación de un derecho fundamental, imputable al Estado La sustantiva y debida interpretación del precepto constitucional nos conduce a afirmar que la norma constitucional citada, impone al Estado victimario, la obligación de velar y asegurar que la víctima de su acción dañosa, pueda hacer a pesar de ello, efectivo el ejercicio de su defensa, es decir "acceder a las pruebas y disponer del tiempo necesario y los medios adecuados" al fin indicado. De tal manera que, proviniendo del Estado la violación del derecho humano fundamental a la libertad, cabe a este proveer a la probanza de que, a pesar de que el justiciable ha estado impedido por el hecho mismo de la privación de su libertad, contraria a Derecho, de acceder a las pruebas en su defensa y de disponer del tiempo necesario para ello, el Estado le aseguró efectivamente la posibilidad real de ejercer el derecho que le atribuye el artículo 49 *ejusdem*. Sólo esta prueba, en principio, aducida y a cargo del Estado violador, permitiría destruir la presunción, que se constituye en contra de este y a favor de la víctima. Presunción que implica, en este supuesto, la inversión de la carga probatoria y deja sin efecto el principio procesal general de que quien alega un hecho (en este caso haber sufrido un daño material, imputable al Estado, que lo ha despojado de su libertad ilegalmente) tiene la carga de probarlo.

Por otra parte, es nuestro criterio que el Estado, responsable de los daños ocasionados a una persona, cuyos derechos han sido violados por este, debe disponer, a favor de la víctima una indemnización que cubra, sin excepción, la totalidad de los daños ocasionados. Lo que configura la cualidad o condición de **integral** de dicha indemnización, en cuanto debe incluir tanto los daños materiales y entre estos, el "daño emergente" y el "lucro cesante", así como el daño moral inflingidos a la víctima. Así lo confirma textualmente conforme a su exégesis más razonable, el artículo 30 de la Constitución, que distingue claramente los conceptos de unicidad de la indemnización y multiplicidad de los daños posibles. Dicho esto, podemos concluir que la cuantificación de la indemnización del daño moral corresponde hacerla al Juzgador, individual o colectivo, de acuerdo a los elementos de convicción disponibles. En cuanto a los daños materiales, la cuantificación de la indemnización debe corresponder a la valoración de estos, evaluación que puede ser trabajo de complejidad. Así ocurre en este caso. Para obtener la solución más satisfactoria, es necesario disponer de destrezas profesionales específicas, de las cuales carecen de modo general, salvo excepciones, los Magistrados judiciales. Para superar esta dificultad, el Código de Procedimiento Civil, aplicable por mandato expreso de la Ley Orgánica del Tribunal Supremo de Justicia, ofrece la opción de la experticia complementaria al fallo. Por este motivo, quien suscribe tiene el parecer de que la determinación del valor, en términos monetarios, de los daños materiales sufridos por el demandante en su patrimonio, que se ventilan en este proceso, ha debido encomendarse a expertos, de acuerdo a las normas del Código de Procedimiento Civil, a fin de asegurar la mejor posibilidad de hacer justicia en el caso concreto.

II. DERECHOS Y GARANTÍAS CONSTITUCIONALES

1. *Imprescriptibilidad de las acciones relacionadas con violaciones a los derechos humanos*

TSJ-SPA ACC.(0026)   **9-3-2010**

Magistrado Ponente: Miriam Elena Becerra Torres

Caso: Ángel Nava

En el campo del derecho público no hay limitación temporal alguna para el ejercicio de acciones relacionadas con la violación de los derechos fundamentales. Ello deviene del deber del Estado de investigar, juzgar y sancionar a los autores y cómplices de violaciones graves a los derechos humanos.

.....En el presente caso el demandante interpuso una acción de naturaleza personal, dirigida a obtener una indemnización por parte del Estado venezolano por los daños materiales y morales que considera que se le han ocasionado.

Conforme a la citada norma las acciones personales prescriben a los diez (10) años, sin que pueda oponerse a la prescripción la falta de título ni de buena fe, salvo disposición contraria de la ley.

No obstante lo expuesto, del libelo de demanda se deriva que las indemnizaciones reclamadas tienen como causa la violación de los derechos humanos del actor que se habría producido con motivo de su detención por más de dos (2) años en las Colonias Móviles de El Dorado en aplicación de la Ley de Vagos y Maleantes sin especificar los motivos de esa detención.

Al respecto los artículos 2 y 29 de la Constitución de la República Bolivariana de Venezuela disponen:

Artículo 2.- "Venezuela se constituye en un Estado democrático y social de Derecho y de Justicia, que propugna como valores superiores de su ordenamiento jurídico y de su actuación, la vida, la libertad, la justicia, la igualdad, la solidaridad, la democracia, la responsabilidad social y en general, la preeminencia de los derechos humanos, la ética y el pluralismo político."

Artículo 29.- "El Estado estará obligado a investigar y sancionar legalmente los delitos contra los derechos humanos cometidos por sus autoridades.

Las acciones para sancionar los delitos de lesa humanidad, violaciones graves a los derechos humanos y los crímenes de guerra son imprescriptibles. *Las violaciones de derechos humanos y los delitos de lesa humanidad serán investigados y juzgados por los tribunales ordinarios. Dichos delitos quedan excluidos de los beneficios que puedan conllevar su impunidad, incluidos el indulto y la amnistía."* (Resaltado de la Sala Accidental).

Conforme a las normas citadas nuestro país tiene como norte la preeminencia de los derechos humanos. Una de las maneras de hacer efectiva esa preeminencia es a través de la imprescriptibilidad de las acciones que persiguen la reparación de los daños causados por violaciones graves a los derechos humanos.

Lo expuesto implica que en el campo del derecho público no hay limitación temporal alguna para el ejercicio de acciones relacionadas con la violación de los derechos fundamentales. Ello deviene del deber del Estado de investigar, juzgar y sancionar a los autores y cómplices de violaciones graves a los derechos humanos.

De acuerdo a los señalamientos anteriores, resulta desacertado aplicar la prescripción liberatoria –propia del derecho civil- a las acciones destinadas a obtener un resarcimiento por violaciones a los derechos fundamentales.

Con fundamento en las consideraciones que anteceden resulta improcedente la prescripción de la acción opuesta por la representación judicial de la República. Así se declara.

2. *Garantías Constitucionales*

   A. *La garantía de la reserva legal*

TSJ-SPA (0071)   **27-1-2010**

Magistrado Ponente: Evelyn Marrero Ortiz

Caso: Cámara Venezolana de la Industria de Alimentos (CAVIDEA) vs. Ministerios del Poder Popular para la Agricultura y Tierras, para la Alimentación y para la Defensa.

El legislador en la misma ley puede facultar a la Administración para dictar reglas y normas reguladoras para limitar las actividades particulares, en particular para controlar la movilización de los productos y subproductos alimenticios, dotándola de cierta libertad de acción en el cumplimiento de sus funciones propias, lo cual de modo alguno puede considerarse como una transgresión a la garantía de reserva legal.

.......En este orden de ideas, cabe resaltar que la actividad administrativa por su propia naturaleza se encuentra en una constante y dinámica evolución, en la cual se producen nuevas situaciones que no pudieron ser consideradas por el legislador en la oportunidad de dictar las leyes correspondientes. Por tanto, la actuación de las autoridades administrativas no debe sujetarse a lo que prescriba exclusivamente un texto de carácter legal, pues ello impediría el eficiente cumplimiento de la gestión pública.

Por esta razón, la doctrina y la jurisprudencia de este Alto Tribunal han aceptado que el legislador en la misma ley, faculte a la Administración para dictar reglas y normas reguladoras de la función administrativa, que la doten del ejercicio de cierta libertad de acción en el cumplimiento de sus funciones propias, lo cual de modo alguno puede considerarse como una transgresión a la garantía de reserva legal. (*Vid.* sentencia N° 0048 del 17 de enero de 2007).

En el caso de autos, la parte actora solicita la nulidad de los artículos 4, 10, 12, 15, 17 y 18 de la Resolución Conjunta N° DM/N° 191/2008, DM/N° 0080 y DM/N°, de fecha 24 de diciembre de 2008, publicada en la *Gaceta Oficial de la República Bolivariana de Venezuela* N° 39.113 de fecha 4 de febrero de 2009, emanada de los Ministerios del Poder Popular para la Agricultura y Tierras, para la Alimentación y para la Defensa, en la cual se habilita a los referidos Ministerios a establecer restricciones a la movilización de los alimentos allí especificados y se les autoriza a dictar medidas para evitar prácticas que distorsionen, limiten o afecten la producción, circulación, distribución y comercialización de dichos productos.

Afirman los apoderados actores, que la Resolución impugnada crea un requisito no previsto legalmente, pues establece la obligación a los interesados de tramitar una *"Guía de Seguimiento y Control de Productos Alimenticios Terminados Destinados a la Comercialización, Consumo Humano y Consumo Animal con Incidencia en el Consumo Humano en el Territorio Nacional"*, para la movilización de productos alimenticios.

Ahora bien, observa la Sala que el acto impugnado fue dictado con fundamento en los artículos 305 de la Constitución de la República Bolivariana de Venezuela, 20 numeral 6, y artículo 37 de la Ley Orgánica de Seguridad y Soberanía Agroalimentaria, en concordancia con lo dispuesto en los artículos 1 y 2, numeral 4 de la Ley de Salud Agrícola Integral, entre otros.

Dicha normativa consagra en su texto lo que a continuación se transcribe:

*"**Artículo 305.** El Estado promoverá la agricultura sustentable como base estratégica del desarrollo rural integral, a fin de garantizar la seguridad alimentaria de la población; entendida como la disponibilidad suficiente y estable de alimentos en el ámbito nacional y el acceso oportuno y permanente a éstos por parte del público consumidor. La seguridad alimentaria se alcanzará desarrollando y privilegiando la producción agropecuaria interna, entendiéndose como tal la proveniente de las actividades agrícola, pecuaria, pesquera y acuícola. La producción de alimentos es de interés nacional y fundamental para el desarrollo económico y social de la Nación. A tales fines, el Estado dictará las medidas de orden financiero, comercial, transferencia tecnológica, tenencia de la tierra, infraestructura, capacitación de mano de obra y otras que fueran necesarias para alcanzar niveles estratégicos de autoabastecimiento. Además, promoverá las acciones en el marco de la economía nacional e internacional para compensar las desventajas propias de la actividad agrícola".*

Por su parte, los artículos 20 numeral 6 y 37 de la Ley Orgánica de Seguridad y Soberanía Agroalimentaria, publicada en la *Gaceta Oficial de la República Bolivariana de Venezuela* N° 5.889 Extraordinario del 31 de julio de 2008, prevén lo siguiente:

*"**Artículo 19:** Es responsabilidad de las productoras y productores, Consejos Comunales y demás formas de organización y participación social, de los prestadores de servicios, de la agroindustria, de las consumidoras y los consumidores, distribuidores, importadores y exportadores y, en general, de todos los actores de las cadenas agroalimentarias:*

1. Propiciar condiciones de distribución eficiente y eficaces para el abastecimiento de productos agroalimentarios que garanticen la seguridad agroalimentaria.

*"**Artículo 20:** En ejecución del presente Decreto con Rango Valor y Fuerza de Ley Orgánica, corresponde al Ejecutivo Nacional a través de sus órganos competentes:*

(...omissis...)

6. Dictar la normativa que regule los procesos de distribución, transporte, intercambio y comercialización de alimentos, productos e insumos agroalimentarios."

*"**Artículo 37.** El Ejecutivo Nacional, las alcaldías, gobernaciones, las distintas formas de organización social y las cadenas de comercialización privadas, cooperarán entre sí en las actividades de intercambio y distribución de alimentos y productos agrícolas, desde las zonas productoras hasta los centros de intercambio o centros de distribución mayoristas.*

A los fines de garantizar la distribución eficiente y el acceso oportuno de los alimentos, el Ejecutivo Nacional creará los centros de almacenamiento necesarios para asegurar la disponibilidad de alimentos en el menor tiempo posible, en todo el territorio nacional y podrá asumir directamente actividades de distribución e intercambio cuando lo considere necesario.

El Ejecutivo Nacional, además regulará y ejercerá la vigilancia y control de la movilización de alimentos y productos agrícolas en estado natural a los fines de materializar la garantía de distribución eficiente establecida en el presente Título."

Asimismo, los artículos 1 y 2, numeral 4 de la Ley de Salud Agrícola Integral, publicada en la *Gaceta Oficial de la República Bolivariana de Venezuela* N° 5.890 Extraordinario del 31 de julio de 2008, disponen en su texto lo que sigue:

*"**Artículo 1.** El presente Decreto con Rango, Valor y Fuerza de Ley, tiene por objeto garantizar la salud agrícola integral.*

A los efectos del presente Decreto con Rango, Valor y Fuerza de Ley, se entiende por salud agrícola integral la salud primaria de animales, vegetales, productos y subproductos de ambos orígenes, suelos, aguas, aire, personas y la estrecha relación entre cada uno de ellos, in-

corporando principios de la ciencia agroecológica que promuevan la seguridad y soberanía alimentaria y la participación popular, a través de la formulación, ejecución y control de políticas, planes y programas para la prevención, control y erradicación de plagas y enfermedades.

Artículo 2. El presente Decreto con Rango, Valor y Fuerza de Ley, tiene las siguientes finalidades:

(...omissis...)

4. Regular la exportación, importación y traslado interno de animales y vegetales, así como productos y subproductos de ambos orígenes, para garantizar la salud agrícola integral de la Nación."

De la normativa constitucional y legal anteriormente transcrita, se evidencia la responsabilidad que tiene el Estado venezolano de velar por una suficiente y estable disponibilidad de los alimentos a nivel nacional, así como su acceso oportuno y permanente a la población venezolana.

Igualmente, se observa que a los fines de responder adecuadamente a las necesidades alimentarias y con el objeto de garantizar una uniforme distribución de los productos alimenticios en todo el territorio, el legislador a través de la normativa antes transcrita facultó al Ejecutivo Nacional para tomar las medidas necesarias a los fines de regular los procesos de distribución, transporte, intercambio y comercialización de alimentos, tanto del consumo humano como animal, pues son los Ministerios del Poder Popular para la Agricultura y Tierras, para la Alimentación y para la Defensa, y sus órganos de adscripción, los que poseen los conocimientos técnicos y la capacidad para emitir de forma tempestiva las normas relativas al sector de alimentos.

Por esta razón, los referidos Ministerios dictaron la Resolución Conjunta Nº DM/Nº 191/2008, DM/Nº 0080 y DM/Nº, de fecha 24 de diciembre de 2008, mediante la cual se establecen normas para regular la movilización de productos y subproductos de origen vegetal en su estado natural, de productos alimenticios terminados, destinados a la comercialización y consumo humano y animal, previstas en la Resolución Conjunta.

En este orden de ideas, se observa que la referida Resolución, entre otros aspectos, ordena a todos aquellos interesados en la distribución de alimentos tramitar ante los organismos competentes una autorización denominada "Guía de Seguimiento y Control de Productos Alimenticios Terminados Destinados a la Comercialización, Consumo Humano y Consumo Animal con Incidencia en el Consumo Humano en el Territorio Nacional", con el propósito de controlar y registrar la movilización de los mencionados productos y, así, evitar prácticas que atenten contra la seguridad alimentaria.

Con fundamento en lo expuesto, concluye la Sala que el acto administrativo impugnado no viola la garantía de la reserva legal, pues la Administración podía, como en efecto lo hizo, en ejercicio de sus facultades, regular y controlar la movilización de los productos y subproductos alimenticios mencionados en la Resolución Conjunta, en todo el territorio nacional, razón por la cual se desestima tal denuncia. Así se declara.

3. *Derechos Individuales: Derecho al libre tránsito*

TSJ-SPA (0071)   27-1-2010

Magistrado Ponente: Evelyn Marrero Ortíz

Caso: Cámara Venezolana de la Industria de Alimentos (CAVIDEA) vs. Ministerios del Poder Popular para la Agricultura y Tierras, para la Alimentación y para la Defensa.

El derecho al libre tránsito comprende un conjunto de facultades otorgadas a los particulares, entre las cuales se encuentran la posibilidad de que los ciudadanos trasladen sus bienes y pertenencias dentro y fuera del territorio nacional, sin más limitaciones que las establecidas en las Leyes. En tal sentido, la actuación de la Administración al dictar normas concernientes a la movilización de los productos alimenticios, no constituye un obstáculo para la oportuna distribución de los alimentos producidos por el sector privado, sino que obedece a la necesidad de evitar el desabastecimiento en varias regiones del país que se encuentran afectadas por el desequilibrio en su distribución.

Alega la parte recurrente que a su representada le fue violentado el derecho a la libre circulación de bienes, el cual es *"indispensable, para que los alimentos que produce el sector privado nacional en diferentes regiones del país, una parte del cual es representado por CAVIDEA, sean oportunamente distribuidos a lo largo y ancho de la geografía nacional, a las diversas poblaciones urbanas y rurales existentes, para de este modo asegurar el abastecimiento y, más en general, la seguridad, la seguridad alimentaria a la que se refiere el artículo 305 de la Constitución".*

Al respecto, se observa que el artículo 50 de la Constitución de 1999 establece lo que sigue:

Artículo 50. Toda persona puede transitar libremente y por cualquier medio por el territorio nacional, cambiar de domicilio y residencia, ausentarse de la República y volver, trasladar sus bienes y pertenencias en el país, traer sus bienes al país o sacarlos, sin más limitaciones que las establecidas por la ley. En caso de concesión de vías, la ley establecerá los supuestos en los que debe garantizarse el uso de una vía alterna. Los venezolanos y venezolanas pueden ingresar al país sin necesidad de autorización alguna.

Con relación al mencionado derecho, esta Sala ha establecido:

"De conformidad con el artículo antes transcrito [artículo 50], el derecho al libre tránsito comprende un conjunto de facultades otorgadas a los particulares, entre las cuales destacan: el derecho al libre tránsito propiamente dicho, el derecho a cambiar de domicilio o de residencia, la posibilidad de ausentarse y de regresar al territorio de la República y por último, el derecho de trasladar los bienes fuera y dentro del territorio nacional, sin más limitaciones que las establecidas por las leyes.

Este derecho al libre tránsito no es más que una de las formas en que se manifiesta el derecho al libre desenvolvimiento de la personalidad de los individuos quienes se desplazan en función de sus necesidades y aspiraciones personales.

(...omissis...)

Así, el numeral 5 del artículo 35 de la Constitución publicada en la Gaceta Oficial de la República Bolivariana de Venezuela N° 372, Extraordinario, de fecha 15 de abril de 1953, (...) consagraba el derecho al libre tránsito dentro del territorio de la República en los siguientes términos:

'Artículo 35. Se garantiza a los habitantes de Venezuela:

(...)

5°. La libertad de transitar por el territorio nacional, cambiar de domicilio, ausentarse de la República y regresar a ella, traer sus bienes al país o sacarlos de él, con las limitaciones que imponga la Ley.

(...)'.

Del artículo antes transcrito se desprende que el derecho al libre tránsito no se erigía como un derecho absoluto ya que estaba sometido a las limitaciones establecidas por la Ley''.

Como puede apreciarse el derecho al libre tránsito comprende un conjunto de facultades otorgadas a los particulares, entre las cuales se encuentran la posibilidad de que los ciudadanos trasladen sus bienes y pertenencias dentro y fuera del territorio nacional, sin más limitaciones que las establecidas en las Leyes; sin embargo, en el caso de autos, al tratarse de la libre circulación de alimentos por el territorio venezolano, el Ejecutivo Nacional, en ejercicio de las facultades establecidas legalmente y a los fines de garantizar el derecho constitucional a la seguridad alimentaria de la población (artículo 305 de la Constitución de 1999) reguló lo concerniente a la movilización de los productos alimenticios, procediendo a dictar normas que regularan su traslado por todas las regiones del país.

Al ser así, considera la Sala, contrariamente a lo afirmado por la parte actora, que la actuación de la Administración al dictar normas de este orden, no constituye un obstáculo para la oportuna distribución de los alimentos producidos por el sector privado, sino que obedece a la necesidad de evitar el desabastecimiento en varias regiones del país que se encuentran afectadas por el desequilibrio en su distribución.

Con fundamento en lo expuesto, estima este Alto Tribunal que en el caso bajo estudio no se configura la violación del derecho a la libre circulación de bienes, previsto en el artículo 50 de la Constitución de la República Bolivariana de Venezuela. Así se declara.

III. EL ORDENAMIENTO ORGÁNICO DEL ESTADO

1.   *El Poder Público Nacional*

   A.   *El Poder Judicial*

      a.   *Tribunal Supremo de Justicia: Sentencias de la Sala Constitucional*

TSJ-SC (21)   **5-3-2010**

Ponente: Luisa Estella Morales Lamuño

Caso: José Alejandro Noboa Grillet vs. Lider's Taxi, C.A.

......Al respecto, es preciso que esta Sala advierta al solicitante que conforme a lo establecido en el segundo aparte del artículo 1 de la Ley Orgánica que rige las funciones de este Máximo Tribunal indica que: *"El Tribunal Supremo de Justicia es el más alto Tribunal de la República, contra sus decisiones, en cualquiera de sus Salas, no se oirá, ni admitirá acción o recurso alguno, salvo lo previsto en el artículo 5 numerales 4 y 16 de esta Ley";* y así lo ha reconocido la jurisprudencia reiterada de la propia Sala.

Ahora bien, tratándose el presente caso de un proceso de amparo ejercido contra decisión judicial, debe indicarse que desde las sentencias del 20 de enero de 2000 (casos: *"Emery Mata y Domingo Ramírez Monja"*, Véase en *Revista de Derecho Público Nº 81*, p. 225 y ss.), 14 de marzo de 2000 (caso: *"Elecentro"*); y 8 de diciembre de 2000 (caso: *"Yoslena Chanchamire Bastardo" Véase Revista de Derecho Público Nº 84.p.304 y ss.*), este Tribunal Supremo de Justicia, en Sala Constitucional, determinó los criterios de competencia en materia de amparo constitucional, a la luz de lo dispuesto en la Constitución de la República Bolivariana de Venezuela, en relación con las acciones de amparo contra sentencias que prevé el artículo 4 de la Ley Orgánica de Amparo sobre Derechos y Garantías Constitucionales y, en ese sentido, sostuvo que corresponde a esta Sala la competencia para conocer en primera y única instancia de las acciones de amparo que se intenten contra las decisiones de última instancia emanadas de los Tribunales o Juzgados Superiores de la República (excepto los Juzgados Superiores con competencia en lo Contencioso Administrativo), la Corte Primera de lo Contencioso Administrativo y las Cortes de Apelaciones en lo Penal.

Así las cosas, no es posible apelar o impugnar en modo alguno las sentencias dictadas por esta Sala Constitucional, por no existir instancia superior jerárquica dentro de nuestro ordenamiento jurídico y, del mismo modo, no es posible que esta Sala pueda volver a pronunciarse sobre un asunto ya decidido con carácter definitivo, ni revocar o modificar su propia decisión, toda vez que ello violaría el principio de la cosa juzgada.

En este sentido, el artículo 252 del Código de Procedimiento Civil, expresamente señala que "Después de pronunciada la sentencia definitiva o la interlocutoria sujeta a apelación, no podrá revocarla ni reformarla el Tribunal que la haya pronunciado"; disposición ésta aplicable en atención a lo establecido en el párrafo primero del artículo 19 de la Ley Orgánica del Tribunal Supremo de Justicia.

Sobre este particular, debe la Sala destacar como ha hecho en oportunidades anteriores, que la ausencia de recurso de apelación contra las sentencias dictadas por esta Sala, no constituye infracción alguna de la Constitución de la República Bolivariana de Venezuela ni a la Convención Americana sobre Derechos Humanos, que contemplan el derecho a recurrir del fallo y, por tanto, el principio de doble grado de jurisdicción, dada la ubicación en la cúspide del Poder Judicial que ostenta este Supremo Tribunal.

De manera que, una vez emitido un fallo por esta Sala Constitucional lo único que podrían solicitar las partes sería una aclaratoria respecto de puntos dudosos, para salvar omisiones o rectificar errores de copia, referencias o cálculos numéricos que aparecen de manifiesto en la sentencia o alguna ampliación, pero no es dable que se revise el fondo del asunto debatido.

Así las cosas, considerando que el juicio emitido por esta Sala Constitucional comporta un acto de aplicación de derecho que se caracteriza por su fuerza ejecutiva y coercitiva, sin que sea posible su cuestionamiento posterior, como quedó expuesto, se declara improponible en derecho la solicitud del accionante y se ordena el archivo definitivo del presente expediente. Así se declara.

b.   *Régimen de los Jueces: Jueces provisorios o temporales (ausencia de estabilidad)*

TSJ-SPA (0012)   **13-1-2010**

Magistrado Ponente: Yolanda Jaimes Guerrero

Caso: Odette Margarita Graffe Ramos

Los jueces provisorios o temporales carecen de estabilidad en los respectivos cargos y por consiguiente, sus designaciones pueden ser revisadas y dejadas sin efecto en cualquier oportunidad, sin la exigencia de someterlos a un procedimiento administrativo previo, ni la obligación de motivar las razones específicas y legales que dieron lugar a la remoción.

B.   *El Poder Ciudadano: Ministerio Público (autonomía funcional)*

TSJ-SC (87)   5-3-2010

Magistrado Ponente: Carmen Zuleta De Merchán

Caso: Jesús Amado Muñoz Villegas

A juicio de la Sala Constitucional ningún Tribunal de la República puede obligar al Ministerio Público para que acuse a un determinado ciudadano, o, bien, concluya la investigación de cierta manera, toda vez que dicho órgano goza plenamente de autonomía funcional.

Precisado lo anterior, la Sala observa que la acción de amparo constitucional fue interpuesta contra la decisión dictada, el 6 de marzo de 2009, por la Corte de Apelaciones Accidental del Circuito Judicial Penal del Estado Monagas, que declaró con lugar el recurso de apelación que intentó la representación del Ministerio Público contra el auto dictado, 24 de marzo de 2008, por el Tribunal Primero de Juicio del mismo Circuito Judicial Penal, que declaró con lugar la excepción prevista en los artículos 28, numeral 4, letra e y 346 del Código Orgánico Procesal Penal, *"...relacionada con los requisitos de procedibilidad para intentar la acción, bajo el argumento de la defensa de que el Ministerio Público* [obvió] *lo previsto en la Ley de Transito* (sic) *y Transporte Terrestre, respecto a que en caso de colisión entre vehículos se presume salvo prueba en contrario que los conductores tienen igual responsabilidad por los daños causados..."*; y desestimó la acusación fiscal interpuesta contra el ciudadano Jesús Amado Muñoz Villegas, por la presunta comisión de los delitos de homicidio culposo y lesiones culposas.

En efecto, sostuvo la parte actora que, en el presente caso, la referida Corte de Apelaciones le cercenó al ciudadano Jesús Amado Muñoz Villegas sus derechos a la defensa, a la igualdad, de un juicio justo, equitativo transparente e imparcial y de la finalidad del proceso como búsqueda de la verdad, toda vez que ese juzgado colegiado avaló el hecho referido a que el representante del Ministerio Público no acusó al ciudadano Aníbal José Palacios Ruíz, quien, a juicio de los abogados accionantes, es responsable de los hechos punibles que ameritaron el inicio del proceso penal que motivó el amparo.

Así pues, destacó la defensa técnica del quejoso que "[e]n fecha 03 de mayo de 2002, aproximadamente a las 8:30 P.M., en un lugar muy oscuro, conocido como Sector La Orchila, de la Carretera Nacional, entre las poblaciones de El Tejero y Maturín, nuestro representado **JESÚS AMADO MUÑOZ VILLEGAS,** ya identificado, conducía el Autobús N° 1041, Placas AD1-63X, perteneciente a la empresa Aeroexpresos Ejecutivos, C.A., con 46 pasajeros a bordo, cuando se encontró de pronto con un vehículo tipo pesado (Gandola), marca Mark, placas 041-XIP, el cual estaba estacionado sobre la vía, en el mismo canal de circulación de nuestro representado, completamente a oscuras sobre la vía"; asimismo, que el conductor de la Gandola era el ciudadano Aníbal José Palacios Ruíz, quien se encontraba en estado de embriaguez al momento del accidente.

En ese sentido, precisaron los abogados solicitantes que, conforme a lo señalado en el artículo 127 de la Ley de Tránsito y Transporte Terrestre, el ciudadano Aníbal José Palacios Ruíz resultaba responsable penalmente de los hechos ocurridos el 3 de mayo de 2002, y que ello ameritaba que el Ministerio Público lo acusara, pero que la representación del Ministerio Público no propuso acusación contra dicho ciudadano, sino únicamente contra el ciudadano Jesús Amado Muñoz Villegas, lo que imposibilitaba el ejercicio pleno de su defensa, y menoscababa su derecho a la igualdad.

Por último, alegó la parte actora que la Corte de Apelaciones Accidental del Circuito Judicial Penal del Estado Monagas basó su decisión en la doctrina del monopolio de la acción penal del Ministerio Público, considerando que ningún Tribunal de la República puede ordenar a ese órgano que *"...acuse a tal o cual persona"*, lo que quedó seriamente cuestionado en la sentencia *"...N° 3267, dictada por la Sala Constitucional en el caso VIPROCA"*.

Por su lado, la Corte de Apelaciones Accidental del Circuito Judicial Penal del Estado Monagas declaró con lugar el recurso de apelación interpuesto por el representante del Ministerio Público, al considerar que el Juez de Primera Instancia en lo Penal se arrogó el rol del Ministerio Público cuando declaró con lugar la excepción opuesta por la defensa técnica del ciudadano Jesús Amado Muñoz Villegas, y no analizar si la acusación fiscal, que fue admitida por el Juez de Control, *"...arrojaba elementos para fundar una sentencia de condena en contra del ciudadano acusado"*.

Ahora bien, observa esta Sala que en el vigente proceso penal de corte acusatorio, el Ministerio Público es el titular de la acción penal, conforme lo dispone el artículo 285, numeral 4, de la Constitución de la República Bolivariana de Venezuela, que prevé que son atribuciones del Ministerio Público ejercer, en nombre del Estado, la acción penal en los casos en que para intentarla o proseguirla no fuere la necesaria instancia de parte, salvo las excepciones establecidas en la ley. La anterior disposición constitucional es desarrollada por el artículo 11 del Código Orgánico Procesal Penal, que establece que la acción penal corresponde al Estado a través del Ministerio Público, que está obligado a ejercerla, salvo las excepciones legales, y una de las excepciones establecidas en la ley se refiere que al ejercicio de la acción penal en el procedimiento que se inicia a instancia de parte agraviada

Dentro del ejercicio de la acción penal, el Ministerio Público goza de autonomía (principio que no debe confundirse con el monopolio de la acción penal), la cual consiste en que nadie le puede imponer a dicho órgano que actúe de una determinada manera dentro de los procesos penales en que deba intervenir. Dicha autonomía es considerada por la doctrina como autonomía o magistratura vertical, que es distinta a la autonomía o magistratura horizontal que tienen todos los jueces de la República.

En efecto, la magistratura o autonomía vertical tiene como parámetro a tomar en cuenta la organización vertical y jerárquica que existe en el Ministerio Público, toda vez que todos los Fiscales del Ministerio Público actúan en nombre del Fiscal o Fiscala General de la República (artículo 6 de la Ley Orgánica del Ministerio Público), mientras que la autonomía o magistratura horizontal es típica del Poder Judicial, donde todos los jueces son equivalentes en la sujeción a la obediencia a la ley y el derecho, como lo establece el artículo 4 del Código Orgánico Procesal Penal. Así pues, la autonomía del Ministerio Público está prevista en el artículo 2 de la Ley Orgánica del Ministerio Público, cuya disposición es un desarrollo del artículo 272 constitucional que dispone que el Poder Ciudadano, integrado, entre otros, por el Fiscal o Fiscala General de la República, es independiente y sus órganos gozan de autonomía funcional, financiera y administrativa.

En torno a la autonomía del Ministerio Público, la Sala, asentó lo siguiente:

Así pues, esta Sala Constitucional ha señalado, conforme lo dispone el artículo 2 de la Ley Orgánica del Ministerio Público, que el Ministerio Público es autónomo e independiente, por lo que ninguna instancia judicial puede obligarlo a acusar la comisión de un determinado delito, ni señalarle cómo concluir una investigación.

En efecto, esta Sala, señaló, respecto a la autonomía e independencia del Ministerio Público, lo siguiente:

"Ahora bien, esta Sala hace notar que el Ministerio Público, como órgano encargado de ordenar y dirigir la investigación penal, goza de autonomía, por lo que no puede obligársele, en el proceso penal ni a través del amparo, a que solicite el sobreseimiento de alguna causa que esté bajo su conocimiento".

Dentro de esa autonomía e independencia, el Ministerio Público puede concluir de cualquier manera la fase de investigación y establecer en el libelo acusatorio el delito que con base en su autonomía impute a alguna persona. En efecto, el Ministerio Público, en el ejercicio de la acción penal, sólo debe obedecer a la ley y al derecho, por lo que no puede ningún Juez obligarlo a ejercer dicha acción penal para determinar la acusación de un determinado delito. En el ejercicio de la acción penal, por tanto, encontramos que el Ministerio Público debe, en caso de que lo considere conveniente y conforme lo señala el cardinal 4 del artículo 108 del Código Orgánico Procesal Penal, formular la acusación, y ello debe hacerlo de acuerdo con los elementos de convicción que resulten de la investigación, para lo cual determinará, en forma clara y precisa, el hecho punible que considere que cometió el imputado, sin que ningún Tribunal deba señalarle cuál es el delito que debe plasmar en el libelo acusatorio".

De manera que, a juicio de la Sala Constitucional ningún Tribunal de la República puede obligar al Ministerio Público para que acuse a un determinado ciudadano, o, bien, concluya la investigación de cierta manera, toda vez que dicho órgano goza plenamente de autonomía funcional.

En consecuencia, esta Sala Constitucional considera que el alegato de la parte actora, referido a que se obligue, a través de una decisión judicial, a que el Ministerio Público acuse al ciudadano Aníbal José Palacios Ruíz, como mecanismo de defensa del quejoso de autos, no es procedente en derecho.

En efecto, esta Sala concluye que la decisión adoptada por la Corte de Apelaciones Accidental del Circuito Judicial Penal del Estado Monagas se ajustó a la normativa constitucional y legal que establece la autonomía del Ministerio Público. Además, esta Sala precisa que el hecho de que el representante del Ministerio Público no haya acusado a un ciudadano distinto al quejoso de autos, no entorpece el ejercicio del derecho a la defensa del ciudadano Jesús Amado Muñoz Villegas, quien, con su defensa técnica, pueden desvirtuar, en el juicio oral y público, la imputación formal (acusación fiscal o particular propia), que fueron propuestas en su contra, tanto por el órgano fiscal como por las demás víctimas que se hicieron parte en el proceso penal.

2. *El Poder Público Municipal*

    A. *Municipios*

        a. *Contralorías Municipales. Principios de autonomía orgánica, funcional y administrativa*

TSJ-SPA (0015)　　　　　　　　　　　　　　　　　　**13-1-2010**

Magistrado Ponente: Hadel Mostafá Paolini

Caso: Francisco Rafael Sánchez Zurita

Las Contralorías Municipales no pueden encuadrarse en la clásica separación orgánica de poderes porque no pueden ubicarse en el sentido tradicional dentro de los Poderes Legislativo o Ejecutivo, aunque forman parte de la Administración del Municipio.

......Como puede apreciarse de la sentencia parcialmente transcrita, la Sala consideró que el cargo de Contralor Municipal podía incluirse dentro de los cargos *"de similar jerarquía"* a los que alude el numeral 12 del artículo 20 de la Ley del Estatuto de la Función Pública, en atención a un criterio *material*, es decir, con fundamento en la alta y delicada labor que desempeña dicho servidor público.

En tal virtud, se advierte que los argumentos expuestos por la peticionante están dirigidos a cuestionar la fundamentación y alcances del fallo dictado por esta Sala, al no estar de acuerdo con la calificación jurídica en la cual se encuadró el cargo de Contralor Municipal.

En este orden de ideas, no comparte esta Sala el criterio de la solicitante respecto a que no se puede equiparar el cargo de Contralor Municipal al resto de los previstos en el artículo en comentarios, con base en la *"radical diferencia"* que existe en cuanto a la forma de organización y funcionamiento de los institutos autónomos estadales y municipales, ya que, precisamente, tal diferencia fue explicada en esa sentencia, estableciéndose al efecto que *"...puede concluirse que las Contralorías Municipales han sido dotadas de autonomía orgánica, funcional y administrativa. Se destaca, entre otras, lo relativo a la autonomía funcional, que implica que no tienen una relación de dependencia jerárquica ni tutelar con ninguno de los órganos que integran el Poder Público Municipal, es decir, ni con su rama ejecutiva (Alcalde) ni con su rama legislativa (Concejo). **No pueden encuadrarse en la clásica separación orgánica de poderes porque no pueden ubicarse en el sentido tradicional dentro de los Poderes Legislativo o Ejecutivo, aunque forman parte de la Administración del Municipio.**"* (Negrillas de la Sala).

De esta manera, en el fallo en cuestión se recalca la inclusión del cargo de Contralor Municipal dentro del supuesto genérico residual contenido en el numeral 12 del artículo 20 de la Ley del Estatuto de la Función Pública, no sobre la base de un criterio orgánico -esto es, no desde el punto de vista de la forma de organización y funcionamiento de ese Órgano de Control Fiscal Municipal-, sino en atención a la naturaleza de la labor desempeñada por el Contralor del ente local.

Así las cosas, resulta importante destacar que en una situación análoga a la presente, esta Sala en la decisión N° 476 del 22 de abril de 2009 al pronunciarse sobre la solicitud de aclaratoria del fallo N° 588 publicado el 14 de mayo de 2008, dispuso al respecto que:

*"En consecuencia, esta Sala aclara que en ningún caso se encuadró el cargo de Contralor Municipal en los cargos previstos en el artículo 20 de la Ley del Estatuto de la Función Pública, sino que, con base en las funciones de control, vigilancia y fiscalización sobre los ingresos, gastos y bienes municipales asignadas al referido cargo, **estableció una semejanza en cuanto al nivel de responsabilidad con los cargos previstos en los artículos 20 y 21 eiusdem, a los efectos de determinar su similitud en la jerarquía.** Así se decide.* (Negrillas de la presente decisión).

En razón de lo expuesto, debe desecharse la aclaratoria planteada en este sentido. Así se establece.

B.   *Distritos Metropolitanos: Competencias del Alcalde Metropolitano*

TSJ-SPA (0225)   **10-3-2010**

Magistrado Ponente: Emiro García Rosas

Caso: Alfredo Peña vs. Contraloría General de la República

Es competencia del Alcalde del Distrito Metropolitano de Caracas la administración de la Hacienda Pública Metropolitana, la cual comporta todos los bienes, derechos y acciones propias de esa corporación, o de los que sea titular (exceptuando aquellos que actualmente fueron transferidos al Distrito Capital conforme el artículo 12 de la Ley Especial sobre la Organización y Régimen del Distrito Capital, publicada en la *Gaceta Oficial de la República Bolivariana de Venezuela* Nº 39.156 del 13 de abril de 2009), quedando en consecuencia el mencionado funcionario facultado para custodiar y disponer, previo el cumplimiento de las formalidades de ley, del dinero y los valores que conforman el Tesoro Metropolitano.

IV.   EL ORDENAMIENTO ECONÓMICO DEL ESTADO

1.   *Derechos Económicos*

A.   *Derecho a la Libertad Económica*

TSJ-SPA (0071)   **27-1-2010**

Magistrado Ponente: Evelyn Marrero Ortíz

Caso: Cámara Venezolana de la Industria de Alimentos (CAVIDEA) vs. Ministerios del Poder Popular para la Agricultura y Tierras, para la Alimentación y para la Defensa.

El requerimiento a los interesados en la distribución de alimentos de obtener las *"Guías de Movilización y la de Seguimiento y Control de Productos Alimenticios Terminados Destinados a la Comercialización de Consumo Humano y Consumo Animal con Incidencia en el Consumo Humano en el Territorio Nacional"*, en modo alguno transgrede el derecho a la libertad económica de las empresas productoras y distribuidoras de alimentos, toda vez que el mismo no puede entenderse como un impedimento para que estas empresas ejerzan la actividad económica de su preferencia, pues las referidas guías constituyen un instrumento para garantizar a la colectividad una equilibrada distribución de los alimentos.

…..Por otra parte, denuncia la representación judicial de la recurrente, la violación del derecho a la libertad económica de su representada, pues los artículos 10 y 12 de la Resolución Conjunta Nº DM/Nº 191/2008, DM/Nº 0080 y DM/Nº, de fecha 24 de diciembre de 2008, al establecer las *"Guías de Movilización y de Seguimiento y Control de Productos Alimenticios Terminados Destinados a la Comercialización, Consumo Humano y Consumo Animal con Incidencia en el Consumo Humano en el Territorio Nacional"*, le impide operar en el mercado con la suficiente libertad para planificar y ejecutar la propia actividad conforme a las reglas de mercado e igualmente celebrar y cumplir los contratos que cada operador estime necesarios para el mejor ejercicio de su actividad.

Con relación a este derecho, se observa que el artículo 112 de Constitución de la República Bolivariana de Venezuela, establece lo que sigue:

*"**Artículo 112.** Todas las personas pueden dedicarse libremente a la actividad económica de su preferencia, sin más limitaciones que las previstas en esta Constitución y las que establezcan las leyes, por razones de desarrollo humano, seguridad, sanidad, protección del ambiente u otras de interés social. El Estado promoverá la iniciativa privada, garantizando la creación y justa distribución de la riqueza, así como la producción de bienes y servicios que satisfagan las necesidades de la población, la libertad de trabajo, empresa, comercio, industria, sin perjuicio de su facultad para dictar medidas para planificar, racionalizar y regular la economía e impulsar el desarrollo integral del país". (Subrayado de este fallo).*

Respecto a la norma antes transcrita, esta Sala en varias Sentencias:

*"La norma supra transcrita consagra amplias facultades conferidas por el Constituyente a todos los habitantes de la República, para dedicarse a las actividades económicas de su preferencia. No obstante, el citado precepto admite, no sólo la posibilidad del Estado de plantear directrices en la materia, sino también de limitar el alcance de dicha libertad **en beneficio del interés general.***

En este mismo sentido, la Sala Constitucional de este Tribunal Supremo de Justicia, mediante sentencia N° 117 de fecha 6 de febrero de 2001 (caso: Pedro Antonio Pérez Alzurutt contra la Ley de Privatización), sostuvo lo siguiente:

'Al efecto, esta Sala se ve forzada a reiterar lo expuesto en el fallo interlocutorio de fecha 15 de diciembre de 1998, recaído en el presente juicio, mediante el cual se declaró la improcedencia de la medida cautelar innominada solicitada por la parte actora en su escrito libelar. En tal sentido resulta oportuno transcribir el extracto pertinente del aludido fallo:

*'Las Constituciones modernas de los distintos países, si bien establecen de manera general la forma de actuación de los Poderes Públicos y de los individuos en la actividad económica, dicha consagración se hace en términos principistas; de esta forma, la Constitución Económica, entendida como el conjunto de normas constitucionales destinadas a proporcionar el marco jurídico fundamental para la estructura y funcionamiento de la actividad económica, no está destinada –salvo el caso de las constituciones socialistas de modelo soviético- a garantizar la existencia de un determinado orden económico, **sino que actúan como garantes de una economía social de mercado, inspiradas en principios básicos de justicia social y con una 'base neutral' que deja abiertas distintas posibilidades al legislador, del cual sólo se pretende que observe los límites constitucionales.** (Resaltado de esta Sala)'*

(...omissis...)

*Tal como se aludiera supra, la Constitución Económica se constituye de un conjunto de normas con carácter de directrices generales o principios esenciales que garantizan una economía **social** de mercado, que se inspiran en el fin de la justicia social, pero tales normas constitucionales poseen una indiscutible naturaleza **'neutral'**, lo cual implica la posibilidad del legislador de desarrollar esas directrices generales o principios básicos constitucionales atendiendo a las necesidades reales de la Nación y respetando los límites que la propia Constitución impone.*

A la luz de todos los principios de ordenación económica contenidos en la Constitución de la República Bolivariana de Venezuela, se patentiza el carácter mixto de la economía venezolana, esto es, un sistema socioeconómico intermedio entre la economía de libre mercado (en el que el Estado funge como simple programador de la economía, dependiendo ésta de la oferta y la demanda de bienes y servicios) y la economía interventora (en la que el Estado interviene activamente como el 'empresario mayor').

Efectivamente, la anterior afirmación se desprende del propio texto de la Constitución, promoviendo, expresamente, la actividad económica conjunta del Estado y de la iniciativa privada en la persecución y concreción de los valores supremos consagrados en la Constitución.'

(...omissis...)

*Ahora bien, tal como se señaló supra, el derecho constitucional a la libertad económica no reviste carácter absoluto, sino que por el contrario **el legislador** puede, por razones de "desarrollo humano, seguridad, sanidad, protección del ambiente u otras de interés social", establecer directrices que regulen el ejercicio de dicho derecho constitucional". (Destacado del texto).*

En efecto, tal como lo señaló esta Sala en la sentencia parcialmente transcrita, el derecho a la libertad económica permite a todos los ciudadanos dedicarse libremente a la actividad de su preferencia; sin embargo, este derecho se encuentra limitado por la Constitución y las leyes por razones de interés social; de allí que el Estado pueda imponer directrices para regular su ejercicio.

En este contexto, observa la Sala que el Ejecutivo Nacional a los fines de evitar prácticas desleales de ciertos sectores, dedicados a la producción y distribución de alimentos en el país que afectaron su disponibilidad por la población venezolana, reguló la movilización de alimentos y estableció un mecanismo de control y seguimiento de dichos productos alimenticios.

De allí que las autoridades administrativas se vieron en la necesidad de requerir a los interesados en la distribución de alimentos la obtención de las *"Guías de Movilización y la de Seguimiento y Control de Productos Alimenticios Terminados Destinados a la Comercialización de Consumo Humano y Consumo Animal con Incidencia en el Consumo Humano en el Territorio Nacional"*.

Por tal razón, estima la Sala que dicho requerimiento en modo alguno transgrede el derecho a la libertad económica de las empresas productoras y distribuidoras de alimentos, toda vez que el mismo no puede entenderse como un impedimento para que estas empresas ejerzan la actividad económica de su preferencia, pues las referidas guías constituyen un instrumento para garantizar a la colectividad una equilibrada distribución de los alimentos.

En este orden de ideas, resulta menester destacar que en materia de alimentos priva el interés general de la comunidad sobre el particular de quienes desarrollan dicha actividad (artículo 305 Constitucional), pues tratándose de una necesidad básica y primaria de la población que comporta la garantía de derechos humanos fundamentales, las autoridades deben actuar de manera célere y eficiente para garantizar el debido abastecimiento de alimentos a la población.

Aunado a lo anterior, debe reiterarse que las empresas relacionadas con el sector alimentario pueden continuar con las actividades propias de su razón social toda vez que el hecho de que se vean en la obligación de obtener de las autoridades administrativas competentes las referidas Guías, obedece a una regulación legítima conforme a lo antes expuesto. En consecuencia, se desestima la denuncia de violación del derecho a la libertad económica, y así se declara.

B. *Derecho a la Seguridad Alimentaria*

TSJ-SPA (0071) **27-1-2010**

Magistrado Ponente: Evelyn Marrero Ortíz

Caso: Cámara Venezolana de la Industria de Alimentos (CAVIDEA) vs. Ministerios del Poder Popular para la Agricultura y Tierras, para la Alimentación y para la Defensa.

La Sala Político Administrativa declara que las medidas tendentes a controlar y supervisar la actividad de movilización de alimentos en todo el territorio venezolano impuestas por el Ejecutivo Nacional, no vulnera derechos ni principios constitucionales; por el contrario permite asegurar el debido cumplimiento del principio de seguridad alimentaria.

.....Así pues, se observa que las normas de la mencionada Resolución cuya nulidad se solicita, y que -a decir de los apoderados actores- resultan violatorias de la reserva legal, el derecho a la libertad económica, a la libre circulación de bienes y a la seguridad alimentaria, son los artículos 4, 10, 12, 15, 17 y 18, cuyo contenido es el siguiente:

*"**Artículo 4.** Los Ministerios del Poder Popular para la Alimentación y para la Agricultura y Tierras, en el ámbito de sus competencias, conjunta o separadamente, podrán establecer, mediante Resolución, restricciones a la movilización, hacia determinadas zonas o localidades específicas del país, de los productos y subproductos indicados en el Artículo 1 de la presente Resolución, a los fines de garantizar el abastecimiento interno estable y oportuno.*

Las restricciones a que refiere el presente artículo serán hechas por el Ministerio del Poder Popular competente, según se trate de la movilización de productos y subproductos de origen vegetal en su estado natural, o de la movilización de productos alimenticios acondicionados, transformados o terminados destinados a la comercialización para el consumo humano y animal con incidencia directa en el consumo humano, conforme lo estipulado en el Artículo 3 de la presente Resolución.

(...omissis...)

*****Artículo 10.** Para la movilización de los productos y subproductos indicados en los numerales 2 y 3 del Artículo 1 de la presente Resolución, los interesados deberán solicitar autorización al Ministerio del Poder Popular para la Alimentación, a través de la Superintendencia Nacional de Silos, Almacenes y Depósitos Agrícolas, la cual emitirá, según el caso, alguno de los siguientes instrumentos:*

a. GUÍA DE MOVILIZACIÓN DE PRODUCTOS ALIMENTICIOS TERMINADOS DESTINADOS A LA COMERCIALIZACIÓN, CONSUMO HUMANO Y CONSUMO ANIMAL CON INCIDENCIA DIRECTA EN EL CONSUMO HUMANO EN LOS ESTADOS FRONTERIZOS APURE, TÁCHIRA Y ZULIA.

b. GUÍA DE MOVILIZACIÓN DE PRODUCTOS ALIMENTICIOS TERMINADOS DESTINADOS A LA COMERCIALIZACIÓN, CONSUMO HUMANO Y CONSUMO ANIMAL CON INCIDENCIA DIRECTA EN EL CONSUMO HUMANO EN EL TERRITORIO NACIONAL.

*****Artículo 12.** LA GUÍA DE SEGUIMIENTO Y CONTROL DE PRODUCTOS ALIMENTICIOS TERMINADOS DESTINADOS A LA COMERCIALIZACIÓN, CONSUMO HUMANO Y CONSUMO ANIMAL CON INCIDENCIA EN EL CONSUMO HUMANO EN EL TERRITORIO NACIONAL, será el único instrumento válido a los fines de la autorización, verifica-*

ción, registro y control de todo lo concerniente a la movilización en el territorio nacional de los productos indicados en los numerales 2 y 3 del Artículo 1 de la presente Resolución, con excepción de la movilización en los estados Apure, Táchira y Zulia.

Artículo 15. *Las autoridades que autoricen o verifiquen la movilización de productos alimenticios acondicionados, transformados o terminados, destinados a la comercialización, consumo humano y consumo animal con incidencia en el consumo humano y la movilización de productos y subproductos de origen vegetal en su estado natural indicados en la presente Resolución, están en la obligación de velar por el cumplimiento de las disposiciones contempladas en ésta y, en caso de que presuman o comprueben su incumplimiento, proceder conforme a lo dispuesto en el Título VII del Decreto con Rango, Valor y Fuerza de Ley Orgánica de Seguridad y Soberanía Agroalimentaria.*

Cuando el procedimiento de inspección y fiscalización sea iniciado por autoridades en funciones policiales o de resguardo, la actuación será notificada dentro de las veinticuatro (24) horas siguientes a dicho inicio, a los Ministerios del Poder Popular para la Agricultura y Tierras y para la Alimentación, según corresponda la competencia de acuerdo a lo establecido en el Artículo 3 de la presente Resolución.

Artículo 17. *Los Ministerios del Poder Popular para la Agricultura y Tierras y, para la Alimentación, directamente, o a través de sus órganos o entes adscritos ejecutarán, conjunta o separadamente, las medidas preventivas a que hubiere lugar, de conformidad en el Decreto con Rango, Valor y Fuerza de Ley Orgánica de Seguridad y Soberanía Agroalimentaria, en el ámbito de sus respectivas competencias.*

Practicada la medida preventiva y cumplido el procedimiento administrativo por ante dichos Ministerios, podrá ordenarse la disposición de las cantidades retenidas de los productos agrícolas o productos alimenticios objeto de retención, destinándolas al uso y aprovechamiento con fines sociales, conforme con lo establecido en el Decreto con Rango, Valor y Fuerza de Ley Orgánica de Seguridad y Soberanía Agroalimentaria.

A tal fin serán destinados a los programas de almacenamiento, distribución y comercialización de alimentos y productos agroalimentarios del Ministerio del Poder Popular para la Alimentación a través de los órganos y entes adscritos competentes.

Artículo 18. *Los Ministerios del Poder Popular para la Agricultura y Tierras y Alimentación podrán dictar medidas tendientes a evitar las prácticas que distorsionen, limiten o afecten la producción, circulación, distribución y comercialización de los productos agrícolas o productos alimenticios, dentro de su ámbito de competencia, de conformidad con las previsiones legales establecidas en la Constitución de la República Bolivariana de Venezuela, en el Decreto con Rango, Valor y Fuerza de Ley Orgánica de Seguridad y Soberanía Agroalimentaria, Decreto con Rango, Valor y Fuerza de Ley Orgánica de la Administración Pública y demás normas de rango sublegal inherentes a la materia, a fin de asegurar el cumplimiento de las disposiciones establecidas en la presente Resolución."* (Mayúsculas del texto).

En cuanto a los vicios denunciados, se observa que los apoderados actores, tanto en el libelo como en su escrito de informes alegaron lo siguiente. (…)

……Violación al derecho a la seguridad alimentaria.

Los apoderados judiciales de la recurrente denuncian, que la Resolución impugnada al exigir la *"Guía de Seguimiento y Control de Productos Alimenticios Terminados Destinados a la Comercialización y Consumo Humano en el Territorio Nacional"*, atenta contra el principio de seguridad alimentaria de la Nación.

Agregan, que las demoras en la expedición de las Guías por parte de las autoridades de la Superintendencia Nacional de Silos, Almacenes y Depósitos Agrícolas (SADA), las frecuentes detenciones de transporte de alimentos, los cambios inesperados en las rutas de las unidades de transporte, entre otros hechos, dificultan y hasta impiden el acceso físico, económico y social a los alimentos.

Que el Estado venezolano al exigir la referida Guía, aunque ese no sea su propósito, termina incumpliendo con su obligación de garantizar el principio de seguridad alimentaria, pues está generando condiciones adversas a la disponibilidad suficiente y estable de alimentos en el ámbito nacional, así como su acceso oportuno y permanente al público consumidor.

En este orden de ideas, observa la Sala que la Constitución de la República Bolivariana de Venezuela, en su Exposición de Motivos estableció lo siguiente:

"La actividad de producción de alimentos queda establecida como esencial para el país, consagrándose el principio de la seguridad alimentaria en función del acceso oportuno y permanente de alimentos por parte de los consumidores".

Igualmente, el artículo 305 de la Carta Fundamental señala lo que a continuación se transcribe:

*"**Artículo 305.** El Estado promoverá la agricultura sustentable como base estratégica del desarrollo rural integral, a fin de garantizar la seguridad alimentaria de la población; entendida como la disponibilidad suficiente y estable de alimentos en el ámbito nacional y el acceso oportuno y permanente a éstos por parte del público consumidor. La seguridad alimentaria se alcanzará desarrollando y privilegiando la producción agropecuaria interna, entendiéndose como tal la proveniente de las actividades agrícola, pecuaria, pesquera y acuícola. **La producción de alimentos es de interés nacional y fundamental para el desarrollo económico y social de la Nación.** A tales fines, el Estado dictará las medidas de orden financiero, comercial, transferencia tecnológica, tenencia de la tierra, infraestructura, capacitación de mano de obra y otras que fueran necesarias para alcanzar niveles estratégicos de autoabastecimiento. Además, promoverá las acciones en el marco de la economía nacional e internacional para compensar las desventajas propias de la actividad agrícola".*

De lo anterior se desprende que la noción de seguridad alimentaria de la población es definida como la disponibilidad suficiente y estable de alimentos en el ámbito nacional, así como el acceso oportuno y permanente de los mismos por parte del consumidor, encontrándose dicha noción enmarcada dentro de los principios que sostienen el régimen socioeconómico de la Nación desarrollado en nuestro Texto Constitucional.

En efecto, ha señalado esta Sala en anteriores oportunidades (*vid.* sentencia N° 1483 del 14 de octubre de 2009, caso*: La Corporación de Abastecimiento y Servicios Agrícolas, LA CASA, S.A.*), que la seguridad alimentaria se alcanzará privilegiando la producción agropecuaria interna, es decir, aquella proveniente de las actividades agrícola, pecuaria, pesquera y acuícola. Por tal razón, el constituyente consagró la actividad de producción y distribución de alimentos como de interés nacional y fundamental para el desarrollo económico y social de la Nación.

Ahora bien, observa la Sala que en la Resolución N° DM/N° 191/2008, DM/N° 0080 y DM/N°, de fecha 24 de diciembre de 2008 se indica lo siguiente:

"Por cuanto, la distribución de Productos Alimenticios Acondicionados, Transformados o Terminados, destinados a la comercialización y consumo humano y animal con incidencia directa en el consumo humano, ha tenido un comportamiento errático en los últimos meses, en las regiones fronterizas de los estados Apure, Táchira y Zulia;

Por cuanto, la extracción de productos destinados a la alimentación humana se ha convertido en práctica común de ciertos sectores inescrupulosos, con exclusivos intereses económi-

cos personales, afectando la disponibilidad de dichos productos, generando desequilibrio en la distribución de los mismos, impidiendo el abastecimiento y satisfacción de la población en las cantidades y calidad suficientes conforme lo prevé el principio constitucional de la seguridad alimentaria;

Por cuanto, la seguridad alimentaria, consagrada en el artículo 305 de la Constitución de la República Bolivariana de Venezuela es un derecho fundamental para que la población nacional satisfaga diaria y oportunamente sus necesidades alimenticias, en la cantidad y calidad suficiente, de manera oportuna y consecuente, a objeto que las venezolanas y los venezolanos puedan ejercer su derecho a la vida en condiciones tales que le permitan lograr a plenitud su desarrollo humano.

Por cuanto, el Estado Venezolano ha implementado políticas para el desarrollo y privilegio de la producción agrícola interna, a través de medidas de fomento y apoyo a los productores nacionales; medidas estas que se ven diluidas y afectadas negativamente por la extracción ilegítima de rubros estratégicos para la seguridad alimentaria de la nación.

Por cuanto corresponde al Ejecutivo Nacional, por órgano de los Ministerios del Poder Popular competente, garantizar el abastecimiento estable, suficiente y oportuno de alimentos de primera necesidad;

(...omissis...)

Estos despachos dictan lo siguiente...."

Como puede apreciarse, y tal como ha sido reiterado a lo largo de este fallo, el Ejecutivo Nacional a los fines de combatir la extracción desmedida de los productos alimenticios destinados a la comercialización y consumo humano y animal fuera del territorio nacional -lo cual ha generado desabastecimiento y desequilibrio en su distribución y ha afectado la disponibilidad de dichos productos por la población venezolana- implementó medidas tendentes a controlar y supervisar la actividad de movilización de alimentos en todo el territorio venezolano.

Tales medidas lejos de violentar el principio de seguridad alimentaria de la Nación permiten asegurar su debido cumplimiento, pues el Estado a través de los órganos competentes en la materia puede detectar y evitar la comisión de hechos contrarios a los intereses de la población que afectan negativamente la equilibrada distribución de los productos alimenticios, conducta que es contraria a los fines del Estado.

Por tanto, los controles impuestos por los Ministerios del Poder Popular para la Agricultura y Tierras, para la Alimentación y para la Defensa a través de la Resolución impugnada, permiten tutelar el derecho a la seguridad alimentaria y garantizar la sustentabilidad de la respectiva actividad de distribución de alimentos a los fines de proteger a la población venezolana de las posibles perturbaciones cometidas por los agentes que desarrollan dicha actividad.

Así, estima la Sala que la Resolución N° DM/N° 191/2008, DM/N° 0080 y DM/N°, de fecha 24 de diciembre de 2008 impugnada por la representación judicial de la Cámara Venezolana de la Industria de Alimentos (CAVIDEA), no violenta el principio constitucional de la seguridad alimentaria, y así se establece.

En atención a las consideraciones expuestas, al no verificarse la existencia de vicios de nulidad en el acto impugnado, debe declararse sin lugar el recurso contencioso administrativo de nulidad bajo análisis. Así se declara.

2. *Régimen de los Servicios Públicos: Servicio público de electricidad: Toma de control por el Ejecutivo Nacional*

TSJ-SPA (0090) 27-1-2010

Magistrado Ponente: Evelyn Marrero Ortíz

Caso: Compañía anónima la Electricidad de Ciudad Bolívar (ELEBOL).

En virtud de la vital importancia que supone para la colectividad la prestación del servicio público en forma continua y confiable, el Parágrafo Único del artículo 113 de la Ley Orgánica del Servicio Eléctrico, permite al Ejecutivo Nacional tomar el control de las empresas afectadas a la prestación del servicio eléctrico, cuando se esté en presencia de los supuestos mencionados en la norma, lo cual, sin lugar a dudas, aún cuando no implica el traslado de la propiedad del ente intervenido a manos del Estado, comporta una verdadera suspensión de las funciones ejercidas por el presidente o la junta directiva de la sociedad mercantil intervenida de forma temporal, recayendo sobre la propia empresa las pérdidas o las ganancias generadas por la junta administradora.

....Aprecia la Sala que, por diligencia presentada en fecha 27 de febrero de 2007, el abogado Jairo Jesús Fernández consignó el poder que le fuera otorgado el 9 de noviembre de 2006 por el ciudadano Honorio Antonio González, en su condición de Presidente de la Junta Administradora de la C.A. La Electricidad de Ciudad Bolívar (ELEBOL), designada por el Ministro del Poder Popular para la Energía y Petróleo, mediante el Decreto N° 294 de fecha 5 de octubre de 2006, publicado en la *Gaceta Oficial de la República Bolivariana de Venezuela* N° 38.539 del 9 de octubre de 2006.

Señala el aludido abogado, que la presentación del nuevo poder en el expediente, revoca todos los que anteriormente haya otorgado su mandante.

Por su parte, el abogado Alfonso Citerio Quero, consignó en fecha 24 de abril de 2007 documento poder otorgado el 14 de marzo de ese mismo año por el ciudadano Víctor Casado Salicetti, en su condición de Presidente de la C.A. La Electricidad de Ciudad Bolívar (ELEBOL), e indicó que "*La presente actuación se hace a los fines de salvaguardar los derechos e intereses de la parte actora en este juicio y representa una respuesta a la designación de un poder emanado de la Junta Administradora de ELEBOL –junta que fuera designada por el Ministro de Energía y Petróleo – vale decir que la Nación, parte demandada en el presente proceso, no puede pretender otorgar un poder judicial, a través de la junta administradora interventora, que representen a su contraparte ELEBOL*".

El 2 de mayo de 2007 el abogado Jairo Fernández impugnó el poder otorgado por el ciudadano Víctor Casado Salicetti, en su condición de Presidente de la C.A. La Electricidad de Ciudad Bolívar (ELEBOL), al abogado Alfonso Citerio Quero, y señaló que "*en virtud de la activación de un plan de contingencia producto de la medida administrativa dictada por el Presidente de la República Bolivariana de Venezuela* [de acuerdo a lo dispuesto en Parágrafo Único del artículo 113 de la Ley Orgánica del Servicio Eléctrico], *se decretó la toma de posesión de los activos de ELEBOL C.A. afectos a la prestación del servicio de electricidad (…) y se designó la actual Junta Administradora de ELEBOL C.A. y al Presidente de dicha Junta y Administrador General de ELEBOL C.A. por lo cual la expresada junta administradora son los representantes y administradores de ELEBOL C.A.*".

Sobre este particular, aprecia la Sala que el Parágrafo Único del artículo 113 de la Ley Orgánica del Servicio Eléctrico, publicada en la *Gaceta Oficial de la República Bolivariana de Venezuela* N° 5.568 Extraordinario, de fecha 31 de diciembre de 2001, dispone lo siguiente:

> ***Parágrafo Único:** En aquellos casos en los que la ejecución de alguna medida judicial ponga en peligro la continuidad, calidad o seguridad del servicio eléctrico prestado por cualesquiera de las empresas a las que se refiere este artículo, o cuando se haya solicitado la quiebra o el estado de atraso de algunas de ellas, el Ejecutivo Nacional podrá entrar inmediatamente en posesión de todos los activos de esas empresas afectados a la prestación del servicio eléctrico, a los efectos de garantizar la prestación del mismo bajo las condiciones y principios establecidos en esta Ley.*

Como manifestación de la obligación del Estado de garantizar el funcionamiento adecuado del servicio eléctrico y de velar por la ejecución eficiente de las actividades que lo constituyen, el legislador facultó al Ejecutivo Nacional para intervenir las empresas prestadoras de dicho servicio en dos supuestos: *i)* cuando la ejecución de alguna medida ponga en peligro la continuidad, calidad o seguridad del servicio eléctrico prestado; y *ii)* en los casos en que se haya solicitado la quiebra o el estado de atraso de alguna de dichas empresas.

De esta manera y en virtud de la vital importancia que supone para la colectividad la prestación de dicho servicio público en forma continua y confiable, el referido Parágrafo Único del artículo 113 de la Ley Orgánica del Servicio Eléctrico, permite al Ejecutivo Nacional tomar el control de las empresas afectadas a la prestación del servicio eléctrico, cuando se esté en presencia de los mencionados supuestos lo cual, sin lugar a dudas, aún cuando **no implica el traslado de la propiedad del ente intervenido a manos del Estado**, comporta una verdadera suspensión de las funciones ejercidas por el presidente o la junta directiva de la sociedad mercantil intervenida de forma temporal, recayendo sobre la propia empresa las pérdidas o las ganancias generadas por la junta administradora.

En efecto, tal como lo señaló la Sala Constitucional en sentencia *No. 717 del 18 de julio de 2000* Caso: *Inversiones La Cartuja*, la intervención no implica la desposesión de los bienes de la empresa, sino una suspensión de las funciones ejercidas por el presidente o junta directiva de la sociedad intervenida, de forma temporal, percibiendo sus miembros titulares todas las ganancias generadas por la administración de transición.

Ahora bien, con fundamento en lo establecido en la aludida norma y visto el procedimiento de atraso seguido a la C.A. La Electricidad de Ciudad Bolívar (ELEBOL), el Presidente de la República Bolivariana de Venezuela dictó el Decreto No. 4.739 de fecha 17 de agosto de 2006, en los términos siguientes:

> *"...En ejercicio de las atribuciones que le confieren los artículos 226 y numeral 2 del 236 de la Constitución de la República Bolivariana de Venezuela y en el Parágrafo Único del artículo 113 de la Ley Orgánica del Servicio Eléctrico, en concordancia con lo dispuesto en el artículo 201 de la misma Ley, en Consejo de Ministros,*

> ### CONSIDERANDO

> *Que es deber del Estado garantizar la continuidad del servicio eléctrico, así como velar por el cumplimiento de los principios de confiabilidad, eficiencia, equidad, solidaridad, no discriminación y transparencia, en la prestación de este servicio público;*

> ### CONSIDERANDO

> *Que la Compañía Anónima de Administración y Fomento Eléctrico (CADAFE) solicitó la quiebra de la Compañía Anónima la Electricidad de Ciudad Bolívar (ELEBOL) y el Juez que*

conoce de la causa decretó y ha mantenido por diez (10) años el Estado de Atraso de esa empresa, en virtud de la cual no sólo no se han disminuido las deudas sino que se han incrementado los pasivos, ante lo cual existe el peligro inminente de poner en riesgo la prestación del servicio público de electricidad;

CONSIDERANDO

Que aun cuando el Ejecutivo Nacional, por órgano del Ministerio de Energía y Petróleo, ha venido adelantando acciones encaminadas a instar a la Compañía Anónima La Electricidad de Ciudad Bolívar (ELEBOL) a garantizar un servicio eléctrico adecuado para sus usuarios, en la actualidad se han producido manifestaciones en la región por parte de sus usuarios que protestan por serios problemas de falta de calidad y continuidad del servicio eléctrico, situación que podría estar impulsada por la ejecución de la medida judicial de atraso decretada.

DECRETA

Artículo 1º. *Se ordena al Ministerio de Energía y Petróleo entrar en posesión inmediata de todos los activos de la Compañía Anónima La Electricidad de Ciudad Bolívar (ELEBOL), afectos a la prestación del servicio eléctrico, y a poner en marcha el plan de contingencia, a través de las empresas que a tales efectos designe, que permita garantizar a los usuarios la continuidad, calidad y seguridad en la prestación del servicio.*

Artículo 2º. *Se ordena al Ministerio de Energía y Petróleo abrir los procedimientos administrativos correspondientes a fin de determinar las posibles causas, responsabilidades y propuestas de solución que existan ante la deficiencia en la prestación del servicio público en Ciudad Bolívar y elaborar una propuesta de liquidación en los términos previstos en la Ley Orgánica del Servicio Eléctrico, para presentarla al tribunal de considerarlo procedente para garantizar las condiciones de calidad, continuidad y confiabilidad del servicio eléctrico en la región del Estado Bolívar que estaría afectada".*

Como puede apreciarse, en el referido Decreto se ordena al Ministerio de Energía y Petróleo, hoy Ministerio del Poder Popular para la Energía y Petróleo, entrar en posesión inmediata de todos los activos de la C.A. La Electricidad de Ciudad Bolívar (ELEBOL) afectos a la prestación del servicio eléctrico, y a poner en marcha un plan de contingencia para garantizar a los usuarios la continuidad, calidad y seguridad en la prestación de dicho servicio.

Así, en fecha 5 de octubre de 2006, el Ministro de Energía y Petróleo dictó la Resolución No. 294, publicada en la *Gaceta Oficial de la República Bolivariana de Venezuela N° 38.539* del 9 de octubre de 2006, por la cual designó a la Junta Administradora de la C.A. La Electricidad de Ciudad Bolívar C.A. (ELEBOL) y, como consecuencia de la intervención decretada, suspendió la gestión del Presidente, la Junta Directiva y los demás factores mercantiles de dicha empresa.

La mencionada Resolución señala lo siguiente:

"...De conformidad con lo previsto en el artículo 102 del Decreto con Rango y Fuerza de Ley Orgánica del Servicio Eléctrico y en el numeral 2 de artículo 19 del Decreto No. 3.570 sobre Organización y Funcionamiento de la Administración Pública Central, este Despacho,

CONSIDERANDO

Que mediante Decreto N° 4.739 de fecha 16 de agosto de 2006, publicado en la Gaceta Oficial de la República Bolivariana de Venezuela N° 38.502, del 17 de agosto de 2006, el Presidente de la República ordenó a este Ministerio entrar en posesión inmediata de todos los ac-

tivos de la Compañía Anónima La Electricidad de Ciudad Bolívar C.A. (ELEBOL), así como poner en marcha el Plan de Contingencia previsto para esa Empresa;

CONSIDERANDO

Que en ejecución del Decreto N° 4.739, este Ministerio dictó la Resolución No. 263, publicada en la Gaceta Oficial N° 38.505 del 22 de agosto de 2006, en la cual se instruye a la empresa C.V.G ELECTRIFICACIÓN DEL CARONÍ (EDELCA) para que en representación del Ministerio de Energía y Petróleo tome posesión inmediata de todos los activos propiedad de la Compañía Anónima La Electricidad de Ciudad Bolívar C.A. (ELEBOL), afectos a la prestación del servicio eléctrico, y asimismo se ordenó aplicar el Plan de Contingencia presentado por este Ministerio ante el Juzgado Primero de Primera Instancia en lo Civil, Mercantil, Agrario y del Tránsito de Ciudad Bolívar, en fecha 12 de junio de 2003.

(...omissis...)

CONSIDERANDO

Que para lograr asumir la gestión y administración diaria de la empresa de tal manera que se pueda garantizar la continuidad en la prestación del servicio eléctrico, el Plan de Contingencia prevé la designación de una Junta Administradora y de un Administrador General de ELEBOL; así como la designación de responsables para cada una de la Áreas claves que se deben atender para garantizar la continuidad del servicio público.

CONSIDERANDO

Que la compañía anónima C.V.G ELECTRIFICACIÓN DEL CARONÍ, C.A. (EDELCA) presentó ante este Ministerio una propuesta para la conformación de la Junta Administradora a designar;

RESUELVE

PRIMERO: *Se designa a la Junta Administradora de la COMPAÑÍA ANÓNIMA LA ELECTRICIDAD DE CIUDAD BOLÍVAR (ELEBOL); la cual estará conformada por cinco (5) integrantes, de los cuales cuatro (4) miembros serán designados por este Ministerio, y un miembro será designado por el Sindicato que tenga la representación mayoritaria en la referida empresa. La falta de designación del representante de los trabajadores por parte del mencionado sindicato no dará lugar a la suspensión de las funciones de la indicada junta, la cual comenzará a ejercer sus atribuciones de inmediato.*

(...Omissis...)

TERCERO: *Se designa como Administrador General y Presidente de la Junta Administradora al ciudadano Honorio Antonio González.*

CUARTO: *Durante la vigencia del Decreto Presidencial No. 4739, la Junta Administradora de la Compañía Anónima La Electricidad de Ciudad Bolívar (ELEBOL) ejercerá las atribuciones siguientes:*

(...Omissis...)

4. Delegar en el Administrador General las funciones administrativas que resulten necesarias para la gestión diaria de la empresa.

La Junta Administradora tendrá amplias facultades de administración de los activos de la COMPAÑÍA ANÓNIMA LA ELECTRICIDAD DE CIUDAD BOLÍVAR (ELEBOL); y no podrá realizar actos de disposición sobre dichos activos, salvo los necesarios para la gestión diaria de la empresa y para el mantenimiento y mejora de los bienes afectos al servicio que requieran inversiones menores.

QUINTO: *El Administrador General tendrá las siguientes atribuciones:*

(...Omissis...)

2.-Ejercer la representación de la compañía ante terceras personas, naturales o jurídicas.

(...Omissis...)

SEXTO: *Mientras la Junta Administradora dure en el ejercicio de sus funciones, quedará en suspenso la gestión de los actuales directivos y factores mercantiles de LA COMPAÑÍA ANÓNIMA LA ELECTRICIDAD DE CIUDAD BOLÍVAR (ELEBOL)".*

De lo anterior se desprende que, a los fines de asumir la gestión diaria de la C.A. La Electricidad de Ciudad Bolívar (ELEBOL), así como para garantizar la continuidad en la prestación del servicio eléctrico, el Ministro del Poder Popular para la Energía y Petróleo designó como Administrador General y Presidente de la Junta Administradora al ciudadano Honorio Antonio González, a quien se le atribuyeron amplias facultades de administración de los activos de la empresa, entre las que se destaca ejercer la representación de la compañía ante terceras personas naturales o jurídicas.

Igualmente, aprecia la Sala que en la Resolución N° 141 del 22 de agosto de 2007, publicada en la *Gaceta Oficial de la República Bolivariana de Venezuela* N° 38.757 del 29 del mismo mes y año, el Ministerio del Poder Popular para la Energía y Petróleo, resolvió lo siguiente:

"...En ejercicio de las atribuciones establecidas en el artículo 20 del Decreto N° 5.246 sobre Organización y Funcionamiento de la Administración Pública Nacional, de conformidad con lo dispuesto en el Parágrafo Único del artículo 113 de la Ley Orgánica del Servicio Eléctrico y dando cumplimiento a las disposiciones establecidas en el Decreto Presidencial N° 4.739 de fecha 16 de agosto de 2006, mediante el cual se ordenó al Ministerio del Poder Popular para la Energía y Petróleo, entrar en posesión inmediata de todos los activos afectos al servicio de energía eléctrica de la sociedad mercantil C.A. La Electricidad de Ciudad Bolívar (ELEBOL).

(...omissis...)

CONSIDERANDO

Que de conformidad con lo establecido en el Parágrafo Único del artículo 113 de la Ley Orgánico del Servicio Eléctrico, en los casos en que sea decretada la quiebra o el estado de atraso de cualquiera de las empresas a que se refiere la ley, se suspenderá el procedimiento de liquidación establecido en el Código de Comercio, a fin de que el Ejecutivo Nacional presente al juez una propuesta de liquidación.

CONSIDERANDO

Que para la elaboración de la propuesta de liquidación, es necesario proceder al nombramiento de la Junta Liquidadora o ratificar a la actual Junta Administradora ampliando sus facultades, para que puedan asumir funciones de liquidación y mantener en vigencia la medida de toma de posesión de los activos de C.A. La Electricidad de Ciudad Bolívar (ELEBOL) y sus efectos, en virtud de la proximidad al vencimiento del plazo para la fecha 09-10-2007, conforme a la Resolución N° 294 publicada en la Gaceta Oficial de la República Bolivariana de Venezuela N° 38.539 de fecha 09-10-2006 emanada de este Ministerio a objeto de preservar y proteger los soportes documentales que sustentan el procedimiento administrativo abierto por la Dirección de Servicio Eléctrico y garantizar el proceso de liquidación hasta su culminación.

RESUELVE

PRIMERO: Prorrogar y en consecuencia mantener la vigencia de la medida de toma de posesión de todos los activos de la empresa C.A. La Electricidad de Ciudad Bolívar (ELEBOL) afectos a la prestación del servicio eléctrico en el Municipio Heres del Estado Bolívar, por el lapso de un (1) año a partir del 9-10-2007, fecha del vencimiento del plazo acordado según la Resolución No. 294 publicada en la Gaceta Oficial de la República Bolivariana de Venezuela N° 38.539 de la misma fecha.

...(Omissis)...

1. TERCERO: Ratificar a la actual Junta Administradora y ampliar sus facultades como Junta Liquidadora (...).

CUARTO: Ratificar la designación como Administrador General y Presidente de la Junta Administradora y Liquidadora al ciudadano Honorio Antonio González, antes identificado.

QUINTO: Durante la vigencia del Decreto Presidencial N° 4.739, el Administrador General, la Junta Administradora y Liquidadora de la COMPAÑÍA ANÓNIMA LA ELECTRICIDAD DE CIUDAD BOLÍVAR (...), tendrán las atribuciones siguientes:

1.- Velar por la integridad del patrimonio social y llevar la contabilidad de la empresa.

2.- Concluir las operaciones pendientes y realizar las que sean necesarias para la liquidación.

3.- Cobrar créditos y pagar deudas.

4.- Enajenar los bienes de la sociedad.

5.- Representar a la sociedad en juicio y fuera de él (transacciones y arbitraje) cuando así convenga al interés de la sociedad.

6.- Satisfacer a los socios la cuota resultante de la liquidación.

7.- Todas aquellas que sean necesarias para cumplir su objeto". (Resaltado de la Sala).

De la Resolución parcialmente transcrita se evidencia que la medida de toma de posesión acordada por el Ejecutivo Nacional, fue prorrogada por un año más y se le atribuyó temporalmente a la Junta Administradora de la C.A. La Electricidad de Ciudad Bolívar (ELEBOL), designada por el Ministro del Poder Popular para la Energía y Petróleo, la representación en juicio de la mencionada empresa, correspondiéndole al Administrador General de dicha Junta, ciudadano Honorio Antonio González, designado por la referida Autoridad Ministerial, ejercer la administración de los activos afectos al servicio eléctrico durante el lapso establecido en la citada Resolución.

Igualmente, estima la Sala que para la fecha en que se otorgó poder a los abogados Alfonso Citerio Quero y a Rafael Feo La Cruz Polanco *(14 de marzo de 2007)*, el ciudadano Víctor Casado Salicetti carecía de facultad para representar a la C.A. La Electricidad de Ciudad Bolívar (ELEBOL), pues los directivos y factores mercantiles de la empresa se encontraban suspendidos como consecuencia de la medida acordada por el Ministro de Energía y Petróleo en la Resolución N° 294 de fecha 5 de octubre de 2006, publicada en la *Gaceta Oficial de la República Bolivariana de Venezuela* N° 38.539 del 9 de octubre de 2006.

Cabe destacar que tal actuación se produjo con posterioridad al acto de informes correspondiente al proceso de autos, celebrado el 25 de noviembre de 2004, por lo tanto al haber culminado el trámite procesal en este juicio, carece de relevancia la revocatoria de los poderes realizada por el ciudadano Víctor Casado Salicetti, la cual no vulneró el derecho a la defensa y al debido proceso de la empresa demandante.

En razón de lo anterior, concluye la Sala que el abogado Jairo Fernández es quien está facultado para actuar en este proceso en nombre y representación de la demandante, pues mientras dure la medida de ocupación sobre los activos afectos al servicio eléctrico acordada por el Presidente de la República, ésta se encuentra bajo la administración del Estado a través del Presidente de la Junta Administradora y Liquidadora de la C.A. La Electricidad de Ciudad Bolívar (ELEBOL); con la salvedad de que, como antes se señaló, sobre dicha sociedad mercantil recaen todas las pérdidas o las ganancias generadas por la administración de transición, lo cual incluye las resultas de este juicio. Así se declara.

3.   *Régimen de protección a los consumidores y usuarios*

CSCA (156)   **8-2-2010**

JUEZ PONENTE: Emilio Ramos González

Caso: CORP BANCA, C.A. Banco Universal contra la Superintendencia de Bancos y Otras Instituciones Financieras.

Los operadores administrativos o jurisdiccionales del Estado deben realizar una interpretación de las normas legales en términos favorables al consumidor o usuario en caso de duda insalvable sobre el sentido de las mismas, constituyéndose esta protección de consumidores y usuarios un principio rector de la política social y económica de un ordenamiento jurídico.

.... DE LOS DERECHOS DE LOS CONSUMIDORES Y USUARIOS

Siguiendo la línea argumental antes propuesta, es necesario hacer notar que la Constitución de la República Bolivariana en su artículo 117 dispone que:

"Todas las personas tendrán derecho a disponer de bienes y servicios de calidad, así como a una información adecuada y no engañosa sobre el contenido y características de los productos y servicios que consumen, a la libertad de elección y a un trato equitativo y digno. La ley establecerá los mecanismos necesarios para garantizar esos derechos, las normas de control de calidad y cantidad de bienes y servicios, los procedimientos de defensa del público consumidor, el resarcimiento de los daños ocasionados y las sanciones correspondientes por la violación de estos derechos".

Con ocasión del análisis de la citada norma constitucional, este Órgano Jurisdiccional, en sentencia de noviembre de 2009, caso: *Corp Banca C.A., Banco Universal contra Superintendencia de Bancos y Otras Instituciones Financieras*, precisó que el artículo 117 de la Constitución de la República Bolivariana de Venezuela otorga a toda persona el derecho a disponer de servicios de calidad y de recibir de éstos un trato equitativo y digno, disposición normativa que al no diferenciar se aplica a toda clase de servicios, incluidos los bancarios.

En otro sentido, según dicha decisión, impone igualmente la Constitución, la obligación en cabeza del legislador de establecer los mecanismos necesarios que garantizarán esos derechos, así como la defensa del público consumidor y el resarcimiento de los daños ocasionados; pero la ausencia de una ley no impide a aquél lesionado en su situación jurídica en que se encontraba con relación a un servicio, defenderla, o pedir que se le restablezca, si no recibe de éste un trato equitativo y digno, o un servicio, que debido a las prácticas abusivas, se hace nugatorio o deja de ser de calidad.

De esta forma, se consagra entonces en el ordenamiento constitucional venezolano un derecho a la protección del consumidor y del usuario cuyo desarrollo implica, de acuerdo con las directrices que se desprenden del artículo 117 Constitucional: a) asegurar que los bienes y servicios producidos u ofrecidos por los agentes económicos sean puestos a disposición de los consumidores y usuarios con información adecuada y no engañosa sobre su contenido y características; b) garantizar efectivamente la libertad de elección y que se permita a consumidores y usuarios conocer acerca de los precios, la calidad, las ofertas y, en general, la diversidad de bienes y servicios que tienen a sus disposición en el mercado; y, c) prevenir asimetrías de información relevante acerca de las características y condiciones bajo las cuales adquieren bienes y servicios y asegurar que exista una equivalencia entre lo que pagan y lo que reciben; en definitiva, un trato equitativo y digno.

Es significativo que se hayan incluido como principios fundamentales el derecho a disponer de bienes y servicios y el derecho a la libertad de elección. Para el constituyente venezolano, una de las formas de proteger a los consumidores, es proveerles de alternativas de elección. Los oferentes en competencia, buscan captar las preferencias de los consumidores, quienes pueden optar entre las distintas ofertas que presentan los proveedores.

Así las cosas, se observa entonces que el propio Texto Constitucional induce a la existencia de un régimen jurídico de Derecho Público que ordene y limite las relaciones privadas entre proveedores y los consumidores o usuarios. Desprendiéndose de su artículo 117 el reconocimiento del derecho de los consumidores y usuarios de "disponer de bienes y servicios de calidad", lo que entronca con la garantía de la libre competencia, preceptuada en el artículo 113, siendo la ley –según dispone la norma constitucional- la que precise el régimen de protección del "público consumidor", el "resarcimiento de los daños ocasionados" y las "sanciones correspondientes por la violación de esos derechos".

Se observa así, que para el momento en que fueron dictadas la Resolución emanada de la Superintendencia de Bancos y Otras Instituciones Financieras, se encontraba vigente la Ley de Protección al Consumidor y al Usuario, publicada en la *Gaceta Oficial* número 37.930 de 4 de mayo de 2004.

En este punto cabe traer a colación que en la misma decisión antes aludida, esta Corte expresó que dentro del marco de la mencionada ley, el artículo 1° establecía que dicho instrumento legal tendría por objeto:

> "[...] la defensa, protección y salvaguarda de los derechos e intereses de los consumidores y usuarios, su organización, educación, información y orientación así como establecer los ilícitos administrativos y penales y los procedimientos para el resarcimiento de los daños sufridos por causa de los proveedores de bienes y servicios y para la aplicación de las sanciones a quienes violenten los derechos de los consumidores y usuarios".

Por su parte, el artículo 2 *eiusdem* establecía que "Las disposiciones de la presente Ley son de orden público e irrenunciables por las partes". En correspondencia con lo anterior, debe tenerse en cuenta que, por su parte, el artículo 6 del Código Civil prevé que "No pueden renunciarse ni relajarse por convenios particulares las leyes en cuya observancia estén interesados el orden público o las buenas costumbres".

Asimismo, el artículo 16 de esa Ley disponía que:

> "Sin perjuicio de lo establecido en la normativa civil y mercantil sobre la materia, así como otras disposiciones de carácter general o específico para cada producto o servicio, deberán ser respetados y defendidos los intereses legítimos, económicos y sociales, de los consumidores y usuarios en los términos establecidos en esta Ley y su Reglamento".

En cuanto al ámbito de aplicación, el artículo 3 de la Ley dispone que:

"Quedan sujetos a las disposiciones de la presente Ley, todos los actos jurídicos, celebrados entre proveedores de bienes y de servicios y consumidores y usuarios, relativos a la adquisición y arrendamiento de bienes, a la contratación de servicios públicos o privados y cualquier otro negocio jurídico de interés económico para las partes". (Negritas de esta Corte)

Así las cosas, se observa como esta Sede Jurisdiccional ha considerado la inclusión de los servicios bancarios dentro del ámbito de aplicación de la LPCU, lo cual deduce de la simple lectura del artículo 19 de la misma, el cual establece que: "El Instituto Autónomo para la Defensa y Educación del Consumidor y del Usuario (INDECU, en lo sucesivo), velará por la defensa de los ahorristas, asegurados y usuarios de servicios prestados por los Bancos, las Entidades de Ahorro y Préstamo, las Cajas de Ahorro y Préstamo, las Operadoras de Tarjetas de Crédito, los Fondos de Activos Líquidos y otros entes financieros".

De esta forma se plantea que los operadores administrativos o jurisdiccionales del Estado realicen una interpretación de las normas legales en términos favorables al consumidor o usuario en caso de duda insalvable sobre el sentido de las mismas, constituyéndose esta protección de consumidores y usuarios un principio rector de la política social y económica de un ordenamiento jurídico.

Tal circunstancia se encuentra presente, por ejemplo, a raíz de la promulgación de la Constitución Española de 1978, la cual se considera como de importancia capital en cuanto a Derecho del Consumo se refiere, al proclamar en su artículo 51 el principio de defensa de los consumidores, al establecer que "los poderes públicos garantizarán la defensa de los consumidores y usuarios protegiendo mediante procedimientos eficaces, la seguridad, la salud y los legítimos intereses económicos de los mismos", formando parte de los principios rectores de la política social y económica española, disponiendo en el artículo 53.3 *eiusdem* que "el reconocimiento, el respeto y la protección de los principios reconocidos en el Capítulo 3º, informarán la legislación positiva, la práctica judicial y la actuación de los poderes públicos".

Díez Picazo, no sin razón dice que la Constitución Española proyecta una nueva luz y un nuevo sentido sobre el ordenamiento y que obliga a reinterpretarlo (Ver, DÍEZ PICAZO: "La doctrina y las fuentes del derecho". En *Anuario de Derecho Civil*, octubre-diciembre de 1948, p. 945. Citado por MARTIN IGLESIAS, María Francisca: El riesgo en la compraventa y el principio de protección a los consumidores, tomado de: http://www.ucm.es/BUCM/revistas/emp/11316985/ articulos/CESE0000110423A.PDF, en fecha 30 de septiembre de 2009).

Y es que precisamente, la protección de los consumidores bancarios ha de entenderse dentro del marco constitucional económico. Y esta afirmación tiene trascendencia en un doble sentido: de un lado porque el mantenimiento del sistema económico constitucional es ya en sí una indirecta defensa del consumidor, y habría que ver por tanto hasta qué punto sería posible la regulación de su protección como consecuencia del daño que se les cause por el desajuste producido en el modelo económico debido a la actitud de los sujetos económicos (por ejemplo, alcance de la protección al consumidor frente a prácticas restrictivas). Y de otro porque la regulación de la defensa del consumidor no puede ir contra los principios constitucionales configuradores del modelo económico (SEQUEIRA MARTIN, Adolfo: Defensa del Consumidor y Derecho Constitucional Económico, tomado de http://dialnet.unirioja.es/ servlet/articulo? codigo=249931, publicación digital consultada el 2 de noviembre de 2009).

La configuración del modelo económico sobre el derecho de propiedad y del derecho a la libertad de empresa en el marco de la economía del mercado, naturalmente con sus propias limitaciones constitucionales tiene su defensa al amparo del mencionado artículo 53.1 de la

Constitución española y ello en razón a que son derechos del capítulo II, vinculantes para los poderes públicos y que sólo por ley, que no puede alterar su contenido esencial, permiten la regulación de su ejercicio.

De forma tal que una regulación desnaturalizadora de su contenido (directa o indirectamente como podría pasar al regular la materia de los consumidores) o el no respeto de su carácter de materia con reserva de ley podrían ser causa de inconstitucionalidad. Y es en este sentido de respeto al modelo económico como habrá de regularse la defensa del consumidor. Si bien cuales sean los límites de tolerancia del modelo económico quedan abiertos a las interpretaciones que la ambigüedad de su redacción permite (SEQUEIRA MARTIN, Adolfo, *ob. cit.*).

De allí, que el autor Carlos Lasarte Álvarez afirme que "[…] a estas alturas, resulta además absolutamente improcedente negar el carácter informador de la defensa de los consumidores y usuarios, que ha originado una verdadera montaña de disposiciones legales, cuya *ratio legis* consiste principalmente en superar viejos esquemas de igualdad formal y en adoptar criterios especiales de protección del consumidor. Desde el punto de vista operativo y pragmático, pues, pretender desconocer la plasmación del principio equivale a la imposibilidad de explicar el *leif motiv* o la línea común de desarrollo de las disposiciones dictadas en ejecución de tal principio inspirador o informador" (LASARTE ÁLVAREZ, Carlos: "La Protección del Consumidor como Principio General del Derecho", tomado de: http:// dialnet.unirioja.es/servlet/listaarticulos?tipo_busqueda=EJEMPLAR&revista_busqueda=549&cl ave_busqueda=113405, consultada el 3 de agosto de 2009).

Continúa afirmando que "De una parte, deberíamos considerar que la protección del consumidor ha desplegado tal energía orientadora que, en buena medida, ha dado origen a un conjunto de disposiciones comunitarias, nacionales y autonómicas que ponen de manifiesto que verdaderamente su génesis y existencia se debe, en lo fundamental, a la política de protección de los consumidores, considerados en su conjunto, como grupo o colectivo necesitado de una especial defensa y salvaguarda".

Esa protección al consumidor, a criterio de esta Corte, debe tener su fundamento en la buena fe de las partes, como elemento integrador del contrato, dado que, "la buena fe, es simultáneamente un principio general del Derecho, hoy legalmente formulado (art. 7). Por consiguiente, la buena fe no puede ser extraña a la propia conformación de los usos normativos y de los mandatos legales. Se ha de presuponer inserta en ambos grupos de normas o, al menos, debe ser inspiradora de aquéllos. Pero, al mismo tiempo, su virtualidad de principio general del Derecho comporta, por definición, que su plasmación no puede reducirse a lo establecido en la ley o en los usos. Va más allá; es el último canon hermenéutico que, entendido en sentido objetivo, utiliza el legislador para tratar de que en todo momento los efectos del contrato se adecuen a las reglas de conducta socialmente consideradas como dignas de respeto. Por consiguiente, la referencia del artículo 1.258 a la buena fe no puede ser entendida desde una perspectiva subjetiva, sino como un criterio ordenador de las relaciones contractuales, que se superpone al propio comportamiento de las partes (no digamos ya a la interpretación del clausulado contractual) y configura el contenido o los efectos del contrato de acuerdo con las reglas de conducta socialmente consideradas como dignas de respeto" (LASARTE ÁLVAREZ, Carlos, *ob. cit.*).

……..Es por ello, que ciertos autores consideran que esta protección del consumidor o usuario frente a ciertas libertades existentes en la sociedad cobra tal importancia, que llega a convertirse en una cuestión de orden público, a tal punto de que esta noción de orden público tenga incidencia en la formación del contrato bancario.

En efecto, en este punto cabe traer a colación al autor patrio José Melich Orsini, quien en artículo digital "Las particularidades del contrato con consumidores", en el capítulo referido a la invasión del contrato por el orden público, afirma que la noción de orden público aparece por primera vez en el Código Napoleón, precisamente el primer ordenamiento jurídico en que el principio de la autonomía privada realiza la plenitud de su apogeo. Entonces se presenta como un simple límite al ejercicio de la libertad para regular el contenido de los contratos al sólo arbitrio de las partes. Pero, como sabemos, a todo lo largo de los doscientos años transcurridos desde la Revolución Francesa, el orden público ha venido penetrando el contrato desde el exterior de la voluntad de las partes para impedir que éste lesione la dignidad humana y los intereses sociales, utilizando el legislador este mecanismo para imponer cauces a las ventajas económicas que alguna de las dos partes pretenda, valiéndose del estado de necesidad de su co-contratante (*Vid.* MÉLICH ORSINI, José, *ob. cit.*, disponible en: http://www.zur2.com/fcjp/111/particu.htm, consultada el 2 de noviembre de 2009).

Un caso típico, nos trae el autor, se da en las relaciones contractuales entre los productores y distribuidores de bienes y servicios, por una parte, y por la otra, los usuarios o consumidores de tales bienes o servicios. En tales casos, se trata no sólo de proteger a ese contratante más débil, sino de asegurar la dirección general de la economía en beneficio de toda la colectividad.

En materia bancaria, se afirma que en la economía actual, la actividad crediticia se manifiesta por doquier y, bajo infinitas formas. La actividad económica de una economía postindustrial exige del elemento dinero, en tanto que medio universal de pago, para la adquisición de bienes y servicios. La aportación de este elemento dinerario a los distintos agentes económicos constituye la actividad crediticia o de financiación (GARCII MARTÍNEZ, Roberto: Cláusulas Abusivas en la Contratación Bancaria, tomado de: http://www.adicae.net/especiales/dosierlegislacion/dosierpdf/D%20Dictamenes%2010.pdf, en fecha 6 de octubre de 2009).

De las tres líneas que, de acuerdo a dicho autor, existen en la actividad crediticia: el crédito para la inversión, el crédito para la distribución y el crédito para el consumo, únicamente esta tercera línea merecerá nuestra atención; los créditos concedidos a particulares que destinan el crédito recibido a la atención de necesidades personales o familiares y por ello calificables como consumidores.

En este punto, el Profesor de la Universidad de Zaragoza citado ut supra afirma que las entidades de crédito, en los contratos estudiados, asumen invariablemente la posición acreedora en el tracto sucesivo del contrato. Esta posición activa tratan de defenderla a ultranza, en detrimento, naturalmente, de su clientela, en nuestro caso, el consumidor. Este afán de recuperar lo previamente entregado (el capital) con el máximo beneficio (los intereses) conduce a que se introduzcan en los contratos-tipo, ofrecidos por las entidades de crédito a su clientela, cláusulas que pueden ser juzgadas de lesivas o al menos de abusivas por suponer en el contrato una merma en los derechos del cliente sin obtener por tal pérdida ninguna contrapartida.

Es por ello, que dicho autor también trae a colación la noción de orden público, al sostener que la idea de orden público como quietud en las calles ha sido abandonada por un nuevo orden que atiende los intereses de los colectivos, clases o grupos sociales que el mercado, abandonado a sus propias reglas, no defiende.

El orden público económico así definido se nutre de materiales heterogéneos; destacando de entre ellos, la protección de los consumidores y usuarios.

El remedio contra la trasgresión de los derechos del consumidor pasa por dotar al ordenamiento de la adecuada normativa que permita que la contratación discurra por cauces de claridad y transparencia, tanto en la información previa, como en las estipulaciones. Según la doctrina científica (Planiol y Carrara) derecho y abuso son conceptos antagónicos que se excluyen entre sí, pues el derecho cesa donde el abuso comienza (*Cfr.* RIVERO ALEMÁN, Santiago: *Crédito, Consumo y Comercio Electrónico. Aspectos Jurídicos Bancarios.* Editorial Arazandi, Navarra-España, 2002, pp. 162).

Es por ello, que cabe destacar que en nuestra legislación resulta innegable que, los servicios bancarios han quedado adscritos al ámbito de protección de la Ley de Protección al Consumidor y al Usuario, aplicable *rationae temporis*, así como a la Ley de Bancos y Otras Instituciones Financieras, que traen disposiciones que ofrecen protección a los clientes bancarios frente a conductas de las instituciones financieras.

Ello, por cuanto el sistema económico diseñado por la Constitución, y desarrollado por leyes posteriores en esa materia, sin duda alguna asentado en la iniciativa económica privada, no dificulta la consideración que merezca la protección de los consumidores y usuarios, que para nuestro sistema es también un principio general del Derecho, en terminología tradicional, o un principio general informador del ordenamiento jurídico, como se puede observar.

Es inobjetable que por mandato de la Constitución se consagra la existencia de un Estado social de Derecho, en donde los componentes de participación en búsqueda del bienestar general y el equilibrio ponderado de los agentes económicos no pueden ser ignorados. De ahí que si los destinatarios finales de los bienes y servicios que proveen las instituciones financieras son inobjetablemente los consumidores o usuarios bancarios, las controversias generadas entre ellas y que incidan en dichos protagonistas, deben ser enfocadas en dirección a la defensa o protección que la propia Norma Fundamental se encarga de reconocer.

Ello se fundamenta en que la defensa de los consumidores no es solamente, y como se ha señalado anteriormente, un principio jurídico de alcances generales, sino también un auténtico e inobjetable derecho constitucional. Por ende, cuando se suscitan conflictos en donde se ven afectados los intereses de los consumidores o usuarios, existe la necesidad de que el juzgador pondere las cosas de forma suficientemente integral o acorde con el enfoque que la propia norma constitucional (artículo 117) y legal patrocina.

El status de consumidores no es el de ser sujetos pasivos de la economía que observan con indiferencia o impotencia el modo como los agentes económicos desarrollan sus actividades o entran en disputa, sino el de ser destinatarios fundamentales de las relaciones que la sustentan y, por supuesto, de aquellas que la justifican en el marco del Estado social y democrático de derecho (*Cfr.* MENENDEZ MENENDEZ, Adolfo: "La defensa del consumidor: Un principio general del Derecho". En *Estudios sobre la Constitución Española. Homenaje al Profesor Eduardo García de Enterría*, T.II, de Civitas, Madrid 1991, pp. 1903 y ss.). El ordenamiento, en otras palabras, los privilegia reconociéndoles un catálogo de atributos y una esfera de protección fundamentada en la relevante posición que ocupan.

Del análisis anterior, deviene la consideración relativa a que, a los usuarios bancarios debe protegérseles de igual forma de la presencia de cláusulas abusivas en cualquier tipo de contratación que efectúen con la banca.

3.1. DE SI EL VEHÍCULO DE MARRAS CONSTITUYE UN VEHÍCULO QUE PUEDA SER CATALOGADOS COMO VEHÍCULO POPULAR, TAL COMO LO ASEVERÓ LA ADMINISTRACIÓN.

A los fines de dilucidar si la Administración erró en sus apreciaciones de hecho y de derecho, esta Corte estima conveniente traer a colación el contenido de la Resolución dictada por la Superintendencia de Bancos y Otras Instituciones Financieras, identificada con las letras y números SBIF-DSB-GGCJ-GLO-09938 de fecha16 de junio de 2005, impugnada por la institución financiera recurrente, y que fuera expuesto por la Superintendencia de Bancos y Otras Instituciones Financieras como fundamento de su decisión.

A saber:

"Sobre el particular, debemos expresar que en cuanto al análisis financiero esta Superintendencia, una vez evaluado el crédito en cuestión observó que desde el 'punto de vista financiero' el mismo se encuentra enmarcado dentro de la definición de crédito destinado a la adquisición de vehículo con reserva de dominio bajo la modalidad de 'cuota balón', ya que se evidenció de la tabla de amortización presentada por la prenombrada Institución Financiera, que durante la vigencia del crédito la amortización a capital no fue suficiente; y durante treinta y ocho (38) cuotas no hubo amortización a capital alguna, lo que originó la existencia de una cuota pagadera al final del crédito conformada por capital e intereses, todo lo cual se subsume dentro de lo establecido en la primera parte del numeral 3 del artículo 2 de la Resolución N° 145.02, publicada en *Gaceta Oficial de la República Bolivariana de Venezuela* N° 37.516 de fecha 29 de agosto de 2002.

En ese mismo orden de ideas, en cuanto a la determinación del vehículo como popular o instrumento de trabajo, requisito indispensable para que conjuntamente con la evaluación financiera se considere que el crédito es objeto de reestructuración, este Organismo estima que el vehículo en cuestión encuadra dentro de la definición de vehículo popular establecida por el Ministerio de Industrias Ligeras y Comercio, como ente competente para establecer este tipo de criterios, mediante Resolución DM N° 0017 de fecha 30 de marzo de 2005, publicada en la *Gaceta Oficial de la República Bolivariana de Venezuela* N° 38.157 de fecha 1 de abril del año en curso, la cual es del siguiente tenor:

'b) VEHÍCULO POPULAR: Todo artefacto o aparato destinado al transporte de personas o cosas, apto para circular por las vías destinadas al uso público o privado, de manera permanente o casual, cuyo precio de venta al público establecido en el contrato de compra venta con reserva de dominio, no exceda de 1.500 Unidades Tributarias.'

[...omissis...]". (Negritas de esta Corte)

Una vez citados los fundamentos de la Administración para tomar su decisión, pasa esta Corte a constatar si efectivamente, como lo alega la parte recurrente la SUDEBAN incurrió en los vicios de falso supuesto de hecho y de derecho en el acto administrativo impugnado, es decir, si se evidencia la inexistencia de los hechos que motivaron la emisión del acto o no relacionados con el o los asuntos objeto de decisión -caso en el cual habrá incurrido en el vicio de falso supuesto de hecho- o bien, si se evidencia que la Administración al dictar el acto los subsumió en una norma errónea o inexistente en el universo normativo para fundamentarlo -incurriendo así en el vicio de falso supuesto de derecho-, para ello, esta Sede Jurisdiccional pasa a efectuar el siguiente análisis:

En primer lugar, resulta necesario traer a colación lo dispuesto en la Resolución DM N° 0017 de fecha 30 de marzo de 2005, publicada en la *Gaceta Oficial de la República Bolivariana de Venezuela* N° 38.157 del 1° de abril de 2005, determinó lo que debía entenderse como vehículo popular, de la siguiente forma:

"b) VEHÍCULO POPULAR: Todo artefacto o aparato destinado al transporte de personas o cosas, apto para circular por las vías destinadas al uso público o privado, de manera permanente o casual, cuyo precio de venta al público establecido en el contrato de compra venta con reserva de dominio, no exceda de 1.500 Unidades Tributarias". (Negritas de esta Corte)

En aplicación de lo anterior, esta Corte observa que, de la revisión efectuada al celebrado por la sociedad mercantil Lámparas Delmi, C.A., con la agencia automotriz Motomar Aragua, C.A., con cesión de crédito a favor de la sociedad mercantil Corp Banca, C.A., efectivamente, tal como lo aseveró la SUDEBAN, el monto de venta del vehículo a que se contrae la Resolución N° SBIF-DSB-GGCJ-GLO-09938 de fecha16 de junio de 2005, impugnada por la institución financiera recurrente, fue estimad por debajo de las mil quinientas unidades tributarias (1.500 U.T).

Ello así, es conveniente resaltar respecto al alegato esgrimido por la entidad recurrente referida a que los créditos para la adquisición de los vehículos catalogados como vehículo popular no "abarca[n] los créditos en los cuales los prestatarios, como ocurre en el caso de marras, son personas jurídicas (v.gr. Lámparas Delmi, C.A.)," que la citada Resolución DM N° 0017 de fecha 30 de marzo de 2005, no hace distinción alguna respecto a éste particular, toda vez que sólo se circunscribe en señalar que el monto de la compra-venta del vehículo no exceda las mil quinientas unidades tributarias (1.500 U.T.), razón por la cual el vehículo objeto de negociación encuadra perfectamente dentro de la definición de vehículo popular, con lo cual le resulta aplicable la doctrina jurisprudencial con respecto a este punto.

Aunado a ello, es menester destacar que la entidad bancaria recurrente no señala las razones por las cuales el vehículo objeto de protección y cuyo crédito se ordenó reestructurar, no deban ser considerados como vehículo popular.

Respecto a lo antes expuesto, es doctrina pacífica en el proceso dispositivo, que las partes tienen la carga de la prueba de los hechos que la favorecen y el riesgo de la falta de prueba.

Las diversas posiciones doctrinarias y legislativas adoptadas para la distribución entre las partes de la prueba se reduce a la fórmula: "las partes tienen la carga de probar sus respectivas afirmaciones de hecho".

El Código de Procedimiento Civil distribuye las pruebas entre las partes como una carga procesal cuya intensidad depende del respectivo interés, vale decir, si al actor le interesa el triunfo de su pretensión deberá probar los hechos que le sirven de fundamento y si al demandado le interesa destruirlos, tendrá que reducir con su actividad directa en el proceso, el alcance de la pretensión debiendo probar el hecho que la extingue, que la modifique o que impida su existencia jurídica, es decir, plantea la distribución de la carga de la prueba entre las partes, propia del proceso dispositivo, en el cual el Juez tiene la obligación de decidir conforme a lo alegado y probado por las partes, sin poder sacar elementos de convicción fuera de los autos, ni suplir excepciones ni argumentos de hecho no alegados ni probados, así lo ha dejado claro la doctrina patria, la cual acoge este Órgano Jurisdiccional.

Al respecto el autor Arístides Rengel Romberg en su obra, *Tratado de Derecho Procesal Civil Venezolano según el nuevo Código de* 1987 tomo I Teoría General del Proceso, Editorial Arte, Caracas, 1992, se pronuncia sobre la materia en los siguientes términos: "(...) lo importante es atender por la materia dialéctica que tiene el proceso y por el principio contradictorio que lo informa a las afirmaciones de hecho que formula el actor para fundamentar su pretensión y determinar así el Thema Probandum (...)".

Al respecto la Sala de Casación Civil, en sentencia N° 389 de fecha 30 de noviembre de 2000, señaló: "(...) el artículo en comento se limita a regular la distribución de la carga de la prueba, esto es, determina a quien corresponde suministrar la prueba de los hechos en que se fundamente la acción o la excepción, de allí que le incumbe al actor probar los hechos constitutivos, es decir, aquellos que crean o generan un derecho a su favor y se traslada la carga de la prueba al demandado con relación a los hechos extintivos, modificativos e impeditivos ya que este puede encontrarse en el caso de afirmar hechos que vienen a modificar los del actor, a extinguir sus efectos jurídicos o a ser un impedimento cuando menos dilatorio para las exigencias de los efectos (...)".

Como corolario de lo antes expuesto, se evidencia de actas que la parte recurrente no logró en modo alguno demostrar la veracidad de su defensa y consecuentemente destruir los señalamientos efectuados por la Administración, pues teniendo la carga de probar los hechos traídos a la causa, como lo es, el señalar que el vehículo catalogado como vehículo popular, no deba ser considerados como tal.

En este sentido, observa esta Corte que las reglas sobre la carga de la prueba se encuentran establecidas en los artículos 1.354 del Código Civil y 506 del Código de Procedimiento Civil, los cuales clara y ciertamente establecen que:

"Artículo 1.354. Quien pida la ejecución de una obligación debe probarla, y quien pretenda que ha sido libertado de ella debe por su parte probar el pago o el hecho de que ha producido la extinción de su obligación".

"Artículo 506. Las partes tienen la carga de probar sus respectivas afirmaciones de hecho. Quien pida la ejecución de una obligación debe probarla, y quien pretenda que ha sido libertado de ella, debe por su parte probar el pago o el hecho extintivo de la obligación.

Los hechos notorios no son objeto de prueba".

En las disposiciones transcritas se consagra la carga de las partes de probar sus respectivas afirmaciones de hecho.

La carga de la prueba, según los principios generales del derecho, no constituye una obligación que el Juzgador impone a capricho a las partes. Esa obligación se tiene según la posición del litigante en la *litis*. Así al demandante le toca la prueba de los hechos que alega, según el aforismo por el cual *"incumbi probatio qui dicit, no qui negat"*, por lo que corresponde probar a quien afirma la existencia de un hecho, no a quien lo niega, más al demandado le toca la prueba de los hechos en que basa su excepción, en virtud de otro aforismo *"reus in excipiendo fit actor"* al tornarse el demandado en actor de la excepción. Este principio se armoniza con el primero y, en consecuencia, sólo cuando el administrado alega, como en el presente caso, hechos nuevos le corresponde la prueba correspondiente. De manera pues, que siendo viable la acción, en virtud de no haber demostrado la parte que el vehículo cuyo crédito se ordenó reestructurar no era un vehículo considerado como popular, incumpliendo de esta manera con la carga probatoria a que se contraen los artículos 1.354 del Código Civil y 506 del Código de Procedimiento Civil, ya analizados en esta sentencia. Así se decide.

En virtud de lo anteriormente expuesto, esta Corte desecha el alegato de la parte recurrente, pues no se verificó ninguna actividad probatoria tendente a demostrar los supuestos de hecho alegados en el escrito libelar con respecto a los puntos analizados. Así se declara.

3.2. DE SI EL CRÉDITO PARA LA ADQUISICIÓN DEL VEHÍCULO POR LA SOCIEDAD MERCANTIL LÁMPARAS DELMI, C.A., MEDIANTE VENTA CON RESERVA DE DOMINIO, FUE SUSCRITO BAJO LA MODALIDAD DE CUOTA BALLON:

Señaló la apoderada judicial de la Superintendencia de Bancos y Otras Instituciones Financieras como fundamento de la reestructuración del crédito sub examine, que la cláusula tercera del contrato de adquisición suscrito por la empresa Lámparas Delmi, C.A., en fecha

18 de febrero de 2000, dispone: "El capital no amortizado en su totalidad, en virtud de la variación de la tasa de interés, el comprador conviene y así lo acepta la vendedora o sus cesionarios, en pagarlos a través de una cuota global (ballon) pagadera al vencimiento del plazo estipulado para el pago del financiamiento."

A los fines de ilustrar la situación de marras, conviene traer a colación el texto parcial de lo que, a juicio de la Administración, se considera lesivo en el contrato objeto de estudio en el presente caso:

Cláusula TERCERA "[…] El capital no amortizado (en su totalidad), en virtud de la variación de la tasa de interés, EL COMPRADOR conviene y así lo acepta LA VENDEDORA o su(s) cesionario(s), en pagarlo a través de una cuota global (Ballon), pagadera al vencimiento del plazo estipulado para el pago del financiamiento. En virtud de la circunstancia de la variabilidad de la tasa de interés, consagrada y aceptada por EL COMPRADOR en el presente contrato, EL COMPRADOR reconoce y conviene expresamente con EL VENDEDOR o su(s) Cesionario(s) en que, para el supuesto de existir la cuota global (Ballon), las cantidades pagados por concepto de CUOTAS ADICIONALES o pagos parciales (Pre-pago PARCIAL) serán destinadas, por vía de excepción, al pago de dicha cuota global (Ballon) y de existir un remanente, el mismo se imputará al pago del capital insoluto del financiamiento, procediendo en todo caso a hacer los ajustes necesarios al financiamiento, relacionados con plazo y condiciones específicas […]". (Negritas de esta Corte)

Tabla de Amortización (folios 64 y 65)

Una vez citado el contenido de la cláusula señalada por la Administración como contraria a las sentencias de la Sala Constitucional del Máximo Tribunal, esta Corte debe evocar lo que ha establecido dicha instancia jurisdiccional en torno a la cuota balón, en decisión Nº 85 del 24 de enero de 2002, caso: *ASODEVIPRILARA*, en la que observó:

"En lo referente a los créditos para la adquisición de vehículos, mediante ventas con reserva de dominio u operaciones equivalentes, la Sala observa:

Se trata de un sistema donde el deudor paga una cuota mensual que está formada por amortización de capital, comisión por cobranza y tasa de interés variable.

Los pagos mensuales monto de las cuotas no varían, pero sí la tasa de interés se modifica y ella es mayor a la que sirvió de base de cálculo de los intereses de la primera cuota, dicha tasa se aplica al saldo del precio o base de cálculo y el resultante se abona (imputa) a la cuota por concepto de intereses, por lo que la amortización de capital que ella contiene es inferior a la que originalmente le correspondía.

Esos intereses a cobrarse en cada cuota resultan de multiplicar la base de cálculo (precio del bien) por la tasa aplicable vigente cada día; por lo que se trata de una tasa de interés diario, que con relación a la segunda y subsiguientes cuotas, los intereses que ellas contendrán son lo que resulten de sumar los intereses correspondientes a cada día que hubiere transcurrido entre la fecha de vencimiento de la cuota de que se trate y la fecha de vencimiento de la inmediata anterior.

Resulta usurario, por desproporcionado, que la cuota mensual esté formada por una alícuota por concepto de comisión de cobranza, y que dicha alícuota permanezca fija en detrimento del deudor, que no logra al pagar la cuota, amortizar el capital, ya que al pago del monto de ella, primero se imputan los intereses calculados a la tasa variable, luego la comisión por cobranza, y luego lo que resta –si es que resta- se abona al capital. Este sistema genera una última cuota que es igual a todo el capital insoluto. Capital que a su vez produce intereses de mora si no se cancelaren a tiempo las cuotas más un añadido de tres puntos porcentuales anuales a la tasa aplicable vigente para el primer día de la mora.

¿Cuál es la razón que existan esos puntos porcentuales añadidos a los intereses de mora? No encuentra la Sala ninguna justificación, ya que si el prestamista corre un riesgo, el prestatario igualmente lo corre si por motivo de la inflación sus ingresos se ven realmente disminuidos y no puede honrar a tiempo la deuda. Además, tal puntaje añadido al interés corriente, en las ventas con reserva de dominio, viola el artículo 13 de la Ley sobre Ventas con Reserva de Dominio, que establece que los intereses de mora se calculan a la rata corriente del mercado, por lo que el puntaje resulta ilegal, y así se declara.

El interés convencional, se rige por el artículo 1.746 del Código Civil, sin embargo en materia de financiamiento, los intereses, comisiones y recargos de servicio, deben ser fijados en sus tasas máximas respectivas por el Banco Central de Venezuela, por mandato del artículo 108 de la Ley de Protección al Consumidor y al Usuario. No con tasas 'marcadoras', sino con tasas expresamente fijadas.

Es más, en lo que a las comisiones respecta, ellas deben corresponder a un servicio debidamente prestado, es decir que tenga una real razón de ser, a fin que no resulta desproporcionado o inequivalente. No encuentra la Sala justificación alguna para que exista una comisión por cobranza, siendo algo inherente al vendedor de muebles o a los prestamistas mantener un servicio o departamento de cobranza como inherente al negocio. Servicios de cobranza que, necesariamente, tienen que ser distintos los del vendedor que los del financista, lo que hace aún más arbitraria la fijación de una comisión única.

Tales gastos de cobranza, como gastos de operación pueden formar parte de los componentes para calcular la tasa de interés y por lo tanto existe una duplicidad en el uso de dichos gastos para calcular la cuota a pagar.

Los vendedores de vehículos, para calcular la tasa de intereses del mercado, no pueden utilizar para su cálculo los mismos elementos que la Banca, ya que ni captan dinero del público al cual haya que pagar intereses, ni tienen gastos de operación, ni ganancias de igual entidad que la Banca. En consecuencia, los vendedores de vehículos al imponer en sus contratos una tasa de interés que le es extraña, no están sino actuando como intermediarios del financista, como si fuera un brazo de este, por lo que se trata de una forma de intermediación financiera, que resulta contraria a las normas del artículo 10 de la derogada Ley General de Bancos y Otras Instituciones Financieras.

En consecuencia, las cuotas de estos contratos deben ser reestructuradas, eliminando de ellas los gastos de cobranza; correspondiendo al Banco Central de Venezuela, de acuerdo al artículo 108 de la Ley de Protección al Consumidor y al Usuario, fijar la tasa máxima de interés mensual que, a partir de 1996, correspondía al mercado de compras con reserva de dominio, intereses que no pueden cobrarse día a día".

Ahora bien, del análisis efectuado a la citada cláusula tercera del contrato de marras, se puede evidenciar que se establece el cobro de una cuota global o cuota ballon para los casos en que el capital resulte no amortizado en su totalidad, en virtud de la variación de la tasa de interés, con lo cual, sin que ello admita prueba en contrario, queda palmariamente demostrado que el crédito suscrito por la sociedad mercantil Lámparas Delmi, C.A., fue adquirido bajo la modalidad de "cuota ballon".

Esto es, como se puede apreciar, en el propio contrato suscrito donde se estipula dentro de sus condiciones la existencia de la denominada cuota balón, razón por la cual esta Corte Segunda de lo Contencioso Administrativo afirma que el supuesto de hecho que hiciere la

Superintendencia de Bancos y Otras Instituciones Financieras, como fundamento de la Resolución impugnada, se formuló con fundamento en la Resolución DM N° 0017 del 30 de marzo de 2005, publicada en *Gaceta Oficial de la República Bolivariana de Venezuela* N° 38.157 del 1° de abril del mismo año.

Es menester indicar, que la anterior Resolución fijó criterios respecto de lo concebido como vehículo de uso particular y como instrumento de trabajo, para considerar que el crédito otorgado en razón de la venta de tales vehículos bajo la modalidad de reserva de dominio sean objeto de reestructuración, por la existencia de una cuota pagadera al final del crédito conformada por capital e intereses (cuota balón), tal como ocurrió en el caso de autos, lo cual se subsume dentro de lo establecido en la primera parte del numeral 3 del artículo 2 de la Resolución N° 145.02, publicada en *Gaceta Oficial de la República Bolivariana de Venezuela* N° 37.516 de fecha 29 de agosto de 2002.

Así, se observa que en el crédito otorgado en el caso bajo examen, como consecuencia de la variación de las tasas de interés durante la vigencia del mismo, se generó que las cuotas regularmente pagadas por el agraviado, no alcanzaron a amortizar todo el capital, lo cual ocasionó que al final del crédito se produjera una cuota especial o global (cuota balón) donde está reflejado el capital insoluto, todo lo cual encuadra perfectamente en la definición de "Cuota Balón" dada por la Sala Constitucional en su aclaratoria de fecha 24 de enero de 2002, cuando indica que:

> "Son todos aquellos créditos otorgados por las Instituciones financieras destinados a la adquisición de vehículos con reserva de dominio, mediante cuotas fijas y tasas variables (caso de autos) o cuotas variables y tasas variables, sin menoscabo de que dichas cuotas incluyan o no alguna comisión de cobranza y que en algún momento de la vida del crédito se le haya formado una cuota pagadera al final del crédito, conformada por el capital y/o intereses no cancelados debido a que la mayoría de las cuotas pagadas por el deudor, solamente alcanzaron para amortizar los intereses…". (Resaltados de esta Corte)

De modo pues que no existe dudas para este Órgano Jurisdiccional que el crédito concedido al contratante, sí fue un crédito suscrito bajo la modalidad de "cuota balón", ello al margen de que la recurrente haya alegado que fueron excluidas de las cuotas los gastos de cobranza, ya que la Sala estableció que ello no obstaba para que igualmente se catalogara como tal.

Siendo ello así, esta Corte desestima el alegato de falso supuesto de derecho, por cuanto quedó demostrado de autos que las acciones de la entidad bancaria se corresponden con los hechos demostrados en autos y se subsumen, por ende, en la norma aplicada, con respecto a la presencia de las cláusulas del contrato de marras, referidas a la lesiva "cuota ballon", convirtiéndolo en un crédito abusivo. Así se decide.

Pero aunado a la sola presencia de una cláusula representativa de la tantas veces mentada cuota balón, esta Corte quiere resaltar que la práctica bancaria en la cual incurrió la institución financiera de marras se encuentra en contradicción con los postulados constitucionales y legales que, como ya se desarrolló anteriormente, dan protección plena a los consumidores y usuarios de prácticas contrarias a la buena fe y al orden público.

En efecto, constata este Órgano Jurisdiccional que la recurrente vulneró con su actuación el ámbito de la protección al consumidor o usuario bancario desde el momento en que suscribió un contrato con una cláusula lesiva a los derechos del comprador del vehículo objeto del contrato, recordándose en este punto que el artículo 117 Constitucional consagra en el ordenamiento constitucional venezolano un derecho a la protección del consumidor y del usuario de obligatorio cumplimiento por parte de aquellas personas naturales o jurídicas que prestan algún servicio al público.

Tal conducta conduce, como ya fue precisado, a que esta Corte tome en consideración que, de conformidad con el propio Texto Constitucional, existe en el ordenamiento jurídico venezolano una serie de normas que ordenan y limitan las relaciones privadas entre proveedores y los consumidores o usuarios. La Ley de Protección al Consumidor y al Usuario, publicada en la *Gaceta Oficial* número 37.930 de 4 de mayo de 2004, aplicable *rationae temporis*, en su artículo 1º establecía que dicho instrumento legal tendría por objeto la defensa, protección y salvaguarda de los derechos e intereses de los consumidores y usuarios para el resarcimiento de los daños sufridos por causa de los proveedores de bienes y servicios y para la aplicación de las sanciones a quienes violenten los derechos de los consumidores y usuarios, siendo que el artículo 2 *eiusdem* establecía que "Las disposiciones de la presente Ley son de orden público e irrenunciables por las partes".

Así las cosas, esta Corte observa que la existencia de un crédito abusivo, como consecuencia dañina de la libertad contractual, pone de relieve que deba prevalecer el principio *pro consummatore* o *indubio pro* consumidor, el cual existe en cabeza del Estado como una acción tuitiva a favor de los consumidores y usuarios en razón de las obvias desventajas y asimetrías fácticas que surgen en sus relaciones jurídicas con los proveedores de productos y servicios como producto de esa libertad contractual. Dicho principio postula que en caso de duda en la interpretación de una clausula contractual entre empresario y consumidor el interprete deberá velar por el consumidor como parte contractualmente más débil, tal como consecuentemente lo hace la SUDEBAN, cuando ordena la reestructuración de un crédito como el de marras.

Ello, debido a que cuando se comete fraude en ese intercambio entre las partes del crédito, el que lo comete (en este caso, *Corp Banca*) no sólo perjudica al otro (en este caso, la sociedad mercantil Lámparas Delmi, C.A., que contrató con dicho banco), sino que desprecia el vínculo mediante el cual ambos son partícipes de una misma sociedad. Y, peor aún, si para cometer fraude se saca provecho de la necesidad de los usuarios bancarios, es decir, de la misma dependencia en razón de la cual existe sociedad, entonces se atenta también contra la buena fe y contra el orden público que deben prevalecer en toda relación.

De forma tal que en el marco de esa relación contractual instaurada entre Corp Banca, como productor y distribuidor de un servicio (bancario, en este caso), por una parte, y por la otra, Lámparas Delmi, C.A., debe protegerse a ésta última como parte más débil en la mentada relación contractual, con el fin de extender la dirección general de la economía en beneficio de toda la colectividad y con el objeto también de que no se introduzcan en los contratos bancarios cláusulas que pueden ser juzgadas de lesivas o al menos de abusivas, produciéndose así una merma en los derechos del cliente.

Siendo ello así, esta Sede Jurisdiccional encuentra que el contrato de marras, tal como lo aseveró la autoridad administrativa, contraviene las premisas sentadas anteriormente en el cuerpo del presente fallo, y visto que los operadores jurisdiccionales se encuentran en la impretermitible obligación de realizar una interpretación de las normas legales en términos favorables al consumidor o usuario en caso de duda insalvable sobre el sentido de las mismas, es por lo que considera que en el caso sub examine debe constituirse una protección a los consumidores y usuarios de servicios bancarios, como principio rector de la política social y económica de un ordenamiento jurídico. Así se decide.

V. LA ACTIVIDAD ADMINISTRATIVA

1. *El Procedimiento Administrativo*

A. *Principio de exhaustividad o globalidad administrativa*

TSJ-SPA (0011)   **13- 1-2010**

Magistrado Ponente: Yolanda Jaimes Guerrero

Caso: Jesús Rodolfo Bermúdez Acosta

Al igual como sucede en los procesos judiciales, la Administración se encuentra obligada a tomar en cuenta y analizar todos los alegatos y defensas opuestas por las partes -al inicio o en el transcurso del procedimiento- al momento de dictar su decisión, en atención al principio de globalidad o exhaustividad administrativa previsto en los artículos 62 y 89 de la Ley Orgánica de Procedimientos Administrativos.

2.-**Violación al principio de globalidad de la decisión administrativa.** Denunció en tal sentido que "...Los artículos 62 y 89 de la Ley Orgánica de Procedimientos Administrativos reconocen el principio de globalidad, congruencia o exhaustividad de la decisión administrativa, que consiste en el deber de la administración de resolver todas las cuestiones que hubieren sido planteadas y para ello la administración está obligada, incluso de oficio, a cumplir todas las actuaciones necesarias para el mejor conocimiento del asunto que le corresponde decidir (artículo 53 *ejusdem*), debiendo analizar dichos planteamiento, aún cuando no hubiesen sido alegados, ni probados por los interesados (artículo 89 de la Ley Orgánica de Procedimientos administrativos). (*Sic*).

Refirió que "...*al no haber analizado los hechos alegados como efectivamente ocurrieron y no haberle aplicado las disposiciones legales pertinentes, se ha dictado un acto administrativo viciado de nulidad absoluta. Una simple lectura de la Resolución N° 00-01-000043 de 6 de febrero de 2007, del Contralor General de la República, (...) evidencia que no se produjo pronunciamiento alguno sobre los alegatos presentados como defensa por [su] representado a través de los recursos administrativos de reconsideración y jerárquicos, que d[a]... por reproducidos...*".

Respecto al vicio denunciado, la Sala ha reiterado que al igual como sucede en los procesos judiciales, la Administración se encuentra obligada a tomar en cuenta y analizar todos los alegatos y defensas opuestas por las partes -al inicio o en el transcurso del procedimiento- al momento de dictar su decisión, en atención al principio de globalidad o exhaustividad administrativa previsto en los artículos 62 y 89 de la Ley Orgánica de Procedimientos Administrativos, los cuales disponen lo siguiente:

"***Artículo 62***. *El acto administrativo que decida el asunto resolverá todas las cuestiones que hubieren sido planteadas, tanto inicialmente como durante la tramitación.*".

"***Artículo 89***. *El órgano administrativo deberá resolver todos los asuntos que se sometan a su consideración dentro del ámbito de su competencia o que surjan con motivo del recurso aunque no hayan sido alegados por los interesados.*".

Ahora bien, en el caso de autos se observa que la denuncia de violación al principio de globalidad y exhaustividad de la decisión administrativa fue formulada por la representación del actor en forma genérica, ya que no se precisaron en el libelo cuáles fueron concretamente los argumentos supuestamente silenciados por la Administración durante el procedimiento de verificación patrimonial. Por el contrario, en el escrito contentivo del recurso tan sólo se hace referencia a la ausencia de valoración de "...*todos los hechos que cursan en el expediente*...", de los alegatos planteados y de las pruebas promovidas en los recursos administrativos ejercidos, con respecto a los cuales, en opinión de este máximo juzgador sí se dejó constancia en el expediente administrativo de las razones de hecho y de derecho que sustentaron la decisión de fecha 27 de junio de 2006, que inadmitió las declaraciones juradas de patrimonio presentadas por el accionante en fechas 26 de septiembre de 2002 y 29 de mayo del 2003.

La mencionada decisión o Auto de Cierre, como se indicó, es el acto final del procedimiento de verificación patrimonial y éste tuvo como fundamento el *incremento patrimonial desproporcionado del accionante, con relación a sus ingresos*, por cuanto de las pruebas recabadas por la Administración se verificó que su situación patrimonial no se correspondía con los activos financieros manejados durante el período objeto de estudio. Este hecho como se demostró anteriormente, pudo ser refutado por el accionante en el lapso de los treinta (30) días acordados, de conformidad con lo previsto en el artículo 30 de la Ley Contra la Corrupción, cuando tuvo conocimiento de los resultados del Informe Preliminar de Auditoría Patrimonial y del Informe Legal, cuestión que nunca efectuó, así como tampoco desvirtuó el hecho demostrado en el expediente, de los Recursos Aplicados No Justificados, según se evidencia en el Informe Definitivo de Auditoría Patrimonial (folios 9402 al 9431 de la pieza N° 38 del expediente administrativo).

Por lo antes expuesto, debe este Máximo Tribunal desechar el alegato de violación al principio de globalidad y exhaustividad de la decisión administrativa esgrimido por la representación judicial del accionante. Así se declara.

2.   *Actos Administrativos*

A.   *Actos de ejecución*

TSJ-SPA (0016)   **13-1-2010**

Magistrado Ponente: Hadel Mostafá Paolini

Caso: Antonia María Ravelo Méndez.

Los actos de ejecución son aquellos destinados a dar cumplimiento al acto administrativo principal, irrecurribles autónomamente, salvo que: (i) aporte elementos nuevos a la decisión administrativa cuya ejecución propenda; (ii) niegue la ejecución de este acto; (iii) recaiga sobre un objeto distinto al del acto administrativo que se ejecuta; y (iv) afecte derechos de terceras personas no intervinientes en el procedimiento constitutivo.

Corresponde a esta Sala pronunciarse sobre el mérito de la causa y a tal efecto observa que en el presente juicio se cuestiona la legalidad del acto administrativo signado con el N° 012-2006 del 14 de diciembre de 2006, proferido por el entonces Rector de la Universidad Central de Venezuela, modificado por error material según Resolución N° 001-2007 del 22 de enero de 2007, mediante la cual se acordó la destitución de la recurrente del cargo de Analista de Sistemas Computarizados II, que desempeñaba en la Dirección de Tecnología de Información y Comunicaciones, adscrita al Rectorado de dicha casa de estudios.

Por lo que respecta al presente caso, se pudo constatar de la revisión de las actas del expediente que en el acto administrativo cuya nulidad se solicita se aludió expresamente al oficio N° 01-00-000747 del 26 de septiembre de 2006 suscrito por el Contralor General de la República, donde se le informó al entonces Rector de la Universidad Central de Venezuela que mediante Resolución N° 01-00-000118 de fecha 4 de abril de 2006 dictada por ese Máximo Órgano Contralor de la República, se le impuso a la ciudadana Antonia María Ravelo Méndez la sanción de inhabilitación para el ejercicio de funciones públicas por el período de tres (3) años, de conformidad con la atribución conferida en el artículo 105 de la Ley Orgánica de la Contraloría General de la República y del Sistema Nacional de Control Fiscal, en concordancia con el artículo 122 de la derogada Ley Orgánica de la Contraloría General de la República (folio 50 de la pieza 1 del expediente administrativo).

Asimismo, se advierte que en la sentencia N° 1.115 de fecha 1° de octubre de 2008, esta Sala declaró sin lugar el recurso contencioso administrativo de nulidad interpuesto por la hoy recurrente contra la Resolución N° 01-00-000219 de fecha 28 de julio de 2006, que declaró *sin lugar* el recurso de reconsideración ejercido contra la Resolución N° 01-00-000118 de fecha 4 de abril de 2006, dictada por el Contralor General de la República, por la cual se inhabilitó a la recurrente para el ejercicio de funciones públicas por el período de tres (3) años. Es decir, que existe cosa juzgada con relación al acto administrativo definitivo del procedimiento de responsabilidad seguido por el Máximo Órgano Contralor de la República.

Ahora bien, el artículo 122 de la derogada Ley Orgánica de la Contraloría General de la República (vigente para el momento en que ocurrieron los hechos investigados por la Contraloría General de la República que originaron la imposición de la sanción de inhabilitación), prevé lo siguiente:

> *"Una vez firme la decisión de responsabilidad en vía administrativa y sin perjuicio del recurso jurisdiccional que pueda interponerse contra esa decisión, la Contraloría remitirá el auto correspondiente y demás documentos al organismo donde ocurrieron los hechos irregulares o en el cual esté prestando servicios el funcionario, para que la máxima autoridad jerárquica, en el término de treinta (30) días continuos, le imponga, sin otro procedimiento, la sanción de destitución (...)".* (Resaltado de esta Sala)

De la lectura del artículo transcrito se desprende que, una vez firme la decisión de responsabilidad administrativa, la máxima autoridad jerárquica del organismo donde ocurrieron los hechos irregulares o estuviera prestando servicios el funcionario, debe imponer la sanción de destitución; asimismo, el Contralor General de la República o la referida autoridad, *de acuerdo a la gravedad de la falta y al monto de los perjuicios causados, podrá imponer, además, la inhabilitación para el ejercicio de la función pública por un período no mayor de tres (3) años*; esta última sanción es igualmente aplicable al funcionario separado de su cargo.

En atención al dispositivo antes citado se observa que el precitado acto administrativo dictado por el Contralor General de la República, fue el que originó la adopción de la medida de destitución impuesta por el entonces Rector de la Universidad Central de Venezuela a la recurrente, contenida en la Resolución N° 012-2006 del 14 de diciembre de 2006 y modificada por error material según Resolución N° 001-2007 de fecha 22 de enero de 2007, impugnada en la presente oportunidad.

De allí, debe concluirse que el acto recurrido en esta causa fue dictado en estricta ejecución directa de la Resolución N° 01-00-000118 de fecha 4 de abril de 2006 proferida por el Contralor General de la República, la cual quedó definitivamente firme en sede administrativa y es cosa juzgada judicial, en virtud de la sentencia de esta Sala N° 1.115 de fecha 1° de octubre de 2008.

En cuanto al carácter ejecutivo de los actos dictados por la máxima autoridad jerárquica de la organización en la que presta servicios el funcionario declarado responsable administrativamente, esta Sala ha establecido lo siguiente:

"(...) En igual sentido se ha pronunciado la Sala Constitucional en fallo N° 1265 del 5 de agosto de 2008, emitido en torno a la constitucionalidad del artículo 105 de la Ley Orgánica de la Contraloría General de la República y del Sistema de Control Fiscal, donde se señala que no se debe desarrollar otro procedimiento adicional para la imposición de las sanciones accesorias como la inhabilitación, esto debido a que, con el sano desarrollo del procedimiento principal -tendente a la comprobación de la responsabilidad administrativa del imputado- se garantizan los derechos que asisten a los funcionarios públicos cuestionados.

*En consecuencia, **si el recurrente pretendía suspender la ejecución de la providencia administrativa recurrida, ha debido impugnar los actos administrativos contentivos de la declaratoria de responsabilidad administrativa y la inhabilitación para el ejercicio de funciones públicas, que constituyen los actos principales que generan el acto de ejecución contenido en la providencia administrativa impugnada,** a los fines de obtener su revocatoria o anulación. Cabe destacar que con respecto a la sanción de inhabilitación impuesta por la Contraloría General de la República, el recurso contencioso administrativo de nulidad resultó inadmisible por caducidad, quedando firme así su contenido.*

*Por lo que, tal como se desprende del **acto recurrido**, la desincorporación del recurrente del Instituto Nacional de Canalizaciones, **constituye la efectiva ejecución de la sanción de inhabilitación** para el ejercicio de funciones públicas por un período de tres (3) años, impuesta al recurrente por parte de la Contraloría General de la República, en atención a lo establecido en el artículo 122 de la Ley Orgánica de la Contraloría General de la República, vigente para el momento de la ocurrencia de los hechos, norma donde está prevista la sanción aplicada, por lo que no se vulnera el principio de legalidad de las faltas ni se impuso ésta de forma retroactiva".* (Resaltado de esta Sala). (Véase, Sentencia de esta S.P.A. N° 1.017 de fecha 8 de julio de 2009).

Una vez precisado lo anterior, cabe acotar que la doctrina ha definido a los actos de ejecución como aquellos destinados a dar cumplimiento al acto administrativo principal, irrecurribles autónomamente, salvo que: (i) aporte elementos nuevos a la decisión administrativa cuya ejecución propenda; (ii) niegue la ejecución de este acto; (iii) recaiga sobre un objeto distinto al del acto administrativo que se ejecuta; y (iv) afecte derechos de terceras personas no intervinientes en el procedimiento constitutivo.

En este orden de ideas, se tiene que esta Sala en sentencia N° 2.225 de fecha 11 de octubre de 2001, estableció que los actos dictados en estricta ejecución de otros que hayan adquirido carácter de firmeza no son impugnables, en los siguientes términos:

"(...) Considera esta Sala que los oficios impugnados en este proceso no constituyen actos administrativos determinativos de tributos, ni de imposición de sanciones, sino actos complementarios de ejecución de las verdaderas actuaciones administrativas, a través de las cuales la Administración Tributaria, en su momento y luego de sustanciar el correspondiente sumario administrativo, determinó la existencia de las obligaciones tributarias por pilotaje y habilitación. Por ello, tales oficios son actos irrecurribles toda vez que no encuadran dentro de los requisitos establecidos, al efecto, en el Código Orgánico Tributario.

En este orden de ideas, los oficios impugnados carecen de sustantividad propia, no requieren motivación, pues no suponen en modo alguno una afectación de la esfera jurídica del contribuyente por parte de la Administración y por ello se hacen irrecurribles, ya que existen en tanto y en cuanto permiten o coadyuvan a concretar o ejecutar, el acto administrativo de efectos particulares que determinó el tributo; ese acto administrativo principal y definitivo, constituido, en este caso, por las planillas liquidadas por concepto de pilotaje y habilitación, es el que materializa la decisión final de la Administración Tributaria, a través de la cual declara la existencia y cuantía de la obligación tributaria y es en consecuencia el acto administrativo recurrible (...)".

En ese contexto, ante situaciones similares a la presente, esta Sala además ha precisado que:

"(...) *la desincorporación del recurrente del cargo en el Instituto (...) contenida en el acto administrativo recurrido constituye un acto de ejecución de la sanción de inhabilitación que le fue impuesta por la Contraloría General de la República,* por lo que en modo alguno se le vulneró su derecho a la defensa y al debido proceso.

En efecto, el artículo 122 de la Ley Orgánica de la Contraloría General de la República, publicada en Gaceta Oficial de la República de Venezuela N° 5.017 Extraordinario de fecha 13 de diciembre de 1995, aplicable ratione temporis, establecía lo siguiente:

(Omissis)

De conformidad con el artículo transcrito, una vez que hubiere quedado firme la decisión de responsabilidad administrativa, la máxima autoridad jerárquica del organismo donde ocurrieron los hechos irregulares o estuviera prestando servicios el funcionario, debe imponer la sanción de destitución; asimismo, el Contralor General de la República o la referida autoridad, de acuerdo a la gravedad de la falta y al monto de los perjuicios causados, podrá imponer, además, la inhabilitación para el ejercicio de la función pública por un período no mayor de tres (3) años; esta última sanción es igualmente aplicable al funcionario separado de su cargo.

Igualmente, la Sala ha precisado que: 'la sanción de multa impuesta por la Contraloría Interna ... es una consecuencia legal de la declaratoria de responsabilidad administrativa, tal como lo establecía el artículo 121 de la Ley Orgánica de la Contraloría General de la República, vigente para el momento de la ocurrencia del hecho; **luego, la destitución y la inhabilitación para el ejercicio de la función pública son sanciones igualmente previstas en la ley,** derivadas de esa declaratoria de responsabilidad administrativa, contenidas de igual manera tanto en la ley derogada (artículo 122) como en la vigente (artículo 105)...' (Vid. sentencia N° 02517 del 9 de noviembre de 2006).

Siendo ello así, en este caso no se verifica violación del derecho a al defensa, ya que tal como lo ha precisado esta Sala en fallo N° 2178 del 5 de octubre de 2006: 'De la norma transcrita [artículo 105 de Ley Orgánica de la Contraloría General de la República y del Sistema Nacional de Control Fiscal], constata este Alto Tribunal que el Contralor General de la República sí estaba facultado para dictar el acto recurrido, sin que mediara ningún otro procedimiento, por cuanto efectivamente la Resolución N° 01-00-103 del 1° de diciembre de 2003, tuvo como fundamento la declaratoria de responsabilidad administrativa, decisión previa a la cual sí se tramitó un procedimiento, atendiendo a lo dispuesto en los artículos 115 y siguientes de la hoy derogada Ley Orgánica de la Contraloría General de la República, aplicable ratione temporis' (...).

Circunscribiendo el análisis al presente caso, la Sala estima que el anterior criterio se adapta a la interpretación del artículo 122 de la derogada Ley Orgánica de la Contraloría General de la República, según el cual, una vez firme la decisión de responsabilidad administrativa no se requería la apertura de un nuevo procedimiento para que el Contralor General de la República impusiera al recurrente la sanción legalmente prevista, en virtud de lo cual, en esta fase no estaba prevista una 'audiencia al interesado'.

De allí que proceda la imposición de la sanción de inhabilitación por el Contralor General de la República, -previamente analizada la gravedad del caso-, es decir, 'sin que medie ningún otro procedimiento' distinto al de la averiguación administrativa, **ya que el tramitado para la declaratoria de responsabilidad administrativa es el procedimiento que motiva la sanción.**

En igual sentido se ha pronunciado la Sala Constitucional en fallo N° 1265 del 5 de agosto de 2008, emitido en torno a la constitucionalidad del artículo 105 de la Ley Orgánica de la Contraloría General de la República y del Sistema de Control Fiscal, donde se señala que no se debe desarrollar otro procedimiento adicional para la imposición de las sanciones accesorias como la inhabilitación, esto debido a que, con el sano desarrollo del procedimiento principal -tendente a la comprobación de la responsabilidad administrativa del imputado- se garantizan los derechos que asisten a los funcionarios públicos cuestionados.

*En consecuencia, **si el recurrente pretendía suspender la ejecución de la providencia administrativa recurrida, ha debido impugnar los actos administrativos contentivos de la declaratoria de responsabilidad administrativa y la inhabilitación para el ejercicio de funciones públicas, que constituyen los actos principales que generan el acto de ejecución contenido en la providencia administrativa impugnada, a los fines de obtener su revocatoria o anulación. Cabe destacar que con respecto a la sanción de inhabilitación impuesta por la Contraloría General de la República, el recurso contencioso administrativo de nulidad resultó** inadmisible por caducidad, quedando firme así su contenido.*

Por lo que, tal como se desprende del acto recurrido, la desincorporación del recurrente del Instituto (...) constituye la efectiva ejecución de la sanción de inhabilitación para el ejercicio de funciones públicas por un período de tres (3) años, impuesta al recurrente por parte de la Contraloría General de la República, en atención a lo establecido en el artículo 122 de la Ley Orgánica de la Contraloría General de la República, vigente para el momento de la ocurrencia de los hechos, norma donde está prevista la sanción aplicada, por lo que no se vulnera el principio de legalidad de las faltas ni se impuso ésta de forma retroactiva.

En atención a lo antes señalado, debe esta Sala declarar sin lugar el recurso de nulidad ejercido. Así se decide. (Destacados con negrillas de la presente decisión).

Ahora bien, esta Sala observa que la Resolución N° 012-2006 de fecha 14 de diciembre de 2006 emanada del entonces Rector de la Universidad Central de Venezuela, hoy recurrida: (i) es un acto administrativo complementario de ejecución de la Resolución N° 01-00-000118 de fecha 4 de abril de 2006, dictada por el Contralor General de la República que declaró la responsabilidad administrativa de la accionante y su inhabilitación para el ejercicio de la función pública; (ii) no aporta elementos distintos o nuevos a los que delimitaron la providencia que ejecuta; (iii) no ha impedido la ejecución de esta última; y (iv) no afecta los derechos de terceras personas que no participaron en el procedimiento constitutivo.

Con fundamento en lo expuesto, esto es: (i) al no constatarse en la situación bajo análisis la presencia de algunos de los supuestos de impugnación autónoma de los actos de ejecución del proveimiento que determinó la responsabilidad administrativa de la recurrente y su inhabilitación para el ejercicio de la función pública, contenido en la Resolución N° 01-00-000118 de fecha 4 de abril de 2006 dictada por el Contralor General de la República; y (ii) al verificarse, con el carácter de cosa juzgada, la declaratoria sin lugar respecto del recurso de nulidad ejercido contra el acto administrativo mencionado en último término (léase, la *supra* indicada Resolución), debe esta Sala declarar sin lugar el recurso contencioso administrativo de nulidad interpuesto. Así se establece.

B.   *Vicios: Incompetencia manifiesta*

CSCA   8-2-2010

Juez Ponente: Emilio Ramos González

Caso: CORP BANCA, C.A. Banco Universal contra La Superintendencia De Bancos y Otras Instituciones Financieras

El vicio de incompetencia es uno de los vicios más graves que afecta la validez del acto administrativo, ya que implica que el acto ha sido dictado por funcionarios u órganos que no estaban debida y legalmente autorizados para dictarlo, sea en virtud de que se extralimitaron en el ejercicio de las competencias que tenían para otra actuación o simplemente actuaron en usurpación de autoridad o funciones. En el presente caso, la Sala declara que la Superintendencia de Bancos y Otras Instituciones Financieras tiene la competencia necesaria para dictar la normativa prudencial tendiente a mantener en equilibrio la posición de las distintas instituciones financieras frente a las actividades que realizan.

5. DE LA PRESUNTA INCOMPETENCIA MANIFIESTA:

Sostuvieron los apoderados judiciales de la entidad financiera de marras que el acto recurrido es absolutamente nulo de acuerdo con lo previsto en el ordinal 4° del artículo 19 de la Ley Orgánica de Procedimientos Administrativos, por estar viciados de incompetencia manifiesta "[...] en tanto que la Superintendencia [...] estableció la cualidad de 'cuota balón' del contrato de financiamiento para la adquisición de vehículos con reserva de dominio celebrados por [su] representada con Lámparas Delmi, C.A., al margen y en contradicción con el mandato contenido en las decisiones de la Sala Constitucional del Tribunal Supremo de Justicia, de fechas 24 de enero de 2002, 24 de mayo de 2002 y 24 de enero de 2003 [...]", excediéndose en el ejercicio de sus competencias y arrogándose una facultad que sólo correspondía y que ya había sido ejercida por el Máximo Tribunal, a saber, la calificación de ciertos contratos de financiamiento para la adquisición de vehículos con reserva de dominio como "cuota balón".

Enunciaron que las decisiones de la Sala Constitucional del Tribunal Supremo de Justicia "[...] no se refieren jamás a contratos de financiamiento para la adquisición de vehículos con reserva de dominio bajo la modalidad de 'cuota balón' desde el 'punto de vista financiero', sino que se establecen unas condiciones, a las que ya nos hemos referido, que deben ser cumplidas de manera concurrente para que a un contrato pueda serle atribuida la señalada naturaleza [...]".

Con respecto a la denunciada incompetencia manifiesta al invadir una competencia ya ejercida por la Sala Constitucional del Tribunal Supremo de Justicia creando una nueva categoría de contratos de financiamiento para la adquisición de vehículos con reserva de dominio bajo la referida modalidad, alegada por la parte recurrente, el Ministerio Público expuso que al iniciarse la investigación producto de la denuncia planteada la Superintendencia de Bancos, como órgano de control debe regular éstas relaciones y sustanciar los procedimientos e imponer las sanción correspondiente, en acatamiento de las sentencias emanadas de la Sala Constitucional del Tribunal Supremo de Justicia de carácter vinculante y la Resolución N° 145.02 publicada en la *Gaceta Oficial de la República Bolivariana de Venezuela* N° 37.516 del 29 de agosto de 2002.

De cara a la denuncia anterior, cabe destacar que este Órgano Jurisdiccional precisó en decisión N° 2009-1228 del 13 de julio de 2009, caso: *Sanitas Venezuela, S.A. vs. INDECU*, que el vicio de incompetencia ha sido objeto de estudio por la Sala Político Administrativa del Tribunal Supremo de Justicia en su sentencia N° 539 del 1° de junio de 2004, caso: *Rafael Celestino Rangel Vargas*, analizando que dicho vicio podía configurarse como resultado de tres tipos de irregularidades en el actuar administrativo, a saber, por usurpación de autoridad, por usurpación de funciones y en los casos de la extralimitación de funciones. En tal sentido, se señaló en esa oportunidad lo siguiente:

"(…) la incompetencia -respecto al órgano que dictó el acto- se configura cuando una autoridad administrativa determinada dicta un auto para el cual no estaba legalmente autorizada, por lo que debe quedar precisado, de manera clara y evidente, que su actuación infringió el orden de asignación y distribución de las competencias o poderes jurídicos de actuación de los órganos públicos administrativos, consagrado en el ordenamiento jurídico.

La competencia le confiere a la autoridad administrativa la facultad para dictar un acto para el cual está legalmente autorizada y ésta debe ser expresa, por lo que sólo en los casos de incompetencia manifiesta, los actos administrativos estarían viciados de nulidad absoluta.

En cuanto al vicio de incompetencia, tanto la doctrina como la jurisprudencia de esta Sala, han distinguido básicamente tres tipos de irregularidades: la llamada usurpación de autoridad, la usurpación de funciones y la extralimitación de funciones.

La usurpación de autoridad ocurre cuando un acto es dictado por quien carece en absoluto de investidura pública. Este vicio se encuentra sancionado con la nulidad absoluta del acto. Por su parte, la usurpación de funciones se constata, cuando una autoridad legítima dicta un acto invadiendo la esfera de competencia de un órgano perteneciente a otra rama del Poder Público violentando de ese modo las disposiciones contenidas en los artículos 136 y 137 de la Constitución de la República, en virtud de los cuales se consagra, por una parte, el principio de separación de poderes según el cual cada rama del Poder Público tiene sus funciones propias, y se establece, por otra, que sólo la Constitución y la ley definen las atribuciones del Poder Público y a estas normas debe sujetarse su ejercicio.

Finalmente, la extralimitación de funciones consiste fundamentalmente en la realización por parte de la autoridad administrativa de un acto para el cual no tiene competencia expresa...". (Resaltado de esta Corte)

Estos mismos criterios han sido expuestos por esta Corte Segunda de lo Contencioso Administrativo mediante decisión N° 2008-1768 de fecha 8 de octubre de 2008, en la cual se señaló lo siguiente:

Dentro de este orden de ideas tenemos que la Constitución de la República Bolivariana de Venezuela, declara en su artículo 136 que cada una de las ramas del Poder Público tiene sus funciones propias. Por su parte el artículo 137 determina que la Constitución y la Ley definirán las atribuciones de los órganos que ejercen el poder público, a las cuales deben sujetarse las actividades que realice el Estado. Al respecto, debe destacarse igualmente que el artículo 141 *eiusdem* proclama que la Administración Pública está al servicio de los ciudadanos y se fundamenta en los principios de honestidad, participación, celeridad, eficacia, eficiencia, transparencia, rendición de cuentas, y responsabilidad en el ejercicio de la función pública, con sometimiento pleno a la ley y al derecho (principio de legalidad).

Las normas anteriormente mencionadas contienen los principios fundamentales en que basa el ejercicio del poder público, siendo el más importante de todos ellos, el que consagra el pleno y absoluto sometimiento de la Administración a la ley y al derecho. De esta manera, los órganos recipiendarios del poder público, sea cual fuere su naturaleza, no pueden actuar sino dentro de los límites fijados por el ordenamiento jurídico. Por lo tanto, toda actuación que trascienda el bloque de la legalidad, es contraria a derecho, y debe ser corregida por los mecanismos ideados por el propio ordenamiento jurídico.

En este orden de ideas, la competencia es, ciertamente, la medida de la potestad atribuida por la Ley a cada órgano, de modo, que no habrá competencia ni, desde luego, actuación administrativa válida, si no hay previamente el señalamiento, por norma legal expresa, de la atribución que se reconoce al órgano y de los límites que la condicionan. En este mismo orden de ideas, si hay inexistencia o falseamiento de los presupuestos fácticos, el órgano no podrá ejercitar el poder que el ordenamiento le ha atribuido y la actuación que cumpla estará viciada de ilegalidad y de nulidad absoluta, acorde con la previsión contenida en el citado numeral 4 del artículo 19 de la Ley Orgánica de Procedimientos Administrativos.

Al ser la competencia resultado de una declaración normativa, el ejercicio de atribuciones en defecto de dicha declaración implica, por una parte, una acción administrativa de hecho; por la otra, una extralimitación de atribuciones o, la más grave, una usurpación de funciones.

Conforme las anteriores consideraciones esta Corte observa que el vicio de incompetencia es uno de los vicios más graves que afecta la validez del acto administrativo, ya que implica que el acto ha sido dictado por funcionarios u órganos que no estaban debida y legalmente autorizados para dictarlo, sea en virtud de que se extralimitaron en el ejercicio de las competencias que tenían para otra actuación o simplemente actuaron en usurpación de autoridad o funciones.

Circunscribiéndonos al caso de autos, esta Corte observa que la denuncia de la parte actora se encuentra dirigida a indicar que el acto administrativo impugnado se encuentra viciado de incompetencia manifiesta "[...] en tanto que la Superintendencia [...] estableció la cualidad de 'cuota balón' del contrato de financiamiento para la adquisición de vehículos con reserva de dominio celebrados por [su] representada con Lámparas Delmi, C.A., al margen y en contradicción con el mandato contenido en las decisiones de la Sala Constitucional del Tribunal Supremo de Justicia, de fechas 24 de enero de 2002, 24 de mayo de 2002 y 24 de enero de 2003 [...]", excediéndose en el ejercicio de sus competencias y arrogándose una facultad que sólo correspondía y que ya había sido ejercida por el Máximo Tribunal, a saber, la calificación de ciertos contratos de financiamiento para la adquisición de vehículos con reserva de dominio como "cuota balón".

Frente a tal argumento, en primer lugar, debe indicar esta Corte que la Superintendencia de Bancos y Otras Instituciones Financieras tiene la competencia técnica y específicamente prevista por la Ley que rige sus funciones para sancionar y para dictaminar cuándo una conducta es sancionable, esto es, tiene los conocimientos específicos en la materia bancaria y financiera, más que ningún otro órgano de la Administración Pública en materia bancaria y financiera.

Partiendo de lo anterior, cabe destacar que la Ley de Bancos y Otras Instituciones Financieras, a partir de su entrada en vigencia, permitió optimizar la labor de inspección, supervisión, vigilancia, regulación y control del sistema bancario en cabeza precisamente de la Superintendencia de Bancos y Otras Instituciones Financieras, permitiendo así mantener el equilibrio del sistema en aras de una adecuada protección de los intereses de los usuarios bancarios.

A los fines de lograr sus objetivos, la Ley que rige la materia le otorga a la Superintendencia de Bancos y Otras Instituciones Financieras la facultad de dictar toda la normativa prudencial que estime necesaria, entendida ésta como todas aquellas directrices e instrucciones de carácter técnico legal de obligatoria observancia, dictadas mediante resoluciones y circulares de carácter general y particular, a los bancos, entidades de ahorro y préstamo, otras instituciones financieras, y demás empresas sometidas al control de la Superintendencia de Bancos y Otras Instituciones Financieras.

De este modo cobra especial importancia, y por ello se hace mucho énfasis en la Ley, la normativa prudencial que dicta la Superintendencia de Bancos y Otras Instituciones Financieras, cuyo cumplimiento es obligatorio por parte de los entes regulados, permitiendo establecer un adecuado control sobre las operaciones que realiza el sector bancario.

De lo anterior se deriva, que la Superintendencia de Bancos y Otras Instituciones Financieras tiene la competencia necesaria para dictar la normativa prudencial tendiente a mantener en equilibrio la posición de las distintas instituciones financieras frente a las actividades que realizan.

De hecho el artículo 235 de la Ley de Bancos y Otras Instituciones Financieras consagra las atribuciones de la Superintendencia de Bancos y Otras Instituciones Financieras, de las cuales se puede extraer lo siguiente:

"Artículo 235. Corresponde a la Superintendencia de Bancos y Otras Instituciones Financieras:

[...omissis...]

9. La promulgación de normativas prudenciales necesarias para el cumplimiento de sus fines y, en particular: procedimientos para las solicitudes de promoción y funcionamiento de bancos, entidades de ahorro y préstamo, instituciones financieras y todas aquellas empresas regidas por este Decreto Ley; normas sobre control, participación y vinculación; normas para la apertura de oficinas, sucursales y agencias; normas para los procedimientos de fusión o transformación; normas relativas a clasificación y cobertura de créditos e inversiones; contenido de los prospectos de emisión de títulos hipotecarios, reestructuración y reprogramación de créditos; valuación de inversiones y otros activos; exposición y cobertura de grandes riesgos y concentración de créditos; riesgos fuera del balance y las formas de cubrirlos; transacciones internacionales; adecuación patrimonial; mesas de dinero; riesgos de liquidez, de interés y cambio extranjero; adecuación de garantías; castigo de créditos; devengo de intereses; controles internos; autorización de nuevos productos o servicios; divulgación de publicidad o propaganda; y todas aquellas otras medidas de naturaleza prudencial y preventiva que juzgue necesarias adoptar para la seguridad del sistema bancario y de los entes que lo integran y la protección de los usuarios de los servicios bancarios.

[...omissis...]

15. La adopción de las medidas necesarias para evitar o corregir irregularidades o faltas que advierta en las operaciones de los bancos, entidades de ahorro y préstamo, demás instituciones financieras o cualesquiera otras personas sometidas a su control que, a su juicio, pudieran poner en peligro los intereses de sus depositantes, acreedores o accionistas; la estabilidad de la propia institución financiera, o la solidez del sistema bancario; debiendo informar de ello inmediatamente al Ministro de Finanzas, al Presidente del Banco Central de Venezuela y al Presidente del Fondo de Garantía de Depósitos y Protección Bancaria.

[...omissis...]

18. Establecer los criterios, lineamientos y regulaciones de orden general, que estime necesarios, con el fin de asegurar la sana competencia del sistema bancario, la transparencia de sus operaciones y el trato adecuado a sus usuarios". (Resaltados de esta Corte)

De conformidad con la disposición normativa supra citada la Superintendencia de Bancos y Otras Instituciones Financieras tiene entre sus atribuciones (i) la promulgación de normativas prudenciales necesarias para el cumplimiento de sus fines y, en particular, lo relativo al devengo de intereses, así como (ii) todas aquellas otras medidas de naturaleza prudencial y preventiva que juzgue necesarias adoptar para la protección de los usuarios de los servicios bancarios. Asimismo, tiene atribuida la competencia de (iii) adoptar las medidas necesarias para evitar o corregir irregularidades o faltas que advierta en las operaciones de los bancos, entidades de ahorro y préstamo, demás instituciones financieras o cualesquiera otras personas sometidas a su control que, a juicio de dicho ente, pudieran poner en peligro los intereses de sus depositantes. Igualmente tiene la potestad de (iv) establecer los criterios, lineamientos y regulaciones de orden general, que estime necesarios, con el fin de asegurar la transparencia de sus operaciones y el trato adecuado a sus usuarios.

De forma tal que la emisión del acto administrativo impugnado no se efectuó en desapego alguno a lo que se encuentra consagrado legalmente como atribuciones de la Superintendencia de Bancos y Otras Instituciones Financieras, ya que tal como se demostró anteriormente, dicho Organismo se encuentra perfectamente habilitado para sancionar a las entidades financieras por el incumplimiento en el respeto de los derechos de los consumidores o usuarios de sus servicios financieros.

Sobre este particular esta Corte observa, que en el acto impugnado la Superintendencia de Bancos y Otras Instituciones Financieras calificó el crédito en cuestión, destinado a la adquisición de vehículo con reserva de dominio bajo la modalidad 'cuota balón', de conformidad con lo dispuesto "en la primera parte del numeral 3 del artículo 2 de la Resolución N° 145.02, publicada en *Gaceta Oficial de la República Bolivariana de Venezuela* N° 37.516 de fecha 29 de agosto de 2002".

De manera que, del análisis realizado no se desprende que la Administración haya creado una nueva categoría de contratos de financiamiento para la adquisición de vehículos, sino que identifica el crédito existente entre la recurrente y la sociedad mercantil Lámparas Delmi, C.A., con los denominados "cuota balón", al considerar que sus características coinciden con las establecidas por la Sala Constitucional en las sentencias antes referidas y desarrolladas en la Resolución N° 145.02, uno de los fundamentos normativos del acto recurrido.

Como consecuencia de ello, no considera esta Corte que la Superintendencia de Bancos y Otras Instituciones Financieras haya incurrido en el vicio de incompetencia manifiesta en ninguna de sus expresiones, ya que aquélla no usurpó autoridad ni funciones alguna, ni tampoco se extralimitó en sus funciones, motivo por el cual este Órgano Jurisdiccional desecha el alegado vicio. Así se decide.

    C.   *Prescripción de los actos administrativos sancionatorios*

        TSJ- SPA (0007)   **13-1-2010**

        Magistrado Ponente: Yolanda Jaimes Guerrero

        Caso: Consorcio Aconcagua-Celta C.A.

En primer término debe ser resuelto el alegato de prescripción esgrimido por los apoderados judiciales de la recurrente, quienes sostuvieron que transcurrieron más de cinco (5) años entre el 23 de septiembre de 1998, fecha en que su representada fue notificada del acto administrativo contenido en el *Oficio* N° 256 del 11 de septiembre de 1998 y el 12 de marzo de 2004, oportunidad en la que se notifica la Resolución N° 671 del 17 de febrero de 2004, que confirmó el acto contenido en el oficio antes referido.

En este orden de ideas se aprecia, que como sustento jurídico de la prescripción alegada, la recurrente señaló lo previsto en el artículo 114 de la Ley Orgánica de la Contraloría General de la República y del Sistema Nacional de Control Fiscal, publicada en la *Gaceta Oficial de la República Bolivariana de Venezuela* N° 37.347 de fecha 17 de diciembre de 2001.

Ahora bien, tomando en cuenta que el acto administrativo contenido en el Oficio N° 256 fue dictado el 11 de septiembre de 1998 y notificado a la recurrente el 23 del mismo mes y año, resulta improcedente pretender calcular el lapso de prescripción a que hubiere lugar, con base en lo previsto en el mencionado artículo 114 Ley Orgánica de la Contraloría General de la República y del Sistema Nacional de Control Fiscal, toda vez que para esa momento dicha norma no estaba vigente.

Precisado lo anterior, correspondería verificar lo que sobre la prescripción esté señalado en la Ley Orgánica de la Contraloría General de la República, publicada en la *Gaceta Oficial* (Extraordinario) N° 2.017 del 13 de diciembre de 1995 y en tal sentido resulta pertinente lo declarado por esta Sala en la sentencia N° 00954 de fecha 25 de junio de 2009, en la que se lee:

"(...) Ahora bien, debe indicarse que actualmente la Ley Orgánica de la Contraloría General de la República y del Sistema Nacional de Control Fiscal, publicada en la Gaceta Oficial de la República Bolivariana de Venezuela N° 37.347 de fecha 17 de diciembre de 2001, prevé en su artículo 114 un lapso de prescripción de cinco (5) años para el ejercicio de la acción administrativa. Por su parte, la Ley Orgánica de la Contraloría General de la República de 1995, aplicable ratione temporis, a diferencia de la Ley vigente, no establecía un lapso de prescripción en materia de responsabilidad administrativa. En este sentido, la Sala en sentencia N° 01137 publicada el 31 de agosto de 2004, la cual fue ratificada posteriormente en las decisiones N° 01853, 0592, 0781 de fechas 20 de julio de 2006, 24 de abril de 2007 y 3 de junio de 2009, respectivamente, señaló lo siguiente: '... la parte recurrente sostiene que las normas aplicables al caso de autos en materia de prescripción, se encuentran contenidas en el Código Penal y en el suprimido Código de Enjuiciamiento Criminal; criterio que no comparte esta Sala por existir una regulación específica, más allá de la prevista en las citadas normas, pues si bien estos últimos instrumentos han tenido vigencia en el derecho administrativo sancionador, básicamente ha sido de forma supletoria en relación a aquéllos procedimientos de índole disciplinaria. En efecto, la Ley Orgánica de Salvaguarda del Patrimonio Público, publicada en 1.982, dividió su articulado de forma tal de castigar la consumación de ilícitos contra la cosa pública, a través de la previsión sancionatoria, no solamente en el ámbito penal y civil sino también, administrativo y disciplinario, dada la injerencia directa de los funcionarios y empleados públicos en el manejo de los bienes y fondos de la Nación. Del mismo modo, realzó las facultades sancionadoras de la Contraloría General de la República, en lo que a la materia administrativa se refiere. Puede verse que el artículo 32 de la Ley Orgánica de Salvaguarda del Patrimonio Público vigente para el momento de ocurrencia de los hechos, dispone: 'El funcionario o empleado público responde administrativamente por sus actos, hechos u omisiones que sean contrarios a una disposición legal o reglamentaria. La responsabilidad administrativa es independiente de la responsabilidad penal y civil' Seguidamente, el artículo 33 eiusdem, establece: 'La Contraloría General de la República, en la decisión que declare la responsabilidad administrativa de las personas a las cuales se refiere el artículo 2° de esta Ley, aplicará las sanciones pecuniarias que sean procedentes, de acuerdo a las previsiones de la presente Ley'. Así, las normas que anteceden, fungen como marco jurídico para considerar que, sin menoscabo de la preeminencia que guarda la Ley Orgánica de la Contraloría General de la República, la condición de funcionario o empleado público es suficiente para acordar la aplicación concatenada de la Ley Orgánica de Salvaguarda del Patrimonio Público, en todo cuanto resultare aplicable para ese entonces, lo que naturalmente no excluye la materia relativa a la prescripción de los procedimientos administrativos sancionatorios iniciados por la Contraloría General de la República, para castigar conductas antijurídicas cometidas por un funcionario al servicio de la Administración. En tal sentido, la norma contemplada en el artículo 102 de la Ley Orgánica de Salvaguarda del Patrimonio Público, establece: 'Las acciones penales, civiles y administrativas derivadas de la presente ley, prescribirán por cinco años, los cuales se contarán siguiendo las reglas establecidas en el Código Penal. Sin embargo, cuando el in-

fractor fuere funcionario público, la prescripción comenzará a contarse desde la fecha de cesación en el cargo o función, y si se tratare de funcionarios que gocen de inmunidad, se contará a partir del momento en que ésta hubiere cesado o haya sido allanada'. ***Como puede apreciarse, la norma es clara al hacer una remisión a las reglas aplicables en el ámbito sustantivo penal en lo que se refiere al cómputo que debe seguirse en materia de prescripción,*** *sin embargo, no deja duda en lo que respecta a los procedimientos abiertos a los funcionarios públicos, en cuyo caso establece que la prescripción deberá ser contada a partir del momento de cesación de sus funciones; lo cual, en criterio de la Sala, obedece a que la separación del funcionario del cargo que venía desempeñando, permite a la Administración acceder al verdadero conocimiento de posibles irregularidades ocurridas en un momento dado y que hasta ese entonces se mantenían ocultas. En conclusión, ante la ausencia en la Ley Orgánica de la Contraloría General de la República, de disposiciones expresas en materia de prescripción, esta Sala considera aplicable la norma contemplada en el artículo 102 de la entonces vigente Ley Orgánica de Salvaguarda del Patrimonio Público. Así se decide...".* (Destacado de esta decisión).

Al amparo de las premisas establecidas en el fallo antes citado y ante la ausencia de una disposición propia en la Ley Orgánica de la Contraloría General de la República de 1995, tomando en cuenta que no estamos ante el supuesto de una infracción cometida por un funcionario público, el lapso de prescripción aplicable es el de cinco (5) años consagrado en el artículo 105 de la Ley Orgánica de Salvaguarda del Patrimonio Público, que dispone:

"Las acciones penales, civiles y administrativas derivadas de la presente ley, prescribirán por cinco años, ***los cuales se contarán siguiendo las reglas establecidas en el Código Penal.*** *Sin embargo, cuando el infractor fuere funcionario público, la prescripción comenzará a contarse desde la fecha de cesación en el cargo o función, y si se tratare de funcionarios que gocen de inmunidad, se contará a partir del momento en que ésta hubiere cesado o haya sido allanada".* (Destacado de la Sala).

En este orden de ideas y respecto a las reglas establecidas en el Código Penal a los fines del cómputo del lapso de prescripción, resulta pertinente la cita de la sentencia dictada por esta Sala N° 01140 de fecha 24 de septiembre de 2002, en la que se indicó:

*"(...) Antes de entrar al examen del presente caso, es preciso señalar que la prescripción, cuyo término ha sido concebido en el derecho de diversas formas, está referido, entre otras, en materia penal, a la extinción de la acción o de la pena, por virtud del transcurso del tiempo. Esto último es importante porque precisa distinguir entre uno y otro caso. **De esta forma, se entiende que la figura de la prescripción resulta diferente según se trate de la acción o de la pena, pues en el primer caso, atiende al transcurso del tiempo desde que ocurrieron los hechos imputados y hasta el momento en que tiene lugar el ejercicio de la acción respectiva;** mientras que, en el segundo supuesto, esto es, la prescripción de la pena, ésta opera a partir del momento en que se dicta la decisión y hasta el término que fije la ley en cada caso. Partiendo de los argumentos señalados y en el sentido que aquí nos ocupa, a saber, la extinción de la llamada por el recurrente acción administrativa; es importante aclarar primero que no existe tal figura, pues la acción es de orden exclusivamente jurisdiccional, por lo que siempre estará referida en este último sentido. Se trata, por el contrario, de la actividad de policía que desempeña la administración con el objeto de establecer responsabilidades administrativas, a través del ejercicio de su potestad sancionatoria. **Dicho esto, se entiende que la prescripción administrativa se consumaría cuando el lapso transcurrido desde la fecha en que sucedieron los hechos imputados y hasta el momento en que se da inicio al procedimiento administrativo correspondiente, supere el lapso establecido en la ley sin haberse ejercido la acción respectiva.** (...)"* (Destacado de esta decisión).

Así y con base en las precedentes consideraciones, tomando en cuenta que la recurrente sostuvo que en el caso está prescrita *"la acción"*, el lapso correspondiente no se computaría desde la fecha en que fue notificada del acto administrativo contenido en el Oficio N° 256 del 11 de septiembre de 1998, sino a partir de la oportunidad en que sucedieron los hechos imputados y hasta el momento en que se dio inicio al procedimiento administrativo correspondiente.

En este orden de ideas se aprecia, de un examen de la copia certificada del expediente administrativo remitido por el Ministerio del Poder Popular para el Ambiente, que el informe definitivo en el que se hace referencia a la *"Inspección Técnica Administrativa"* que determinó las presuntas irregularidades en relación a la ejecución del contrato suscrito con la recurrente, fue elaborado el 29 de octubre de 1997 y entre esa fecha exclusive y la oportunidad en que la Contraloría Interna del referido Ministerio, acordó el reintegro referido, a través de comunicación N° 08-00-2095 de fecha 17 de junio de 1998, no llegó a transcurrir ni un (1) año.

En conclusión, con base en las precedentes consideraciones se desestima por improcedente el alegato de prescripción formulado por la recurrente. Así se decide.

VI. LA JURISDICCIÓN CONTENCIOSO ADMINISTRATIVA

1. *El Contencioso Administrativo de Anulación*

    A. *Sentencia: Aclaratoria*

TSJ- SPA S.A. (0025)   13-1-2010

Magistrado Ponente: Levis Ignacio Zerpa

Caso: Procurador General del Estado Anzoátegui

La presente solicitud, como se indicó anteriormente, se contrae a la aclaratoria de la sentencia identificada en el Capítulo anterior.

Así las cosas, el artículo 252 del Código de Procedimiento Civil prevé:

*"**Artículo 252:** Después de pronunciada la sentencia definitiva o la interlocutoria sujeta a apelación, no podrá revocarla ni reformarla el Tribunal que la haya pronunciado.*

Sin embargo, el Tribunal podrá, a solicitud de parte, aclarar los puntos dudosos, salvar las omisiones y rectificar los errores de copia, de referencias o de cálculos numéricos, que aparecieren de manifiesto en la misma sentencia, o dictar ampliaciones, dentro de tres días, después de dictada la sentencia, con tal de que dichas ampliaciones las solicite alguna de las partes en el día de la publicación o en el siguiente".

En primer lugar, debe establecerse la temporalidad de la solicitud de aclaratoria, y al respecto se observa, que con relación al lapso procesal del cual disponen las partes para solicitar las correcciones del fallo, contempladas en el texto del artículo anteriormente transcrito, esta Sala se ha pronunciado en otras oportunidades en el sentido de que los referidos lapsos deben preservar el derecho al debido proceso y a una justicia transparente, consagrados en la vigente Constitución de la República Bolivariana de Venezuela y no constituir, por su extrema brevedad, un menoscabo al ejercicio de dichos derechos.

En efecto, mediante sentencia N° 00124 del 13 de febrero de 2001, caso: *Olimpia Tours and Travel C.A.*, se estableció:

"...Examinada la norma bajo análisis se observa que en un sistema fundamentalmente escrito como el nuestro, y limitadas las presentes consideraciones a los procesos seguidos ante esta Sala, y a los supuestos contenidos en la norma considerada, la misma carece de racio-

nalidad en virtud de que no encontramos elemento de tal naturaleza que justificando la extrema brevedad del lapso, no implique un menoscabo del contenido esencial a solicitar el derecho a una justicia transparente, en comparación con supuestos de gravedad similares como es el caso de la apelación y, siendo así esta Sala, en el presente caso, considera necesario aplicar con preferencia la vigencia de las normas constitucionales sobre el debido proceso relativas a la razonabilidad de los lapsos con relación a la norma del artículo 252 del Código de Procedimiento Civil y, en ejecución de lo dispuesto en el artículo 334 de la Constitución, dispone en forma conducente, con efectos ex nunc, que el lapso para oír la solicitud de aclaratoria formulada es igual al lapso de apelación del artículo 298 del Código de Procedimiento Civil, salvo que la ley establezca un lapso especial para la misma en los supuestos de los actos a que se refiere el artículo 252 eiusdem".

En el presente caso, la sentencia a interpretar se publicó en fecha 27 de mayo de 2009, y fue en fecha 05 de agosto de 2009, que el Alguacil de la Secretaria de esta Sala consignó constancia de haber entregado en la Unidad de Correspondencia de este Alto Tribunal el Oficio N° 1.392 de fecha 27 de mayo de 2009, mediante el cual se le remitió a la Procuraduría General del Estado Anzoátegui copia certificada del fallo en cuestión, por lo que visto que la parte recurrente en fecha 11 de agosto de 2009 formuló la solicitud de aclaratoria, se considera que su petición fue interpuesta tempestivamente. Así se declara.

IV

MOTIVACIONES PARA DECIDIR

Es oportuno destacar que las figuras de la aclaratoria, salvatura, ampliación y rectificación de las sentencias se encuentran contempladas en el *supra* transcrito artículo 252 del Código de Procedimiento Civil, cuyo alcance alude a la posibilidad jurídica de hacer correcciones a las sentencias, por medios específicos, siendo tales medios de corrección los siguientes: las aclaratorias, las salvaturas, las rectificaciones y las ampliaciones; teniendo cada uno de ellos finalidades distintas conforme a las deficiencias que presenten las sentencias (ver sentencia N° 186, de la Sala Político-Administrativa del Tribunal Supremo de Justicia de fecha 17 de febrero de 2000).

Así, cada uno de los medios de corrección de la sentencia, presenta su propia especificidad procesal, a pesar de que con frecuencia se les trate uniformemente, creándose así confusiones que pueden impedir el cabal conocimiento y decisión de la solicitud.

En el caso de la aclaratoria, figura a la cual aludió la parte demandante en su solicitud, se persigue precisar algún concepto ambiguo, oscuro, vago o poco claro que se haya deslizado en el fallo y pueda prestarse a confusión.

B.   *Perención de la instancia*

TSJ-SPA (0001)   **13-1-2010**

Magistrado Ponente: Evelyn Margarita Marrero Ortiz

Caso: Buroimport, C.A.

La Sala reitera una vez más la Doctrina y Jurisprudencia referente a la Perención de la Instancia.

Corresponde a esta Sala pronunciarse en relación a la perención de la instancia advertida por el Juzgado de Sustanciación, al constatar la paralización de la causa desde el 30 de septiembre de 2008, fecha en la cual la representante judicial del Fisco Nacional consignó copia certificada del expediente administrativo.

A los efectos anteriores, se estima necesario realizar previamente las consideraciones siguientes:

La perención de la instancia es una forma de terminación anormal del proceso que se verifica, entre otros casos, por la no realización -en un período mayor de un año- de actos de procedimiento destinados a mantener en curso el proceso, tal como lo prevé el aparte 15 del artículo 19 de la Ley Orgánica del Tribunal Supremo de Justicia de la República Bolivariana de Venezuela. Esta manera de extinguir el proceso también se verifica cuando se presenta alguna de las situaciones previstas en el artículo 267 del Código de Procedimiento Civil, que consagra las denominadas *"perenciones breves"* para supuestos específicos, en los cuales la inactividad de las partes interesadas se produce en lapsos inferiores al de un (1) año.

La figura procesal en referencia constituye un medio diseñado por la ley, con el propósito de evitar que los procesos se perpetúen y los órganos de administración de justicia se vean obligados a procurar la composición de causas, en las cuales no existe interés por parte de los sujetos procesales en su continuación.

En este orden de ideas, el mencionado aparte 15 del artículo 19 de la Ley Orgánica del Tribunal Supremo de Justicia de la República Bolivariana de Venezuela, establece lo siguiente:

"...La instancia se extingue de pleno derecho en las causas que hayan estado paralizadas por más de un (1) año, antes de la presentación de los informes. Dicho término empezará a contarse a partir de la fecha en que se haya efectuado el último acto procesal. Transcurrido dicho lapso, el Tribunal Supremo de Justicia, deberá declarar consumada la perención de oficio o a instancia de parte, la cual deberá ser notificada a las partes, mediante un cartel publicado en un diario de circulación nacional. Luego de transcurrido un lapso de quince (15) días continuos se declarará la perención de la instancia...".

El precepto parcialmente transcrito ha sido objeto de interpretación por la Sala Constitucional de este Máximo Tribunal, la cual ha establecido en diversas oportunidades (Vid. entre otras, la sentencia N° 918 del 5 de mayo de 2008, caso: *Roraima Inn Bingo & Hotel, C.A.*) que en materia de perención de la instancia debe atenderse, cuando resulte aplicable la Ley Orgánica del Tribunal Supremo de Justicia de la República Bolivariana de Venezuela, al supuesto normativo previsto en el encabezado del artículo 267 del Código de Procedimiento Civil, cuyo texto dispone lo siguiente:

*"**Artículo 267**. Toda instancia se extingue por el transcurso de un año sin haberse ejecutado ningún acto de procedimiento por las partes. La inactividad del juez después de vista la causa, no producirá la perención (…)".*

Del análisis concatenado de las normas antes citadas se desprende que para que opere la perención en casos como el de autos, basta que la causa haya permanecido paralizada por más de un (1) año, y dicho término debe contarse a partir de la fecha en que se haya efectuado el último acto de procedimiento, cumplido el cual el tribunal podrá sin más trámites declarar consumada la perención de oficio o a instancia de parte.

Se trata así del simple cumplimento de una condición objetiva que no toma en cuenta la voluntad de las partes, es decir, no considera los motivos que éstas hayan podido tener para mantener paralizada la causa, sino que el simple transcurso del tiempo durante un (1) año de inactividad origina de pleno derecho la declaratoria de perención. (*Vid.* Sentencias de esta Sala N° 05957 y 0669 del 19 de octubre de 2005 y 13 de marzo de 2006, casos: *Colegio Santa Caterina Da Siena, S.R.L.* y *C.A. Conduven*, respectivamente).

En orden a lo anterior, la doctrina y la jurisprudencia han señalado que acto de procedimiento es aquél que sirve para iniciar, sustanciar y decidir la causa, sea que lo efectúen las partes o el Tribunal mismo; y, en caso de emanar de terceros, se requiere igualmente que dicho acto revele su propósito de impulsar o activar la causa. De modo que a esta categoría de actos corresponden aquellos en los cuales la parte interesada puede tener intervención o, en todo caso, exista para ella la posibilidad cierta de realizar alguna actuación en el proceso. (*Vid*. Sentencia N° 2673 dictada por la Sala Constitucional de este Máximo Tribunal en fecha 14 de diciembre de 2001, caso: *DHL Fletes Aéreos, C.A.*, entre otras, ratificada por el fallo N° 00416 del 28 de abril de 2009, caso: *Carlos Vecchio y otros*).

Igualmente, cabe destacar el criterio reiterado de esta Sala Político-Administrativa según el cual **la perención se produce aún en aquellos casos en los que el proceso se encuentre paralizado en espera de una actuación que corresponde únicamente al juez,** salvo cuando el tribunal haya dicho *"Vistos"* y el juicio entre en etapa de sentencia; estado que debe entenderse como el referido a la decisión de fondo. (*Vid*. Sentencias N° 0650, 1.473 y 0645, de fechas 6 de mayo de 2003, 7 de junio de 2006 y 3 de mayo de 2007, casos: *C.N.A. de Seguros la Previsora, Gladys Expedita Zamora Blanco* y *Mar Caribe de Navegación, C.A. y otros*, respectivamente).

2.   *El Contencioso Administrativo Electoral: Lapso de caducidad*

TSJ-SC (6)   **04-3-2010**

Magistrado Ponente: Ponencia Conjunta

Caso: Humberto Jesús Franka Salas

El precedente de la Sala Electoral en cuanto a la supuesta inaplicabilidad del lapso de caducidad cuando se infrinja el cumplimiento de causales de inelegibilidad, contraría expresamente el contenido de la normativa electoral.

El ciudadano Jorge Alberto Barboza Gutiérrez fue electo como alcalde del Municipio Sucre del Estado Zulia en comicios realizados el 23 de noviembre de 2008.

La demanda contenciosa electoral en contra de los actos emanados de los organismos electorales con motivo de la postulación presuntamente ilegal del aludido ciudadano, la formación fraudulenta del registro electoral permanente y la totalización, adjudicación y proclamación del prenombrado ciudadano como Alcalde Electo del ya referido municipio; fue interpuesto ante la Sala Electoral el 05 de marzo de 2009.

Según el propio fallo que admitió la demanda (N° 76/2009), la misma *"había caducado para el momento de su interposición"*. Sin embargo, sin base normativa, con fundamento en una sentencia de la propia Sala Electoral (N° 73/2006), se consideró que *"en las impugnaciones de inelegibilidad de candidatos no resulta aplicable el lapso de caducidad"*.

Ahora bien, al margen de que en criterio de esta Sala Constitucional la causal de inelegibilidad de los candidatos a alcaldes contenida en el artículo 83, cardinal 3, de la Ley Orgánica del Poder Público Municipal no es aplicable a esta causa, lo cual se examinará más adelante, es, al menos jurídicamente cuestionable que un lapso de caducidad preceptuado sin excepciones en una ley orgánica (para impugnar cualquier actuación del Consejo Nacional Electoral, **salvo si el recurso tiene por objeto la nulidad de la elección de un candidato a la Presidencia de la República afectado por causales de inelegibilidad, en cuyo único caso no habrá lapso de caducidad para intentarlo;** según lo dispone el Parágrafo Único del artículo 237 de la Ley Orgánica del Sufragio y Participación Política) pueda ser descartado jurisprudencialmente sin que medien razones de eminente orden público constitucional. En el presente caso, se trata de un alcalde electo que el ente electoral competente permitió postularse y acudió a elecciones, por lo cual debe presumirse que dicho órgano verificó que el aspirante cumplió con los requisitos para optar al cargo.

Si los recursos administrativos intentados no lograron desvirtuar tal suposición o presunción *"iuris tantum"*, ha debido interponerse oportunamente la pretensión contenciosa electoral, lo cual no se hizo.

Debe reiterarse que, con la caducidad el derecho nace sometido a un término fijo de duración, prescindiéndose de toda consideración de negligencia en el titular y produce sus efectos de manera directa y automática. Por ello, dice Enneccerus, el plazo de caducidad ha de tomarse en cuenta por el juez aunque sólo se desprenda su transcurso de la exposición del demandante; y no se admiten en principio causas de interrupción o suspensión.

Procesalmente, Scarano traza la distinción entre la caducidad y la prescripción extintiva:

1) La prescripción se refiere a la sustancia del derecho y, como excepción perentoria, se puede proponer en cualquier estado de la causa; la caducidad se refiere al procedimiento, es perentoria y cabe proponerla *in limine litis*; 2) La prescripción es adquisitiva o extintiva, la caducidad sólo extintiva; 3) La prescripción posee lapsos variables, la caducidad se unifica en la duración por el legislador; 4) La prescripción no corre contra ciertas personas exceptuadas por la ley civil, la caducidad obra en principio *erga omnes*; 5) La prescripción puede ser interrumpida o suspendida, la caducidad sólo se puede interrumpir por actos procedimentales.

En fin, el rasgo distintivo de la caducidad, como expresa Castán Tobeñas, es el ser *"un término fijo para la duración de un derecho, de tal modo que transcurrido ese término no puede ser ya ejecutado"* (subrayado de esta fallo).

Asimismo, conviene destacar que, conforme lo dicho, el precedente de la Sala Electoral en cuanto a la supuesta inaplicabilidad del lapso de caducidad cuando se infrinja el cumplimiento de causales de inelegibilidad, contraría expresamente el contenido de la normativa electoral, sin que haya mediado el ejercicio del control difuso como única herramienta del juzgador para excepcionarse de la aplicación de la ley en garantía de la Carta Fundamental, violando con ello la garantía de seguridad jurídica.

VII. LA JUSTICIA CONSTITUCIONAL

1. *Control Difuso de la Constitucionalidad*

CSCA   **8-2-2010**

Juez Ponente: Emilio Ramos González

Caso: CORP BANCA, C.A. Banco Universal contra la Superintendencia de Bancos y Otras Instituciones Financieras.

Conforme al artículo 334 constitucional, todos los jueces de la República en el ámbito de sus competencias, ejercen el control difuso de la Constitución, siendo este control exclusivamente el resultado de actos jurisdiccionales dictados en algunas causas. En casos de incompatibilidad entre la Constitución y una ley u otra norma jurídica, prevalecen las disposiciones constitucionales, o como lo expresa el artículo 20 del Código de Procedimiento Civil, cuando la ley vigente, cuya aplicación se pida, colidiere con alguna disposición constitucio-

nal, los jueces aplicarán ésta con preferencia. En esta desaplicación de una norma por colidir o ser incompatible con la Constitución, consiste el control difuso.

.......Vistos los anteriores argumentos, se observa que el artículo 259 de la Constitución de la República Bolivariana de Venezuela otorga al juez contencioso-administrativo una amplia potestad para, con base en su prudente arbitrio de los alegatos y pruebas presentados durante el proceso, pueda "disponer lo necesario para el restablecimiento de las situaciones jurídicas subjetivas lesionadas (...)". Ello así, y a los fines de garantizar a los particulares un Estado de Justicia, el debido proceso, el derecho a la defensa, se tiene que el artículo 334 de la Carta Magna señala que "...En caso de incompatibilidad entre esta Constitución y una Ley u otra norma jurídica, se aplicarán las disposiciones constitucionales, correspondiendo a los tribunales en cualquier causa, aun de oficio, decidir lo conducente."

Por su parte el artículo 20 del Código de Procedimiento Civil dispone que "Cuando la ley vigente, cuya aplicación se pida, colidiere con alguna disposición constitucional, los jueces aplicarán ésta con preferencia".

En tal sentido, se estima pertinente destacar, que al estar consagrado en la Constitución esta forma de mantener la integridad de la norma constitucional, tal atribución pasa a constituirse en un poder-deber del juez, el cual tendrá que aplicarse aún de oficio, cuando un dispositivo de carácter legal se encuentre en contraposición con el ordenamiento supremo, todo ello en aras de mantener indemne el texto fundamental, lo que hace presumir inclusive que el incumplimiento de dicho deber por parte de algún juez, lo haría incurso en responsabilidad por el ejercicio de sus funciones jurisdiccionales, en atención a lo previsto en el último aparte del artículo 255 de la Constitución de la República Bolivariana de Venezuela y el numeral 8 del artículo 49 *eiusdem*.

En cuanto a la desaplicación de normas por parte de los Jueces de la República, la Sala Constitucional del Máximo Tribunal de Justicia, en sentencia Nº 1696 del 15 de julio de 2005 (Caso: *Rosa Mémoli Bruno y otro*), la cual fue posteriormente ratificada en sentencia Nº 575 de fecha 20 de marzo de 2006, sentó con carácter vinculante, la siguiente doctrina judicial:

"Conforme al artículo 334 constitucional, todos los jueces de la República en el ámbito de sus competencias, ejercen el control difuso de la Constitución, siendo este control exclusivamente el resultado de actos jurisdiccionales dictados en algunas causas.

En casos de incompatibilidad entre la Constitución y una ley u otra norma jurídica, prevalecen las disposiciones constitucionales, o como lo expresa el artículo 20 del Código de Procedimiento Civil, cuando la ley vigente, cuya aplicación se pida, colidiere con alguna disposición constitucional, los jueces aplicarán ésta con preferencia. En esta desaplicación de una norma por colidir o ser incompatible con la Constitución, consiste el control difuso.

Para que dicho control se aplique, es necesario:

1) Que exista una causa, lo que equivale a un proceso contencioso.

2) Que una de las partes pida la aplicación de una norma.

3) Que dicha norma colida con alguna disposición constitucional, lo que indica que debe tratarse de una contradicción objetiva (de texto); o que la ley resulte incompatible con la Constitución, incompatibilidad que se refiere a los principios constitucionales recogidos expresamente en la Carta Fundamental.

4) Que el juez se vea en la necesidad de aplicar una norma que considera colide con la Constitución, ya que esa es la ley que regirá el caso.

En consecuencia, si el juez a su arbitrio puede inaplicar la ley, ya que considera que el supuesto de hecho de la norma no ha sido probado, o que el caso puede ser resuelto mediante la invocación de otra disposición, no tiene razón alguna para practicar control difuso alguno.

5) Que quien lo adelante sea un juez, así ejerza la jurisdicción alternativa, dentro de un proceso donde se pide la aplicación de la ley o norma cuestionada.

6) Que el juez no anule la norma sometida al control, sino que la inaplique en el caso concreto.

Ejercido el control difuso, su efecto es que, para el caso concreto, sólo con respecto a éste no se aplica la disposición.

Ahora bien, una vez realizado el control difuso, a partir de la vigente Constitución, la Sala Constitucional tiene la facultad de revisar las sentencias que lo contengan, tal como lo señala el artículo 336.10 constitucional; y a falta de una Ley Orgánica que lo regule, y antes de que se promulgara la Ley Orgánica del Tribunal Supremo de Justicia, la Sala había decidido que las sentencias de última instancia que aplicaran el control difuso, debían ser informadas a la Sala Constitucional, a fin de calificar si el control había sido mal o bien aplicado.

En sentencia de 08 de agosto de 2.001 (Caso: *Jesús Pérez Salazar y Rafael Muñoz*), la Sala sostuvo que 'el juez constitucional debe hacer saber al Tribunal Supremo de Justicia sobre la decisión aprobada, a los efectos de la revisión discrecional atribuida a la Sala Constitucional conforme lo disponen los artículos 335 y 336.10 de la Constitución de la República Bolivariana de Venezuela".

En el caso sub *iudice*, de la lectura emprendida a la Resolución DM N° 0017 de fecha 30 de marzo de 2005, publicada en la *Gaceta Oficial de la República Bolivariana de Venezuela* N° 38.157 del 1° de abril de 2005, se puede observar que la misma es un instrumento jurídico que consta de 3 artículos entre los cuales, y es precisamente a lo que se refiere la parte solicitante de la desaplicación por control difuso, se establecen un par de definiciones que vienen a complementar las decisiones dictadas por la Sala Constitucional del Tribunal Supremo de Justicia en fechas 24 de mayo de 2002 y 24 de enero de 2003, en cuanto a la materia que nos ocupa en el presente decisión y que será profundizada infra.

En ese sentido, se reitera que dicho acto administrativo establece lo que ha de entenderse por "VEHÍCULO A SER UTILIZADO COMO INSTRUMENTO DE TRABAJO", así como, "VEHÍCULO POPULAR" a los efectos de la aplicación de las previsiones establecidas por la Sala Constitucional del Tribunal Supremo de Justicia, de la siguiente forma:

"a) VEHÍCULO A SER UTILIZADO COMO INSTRUMENTO DE TRABAJO: Todo artefacto o aparato destinado al transporte de personas o cosas, apto para circular por las vías destinadas al uso público o privado de manera permanente o casual, utilizado o destinado a la realización de actividades con o sin fines de lucro, para el desempeño de ocupaciones, por cuenta propia, asociativa, ajena o bajo la dependencia de otro; así como para la realización de actividades complementarias, conexas o de apoyo.

b) VEHÍCULO POPULAR: Todo artefacto o aparato destinado al transporte de personas o cosas, apto para circular por las vías destinadas al uso público o privado, de manera permanente o casual, cuyo precio de venta al público establecido en el contrato de compra venta con reserva de dominio, no exceda de 1.500 Unidades Tributarias".

Del análisis a tales definiciones, esta Corte no encuentra razones jurídicas por las cuales considerar que éstas constituyan una grave afrenta a alguna norma constitucional, dado que las referidas enunciaciones complementarias a las decisiones de la Sala Constitucional del Tribunal Supremo de Justicia contenidas en la Resolución bajo estudio no colide con previsión alguna contenida en la Constitución de la República Bolivariana de Venezuela.

Esto es, no existe disposición constitucional alguna que esta Sede Jurisdiccional considere como vulnerada como consecuencia de que el órgano del cual emanó dicho acto administrativo haya definido lo que debía entenderse como "VEHÍCULO A SER UTILIZADO COMO INSTRUMENTO DE TRABAJO", así como "VEHÍCULO POPULAR", ya que tales definiciones son consideradas necesarias a los fines de regular la situación de los créditos a los cuales se contraen el crédito como el de marras.

Además, en atención a los lineamientos establecidos por el Máximo Tribunal Constitucional, esta Corte concuerda con lo expuesto por el Ministerio Público, quien consideró que lo pretendido en el caso de autos es la desaplicación por control difuso de la Resolución DM N° 0017 del 30 de marzo de 2005, que no tiene carácter de norma jurídica sino de un acto administrativo de efectos generales, que no evidencia colisión alguna con una norma constitucional, lo cual escapa de la competencia de las Cortes de lo Contencioso Administrativo, y cuya nulidad es de exclusiva competencia de la Sala Político Administrativa del Tribunal Supremo de Justicia según fue establecido en sentencia N° 1611 del 28 de septiembre de 2004, conforme al artículo 5 numeral 28 de la Ley Orgánica del Tribunal Supremo de Justicia de la República Bolivariana de Venezuela, y sin que hasta la fecha la misma haya sido objeto de nulidad.

En este sentido, es de recordar que con relación a la desaplicación solicitada, la Sala Constitucional del Tribunal Supremo de Justicia en la aclaratoria (sentencia N° 961 del 24 de mayo de 2002) del fallo N° 85 que dictó el 24 de enero de 2002, precisó que "el llamado crédito con cuota balón fue objeto de examen por la Sala, debido a que ella considera de interés social la adquisición de vehículos automotores para que sirvan como instrumento de trabajo por los adquirentes (taxis, bucetas, etc)". (Destacado de esta decisión).

En este orden, el Máximo Tribunal Constitucional según sentencia N° 27 del 24 de enero de 2003, reiteró "que los créditos a reestructurar en esta materia son [sólo] los destinados para la adquisición de vehículos a ser utilizados como instrumento de trabajo, o a vehículos populares". (Destacado de esta decisión).

Ahora bien, resulta imperioso para esta Corte hacer mención al argumento expuesto por la entidad bancaria, en el cual concluyeron que "(…) La definición de vehículo a ser utilizado como instrumento de trabajo no es un comodín al que se puede acudir irresponsablemente para cubrir uno de los requisitos concurrentes necesarios para calificar un crédito para la adquisición de vehículos con reserva de dominio como ′cuota balón′, cuando el vehículo en cuestión no puede ser calificado como popular en virtud de su valor". (Folio 17 del expediente judicial).

Agregando además, que "(…) la indebida amplitud de la Resolución N° DM No.0017 y su contradicción abierta con las decisiones de la Sala Constitucional (… omissis …) sin duda ha servido de inspiración a la Superintendencia (… omissis …) para señalar de forma absolutamente inmotivada que el contrato de financiamiento celebrado entre (su) representada y la empresa Lámparas Delmi, C.A., se refiere a un vehículo a ser utilizado como instrumento de trabajo", en virtud de lo cual denunciaron que dicha Resolución era inconstitucional por contradecir el carácter vinculante de las decisiones de la Sala Constitucional del Tribunal Supremo de Justicia, y así solicitaron que fuese declarado. (Folio 18 del expediente judicial).

Es menester indicar, que respecto de la calificación de los vehículos a ser utilizados como instrumentos de trabajo, la decisión de la Sala Constitucional del Tribunal Supremo de Justicia, y sus aclaratorias señaló que tal calificación corresponde efectuarla a los organismos jurisdiccionales competentes, y así lo estableció en decisión del 16 de diciembre de 2003, cuando indicó: "...a partir del 7 de agosto de 2003, fecha cuando comenzó a surtir efectos el fallo del 24 de enero de 2003, no corresponde a la Superintendencia, en caso de discusión entre partes, sino a los Tribunales de Justicia determinar si los créditos fueron cancelados, extinguidos, o reestructurados como créditos lineales, con anterioridad al 24 de enero del 2002 o pronunciarse sobre cualquier controversia que se derive de ello...".

En tal sentido es oportuno indicar, que en lo que se refiere a la calificación de vehículos a ser utilizado como instrumento de trabajo, la misma fue definida por la Resolución DM N° 0017 del 30 de marzo de 2005, publicada en *Gaceta Oficial de la República Bolivariana de Venezuela* N° 38.157 del 1° de abril del mismo año, como "Todo artefacto o aparato destinado al transporte de personas o cosas, apto para circular por las vías destinadas al uso público o privado, de manera permanente o casual, utilizado o destinado a la realización de actividades con o sin fines de lucro, para el desempeño de sus ocupaciones, por cuenta propia, asociativa, ajena o bajo la dependencia de otro; así como para la realización de actividades complementarias, conexas o de apoyo".

Ahora bien, para entender mejor el contexto de la definición transcrita debemos señalar que "Instrumento", según el diccionario de la Real Academia de la Lengua Española, es "Aquello de que nos servimos para hacer algo o aquello que sirve de medio para hacer algo o conseguir un fin, será instrumento de trabajo", por lo que al trasladarnos al supuesto concreto concluimos que un vehículo calificado como instrumento de trabajo es todo que sirva para realizar las labores o trabajo de una persona, o aquel del cual se sirva para hacer sus labores.

Precisado lo anterior, esta Corte observa que en el caso de marras el vehículo adquirido por la empresa Lámparas Delmi, C.A., fue calificado por la Superintendencia de Bancos y Otras Instituciones Financieras, como vehículo popular y no como vehículo a ser utilizado como instrumento de trabajo, razón por la cual este Órgano Jurisdiccional procede a determinar si el mismo, se encuentra amparado dentro de la definición de créditos otorgados bajo la modalidad de "cuota balón".

Así pues, es necesario indicar nuevamente que en lo que se refiere a la calificación de vehículo popular, la misma también fue definida por la Resolución DM N° 0017 del 30 de marzo de 2005, publicada en *Gaceta Oficial de la República Bolivariana de Venezuela* N° 38.157 del 1° de abril del mismo año, como "Todo artefacto o aparato destinado al transporte de personas o cosas, apto para circular por las vías destinadas al uso público o privado, de manera permanente o casual, cuyo precio de venta al público establecido en el contrato de compra venta con reserva de dominio, no exceda de 1.500 Unidades Tributarias."

Ello así, para entender el contexto de la definición transcrita debemos señalar que "popular", según el diccionario de la Real Academia de la Lengua Española, es aquello "Perteneciente o relativo al pueblo./ Propio de las clases sociales menos favorecidas./ Que está al alcance de los menos dotados económica o culturalmente", por lo que al trasladarnos al supuesto concreto concluimos que un vehículo calificado popular es todo aquél que en razón de su precio puede ser adquirido por aquellas personas menos favorecidas económicamente para el uso de transporte de bienes y personas.

En el tema de autos, la Corte observa, que en el contrato de marras, por una parte, el automóvil fue calificado como vehículo popular por la Superintendencia de Bancos y Otras Instituciones Financieras, en razón de la Resolución DM N° 0017 del 30 de marzo de 2005, publicada en *Gaceta Oficial de la República Bolivariana de Venezuela* N° 38.157 del 1° de abril del mismo año.

Ahora bien, no señala la entidad bancaria las razones por la cual el vehículo objeto de protección, no deba ser considerado como vehículo popular -entendidos éstos en el sentido amplio de la Resolución DM N° 0017 del 30 de marzo de 2005, publicada en *Gaceta Oficial de la República Bolivariana de Venezuela* N° 38.157 del 1° de abril del mismo año, la cual hasta la fecha mantiene plena vigencia-, ni cuáles son las características –que a su decir- no cumplen el crédito bajo análisis, y por ende, los motivos por los cuales no puede ser favorecido por la protección cautelar que a tal efecto dispuso la Sala Constitucional del Tribunal Supremo de Justicia, simplemente, los alegatos de la parte recurrente se limitaron a contradecir pura y simplemente los hechos alegados por la administración sin fundamentar sus afirmaciones, operando en este punto las consideraciones relativas a la carga de la prueba, expuestas en el presente fallo.

En atención a lo anterior, esta Corte debe necesariamente declarar IMPROCEDENTE el pedimento de la recurrente en relación a la desaplicación por vía del control difuso previsto en el artículo 20 del Código de Procedimiento Civil, de la referida Resolución N° 0017 de fecha 30 de marzo de 2005, publicada en la *Gaceta Oficial de la República Bolivariana de Venezuela* N° 38.157 del 1° de abril de 2005, ya que ésta no viola norma constitucional alguna, en consecuencia, se desestima tal solicitud. Así se decide.

2.   *Recursos de revisión de sentencias en materia constitucional*

TSJ-SC (25)   **5-3-2010**

Magistrado Ponente: Luisa Estella Morales Lamuño

Caso: Digna María Hernández de Freites y otros.

La revisión de sentencias en materia constitucional no constituye una tercera instancia, ni un medio judicial ordinario, sino una potestad extraordinaria, excepcional y discrecional de esta Sala Constitucional con el objeto de unificar criterios constitucionales, para garantizar con ello la supremacía y eficacia de las normas y principios constitucionales, lo cual generaría seguridad jurídica, y no para la defensa de los derechos subjetivos e intereses del solicitante.

Los actores solicitaron a esta Sala Constitucional el ejercicio de la facultad de revisión concedida por el cardinal 10 del artículo 336 de la Constitución de la República Bolivariana de Venezuela, con respecto a la sentencia dictada por el Juzgado Segundo Superior del Trabajo del Circuito Judicial del Trabajo de la Circunscripción Judicial del Área Metropolitana de Caracas el 14 de febrero de 2008, que declaró: *(i)* sin lugar el recurso de apelación interpuesto por el apoderado judicial de los solicitantes contra la sentencia dictada el 30 de noviembre de 2007 por el Juzgado Primero de Primera Instancia de Juicio de ese mismo Circuito Judicial del Trabajo; *(ii)* con lugar la defensa de prescripción opuesta por la accionada; *(iii)* sin lugar las demandas ejercidas por los ciudadanos Digna María Hernández De Freites, Jesús Roberto Guevara Rodríguez, Juan Bautista Justo, Pedro Guerrero Molina y Belkis Haydeé Macupido Veloz por reclamo de pensión de jubilación, pago de pensiones insolutas y otros conceptos relacionados, contra la sociedad mercantil Banco de Venezuela, S.A., Banco Universal Grupo Santander, confirmando el fallo que dictó el referido Juzgado de Juicio.

Igualmente, se advierte que, como expresamente señalan en el escrito contentivo de su solicitud, los solicitantes ejercieron el recurso extraordinario de control de la legalidad previsto en el artículo 178 de la Ley Orgánica Procesal del Trabajo, contra la sentencia objeto de revisión y el mismo fue declarado inadmisible por la Sala de Casación Social del Tribunal Supremo de Justicia mediante sentencia N° 235 del 10 de marzo de 2009, por lo que la misma se encuentra definitivamente firme (Vid. Sentencia de esta Sala N° 1.530 del 10 de agosto de 2004, caso: *"Formiconi, C.A. "*).

Ello así, como premisa del análisis subsiguiente, debe recordarse que la sentencia N° 93 del 6 de febrero de 2001, caso: *"Corpoturismo"*, señaló que la facultad de revisión es *"(...) una potestad estrictamente excepcional, extraordinaria y discrecional (...)"*, por ello *"(...) en lo que respecta a la admisibilidad de tales solicitudes de revisión extraordinaria esta Sala posee una potestad discrecional de admitir o no admitir el recurso cuando así lo considere"*, así *"(...) la Sala puede en cualquier caso desestimar la revisión '(...) sin motivación alguna, cuando en su criterio, constate que la decisión que ha de revisarse, en nada contribuya a la uniformidad de la interpretación de normas y principios constitucionales' (...)"*.

En este sentido, la discrecionalidad que se le atribuye a la facultad de revisión constitucional, no debe entenderse como una nueva instancia y, por lo tanto, la solicitud en cuestión se admitirá sólo a los fines de preservar la uniformidad de la interpretación de normas y principios constitucionales o cuando exista una deliberada violación de preceptos de ese rango, así como cuando se contraríen los criterios vinculantes de la Sala Constitucional del Máximo Tribunal, lo que será determinado por la Sala en cada caso, siendo siempre facultativo de ésta su procedencia.

Sobre la base de las anteriores consideraciones, esta Sala advierte que los apoderados judiciales de los solicitantes, centraron sus denuncias en el alegado equívoco de las instancias laborales que conocieron la causa bajo examen respecto de la prescripción para el reclamo del derecho a la jubilación, en el presente caso prevista contractualmente al constituir la demandada una Empresa del Estado, y la prescripción aplicable para el reclamo de cuotas o pensiones no reclamadas, pues, insiste en que su reclamo en sede judicial, por tratarse de un derecho vitalicio, es irrenunciable e imprescriptible. El basamento jurídico de su pretensión se apoya en la alegada violación del artículo 82 de la Constitución de la República Bolivariana de Venezuela y en la errada aplicación de la regla contenida en el artículo 1.980 del Código Civil, en franco desconocimiento por parte de las instancias laborales, en su decir, de la doctrina sentada por esta Sala en su sentencia N° 3 del 25 de enero de 2005, caso: *"Luis Rodríguez Dordelly y otros"*.

De la lectura de sus alegaciones, observa esta Sala, que la decisión judicial sometida a su consideración, no contradice sentencia alguna dictada por esta Sala, ni quebranta preceptos o principios contenidos en nuestra Constitución, toda vez que en el caso de autos se evidencia que el Juzgado Superior, tomó su respectiva decisión siguiendo la doctrina que dictó al respecto la Sala Casación Social de este Tribunal Supremo.

Se observa que los hoy solicitantes, pretenden con la presente revisión una nueva instancia, donde se replantee lo que ya fue objeto de análisis judicial, cuyo resultado no les fue favorable en ninguna de las instancias en las cuales se llevó a cabo el juicio laboral, incluso ante la Sala de Casación Social de este Tribunal Supremo, ya que como se indicó antes, los solicitantes intentaron el recurso de control de la legalidad el cual fue declarado inadmisible por dicha Sala, al no verificarse ninguna vulneración del orden público laboral así como violación alguna de la reiterada doctrina de la referida Sala, por esta razón, esta Juzgadora puede deducir más bien una disconformidad por parte de los solicitantes, respecto al fallo cuya revisión se solicitó.

Siendo ello así, se precisa que la revisión no constituye una tercera instancia, ni un medio judicial ordinario, sino una potestad extraordinaria, excepcional y discrecional de esta Sala Constitucional con el objeto de unificar criterios constitucionales, para garantizar con ello la supremacía y eficacia de las normas y principios constitucionales, lo cual generaría seguridad jurídica, y no para la defensa de los derechos subjetivos e intereses del solicitante.

Esta Sala expresó en sentencia del 2 de marzo de 2000, caso: *"Francia Josefina Rondón Astor"* que en materia de revisión, posee facultad discrecional, y tal potestad puede ser ejercida sin motivación alguna, *"cuando en su criterio, constate que la decisión que ha de revisarse, en nada contribuya a la uniformidad de la interpretación de normas y principios constitucionales, ni constituya una deliberada violación de preceptos de ese mismo rango"*.

De esta forma, examinando el contenido del fallo objeto de revisión, estima la Sala, que en el presente caso no se dan los supuestos necesarios para que proceda la revisión solicitada, puesto que no se considera que existan "infracciones grotescas" de interpretación de norma constitucional alguna, ni se evidencia que el mismo desconozca algún criterio interpretativo de normas constitucionales, que haya fijado esta Sala Constitucional, es decir, no se puede afirmar que la decisión judicial sometida a su consideración, quebrante principios jurídicos fundamentales contenidos en la Constitución de la República Bolivariana de Venezuela, Tratados, Pactos o Convenios Internacionales suscritos y ratificados válidamente por la República, ni fue dictada como consecuencia de un error inexcusable, dolo, cohecho o prevaricación, así como tampoco contradice sentencia alguna dictada por esta Sala

De tal manera que, la Sala considera que de lo expuesto por los solicitantes no se desprende que su examen pueda contribuir a la uniformidad de la interpretación de normas y principios constitucionales, motivo por el cual declara no ha lugar la revisión solicitada, y así se decide.

3.   *Acción de Amparo Constitucional*

    A.   *Competencia*

        a.   *Juzgados Superiores en lo Civil y Contencioso Administrativo*

        TSJ-SC (18)   **5-3-2010**

        Magistrado Ponente: Luisa Estella Morales Lamuño

        Caso: Norman Antonio Vílchez López.

.....El presente conflicto de competencia surgió con ocasión a la acción de amparo constitucional interpuesta por el ciudadano Norman Antonio Vílchez López, contra la orden administrativa signada con el N° GN 6551 del 24 de marzo de 2000, suscrita por el ciudadano Gerardo Daniel Briceño García, en su condición de Comandante General de la Guardia Nacional de la República Bolivariana de Venezuela, mediante la cual se le notificaba en su condición de *"distinguido"*, que pasaría a situación de retiro de la Guardia Nacional *"por medida disciplinaria"*. Por tal razón denunció la presunta infracción de su derecho al trabajo consagrado en los artículos 86, 87, 89 y 93 de la Constitución de la República Bolivariana de Venezuela.

En tal sentido, el Juzgado Superior en lo Civil y Contencioso Administrativo de la Región Occidental, fundó su declinatoria de competencia en las siguientes razones:

"(…) Observa este Superior Órgano (sic) Jurisdiccional que la acción de amparo constitucional propuesto (sic) por el ciudadano NORMAN ANTONIO VILCHEZ LOPEZ, (sic) (…) contra el ciudadano GERARDO DANIEL BRICEÑO GARCÍA, COMANDANTE GENERAL

DE LA GUARDIA NACIONAL DE VENEZUELA, es un acto administrativo emanado de un ente de carácter nacional perteneciente al poder público, adscrito al Ministerio de la Defensa, cuyo conocimiento corresponde conocer a la Corte Primera de lo Contencioso Administrativo, con sede en la ciudad de Caracas, de conformidad a lo establecido en el numeral 6° (sic) del artículo 185 de la Ley Orgánica de la Corte Suprema de Justicia, por lo cual, este tribunal (sic) se declara incompetente y en consecuencia, se ordena remitir el expediente en forma original a la Corte Primera de lo Contencioso Administrativo (…)".

Por su parte, la Corte Segunda de lo Contencioso Administrativo, basó su declinatoria en los siguientes términos:

"(…) Esta Corte debe determinar su competencia para el conocimiento de la presente pretensión de amparo constitucional y, al respecto observa: (…) para el momento en que fue remitida la presente acción de amparo constitucional, (…) se encontraba vigente el criterio de la Sala Constitucional del Tribunal Supremo de Justicia de la República Bolivariana de Venezuela, establecido en decisión número 1700 de fecha 7 de agosto de 2007 (caso: Carla Mariela Colmenares vs. Dirección General de los Servicios de Inteligencia (DISIP)), mediante el cual se abandonó el criterio de la competencia residual de las Cortes de lo Contencioso Administrativo, para el conocimiento de las acciones de amparo autónomo ejercidas contra entes descentralizados funcionalmente y contra dependencias desconcentradas de la Administración Central, estableciéndose con carácter vinculante en esta nueva decisión, que dicha competencia corresponderá a los juzgados superiores en lo civil y contencioso administrativo ubicados en el territorio donde se encuentre el órgano accionado (…). De esta forma resalta esta Corte que, conforme al criterio jurisprudencial parcialmente transcrito, la competencia para el conocimiento de las acciones de amparo constitucional propuestas contra actos, hechos u omisiones emanados de las autoridades distintas a las contempladas en los artículos 45 y 8 de la Ley Orgánica de la Administración Pública, y la Ley Orgánica de Amparo Sobre Derechos y Garantías Constitucionales, respectivamente, y que su competencia estaba atribuida a las Cortes de lo Contencioso Administrativo de conformidad con lo previsto en el artículo 185 de la Ley Orgánica de la Corte Suprema de Justicia; ahora serán del conocimiento de los Juzgados Superiores de la localidad donde se haya verificado la lesión, así se declara (…)".

Ahora bien, el artículo 7 de la Ley Orgánica de Amparo sobre Derechos y Garantías Constitucionales, consagra la norma rectora que fija la competencia *per gradum, ratione materiae* y *ratione loci,* para conocer de las acciones de amparo constitucional, cuando éstas se ejerzan por vía autónoma. En tal sentido, la misma expresa lo siguiente:

"Son competentes para conocer de la acción de amparo, los Tribunales de Primera Instancia que lo sean en la materia afín con la naturaleza del derecho o de la garantía constitucionales violados o amenazados de violación, en la jurisdicción correspondiente al lugar donde ocurrieren el hecho, acto u omisión que motivaren la solicitud de amparo.

En caso de duda, se observarán, en lo pertinente, las normas sobre competencia en razón de la materia.

Si un Juez se considerare incompetente, remitirá las actuaciones inmediatamente al que tenga competencia.

Del amparo de la libertad y seguridad personales conocerán los Tribunales de Primera Instancia en lo Penal, conforme al procedimiento establecido en esta Ley ".

Según la disposición en referencia, son competentes para conocer de dichas acciones los Tribunales de Primera Instancia que lo sean en la materia afín con la naturaleza del derecho o de las garantías constitucionales violados o amenazados de violación, en la jurisdicción correspondiente al lugar donde hubiese ocurrido el hecho, acto u omisión que motivare la solicitud de amparo.

Así, la norma anteriormente transcrita, establece un criterio –de forma general– relacionado con la competencia en amparo en razón del grado de la jurisdicción (Tribunal de Primera Instancia), la materia (afín con la naturaleza del derecho o la garantía constitucional violados o amenazados de violación), y el territorio (el lugar donde hubiere ocurrido el hecho, acto u omisión inconstitucional).

Precisado lo anterior, se advierte que si bien la materia debatida resulta afín con el contencioso administrativo, dos Tribunales se declararon incompetentes en razón del grado para conocer la presente acción de amparo constitucional, por lo que esta Sala pasa a dilucidar cuál órgano jurisdiccional, debe seguir conociendo de la misma. A tal efecto, observa:

En el caso de autos, el ciudadano Norman Antonio Vílchez López, interpuso acción de amparo constitucional, contra *"la orden administrativa N° GN 6551"* del 24 de marzo de 2000, mediante la cual se le notificaba en su condición de *"distinguido"*, que pasaría a situación de retiro de la Guardia Nacional *"por medida disciplinaria"*. Por tal razón denunció la presunta infracción de su derecho al trabajo consagrado en los artículos 86, 87, 89 y 93 de la Constitución de la República Bolivariana de Venezuela.

Siendo ello así, estima esta Sala que la declinatoria de competencia realizada por la Corte Segunda de lo Contencioso Administrativo, está ajustada a derecho pues acogió la doctrina vinculante establecida por esta Sala en la sentencia N° 1.700 del 7 de agosto de 2007, caso: *"Carla Mariela Colmenares Ereú"*, mediante la cual *"(...) se le reconoce a los Juzgados Superiores en lo Civil y Contencioso Administrativo de las distintas regiones competencia para conocer, en primera instancia, de los amparos constitucionales vinculados con la materia contencioso administrativa (...)"*; reinterpretada en el fallo de esta Sala N° 1.659 del 1 de diciembre de 2009, caso: *"Superintendencia de Bancos y otras Instituciones Financieras"*, en el que se precisó *"(...) que la competencia residual de las Cortes sólo opera ante falta de disposición legislativa que atribuya la competencia de manera expresa, en razón de lo cual, inclusive en materia de amparo, conforme a lo establecido en el artículo 7 de la Ley Orgánica de Amparo sobre Derechos y Garantías Constitucionales, la competencia corresponde a los órganos jurisdiccionales competentes para conocer la nulidad, ya que la residualidad, es una norma supletoria que sólo opera ante la falta de la especificidad de la norma (...)"*.

En consecuencia, al tratarse el caso de autos de una acción de amparo constitucional, contra un acto administrativo –la orden administrativa N° GN 6551CAA-JEM-005/07 dictada el 24 de marzo de 2000, por el General de División ciudadano Gerardo Daniel Briceño García, actuando en su condición de Comandante General de la Guardia Nacional, para la época,– su conocimiento está atribuido a la jurisdicción contencioso administrativa. De allí que, en virtud de la referida doctrina, la Sala reitera que la competencia no corresponde a las Cortes de lo Contencioso Administrativo, pues al tratarse de una acción de amparo constitucional y no existir disposición legal expresa que le atribuya a dicho órgano el conocimiento de acciones o recursos como el de autos, lo fundamental es garantizar el acceso a la justicia, razón por la cual el conocimiento de la misma le compete a los Juzgados Superiores en lo Civil y Contencioso Administrativo. (*Vid.* Sentencia de esta Sala N° 1.214 del 23 de julio de 2008, caso: *"David Olivier Ocando Davis"*).

Por tanto, de conformidad con el artículo 7 de la Ley Orgánica de Amparo sobre Derechos y Garantías Constitucionales, estima la Sala que el Tribunal competente para conocer en primera instancia de la acción de amparo constitucional en referencia, es el Juzgado Superior en lo Civil y Contencioso Administrativo de la Región Occidental, a donde se ordena la remisión del expediente. Así se decide.

B. *Objeto*

    a. *Amparo contra actos normativos*

        TSJ-SPA (0098)   **28-1-2010**

        Magistrado Ponente: Emiro García Rosas

        Caso: Cámara Venezolana de la Construcción y otras vs. Ministerio del Poder Popular para las Obras Públicas y Vivienda.

        El amparo cautelar contra actos normativos se otorga -y, por tanto, se pretende- con respecto del acto de aplicación de la norma cuya nulidad se demanda y no en cuanto a ella misma, pues sus características de generalidad y abstracción impiden cualquier vulneración directa a la esfera jurídica de los justiciables

      ......Examinado el caso de autos, observa la Sala que los apoderados judiciales de las partes presuntamente agraviadas, solicitaron la protección constitucional a los fines de que se suspendan los efectos del acto recurrido, cual es la Resolución N° 110 del Ministerio del Poder Popular para las Obras Públicas y Vivienda, publicada en la *Gaceta Oficial de la República Bolivariana de Venezuela* N° 39.197 de fecha 10 de junio de 2009. Dicha Resolución dispone:

    "Artículo 1. En los contratos que tengan por objeto, bajo cualquier forma o modalidad, la adquisición de viviendas por construirse, en construcción o ya construidas, suscrito o a suscribirse por los sujetos comprendidos en el Sistema Nacional de Vivienda y Hábitat, se prohíbe el cobro de cuotas, alícuotas, porcentajes y/o sumas adicionales de dinero, basados en la aplicación del Índice de Precios al Consumidor (IPC) o de cualquier otro mecanismo de corrección monetaria o ajuste por inflación, por lo que a partir de la entrada en vigencia de la presente Resolución, queda sin efecto cualquier estipulación convenida o que se convenga en contravención a lo dispuesto en esta norma. La prohibición establecida en el presente artículo tendrá aplicación en todo el mercado inmobiliario destinado a la vivienda y hábitat.

    Artículo 2. Se ordena que a partir de la entrada en vigencia de la Resolución N° 98, de fecha 5 de noviembre de 2008, publicada en la Gaceta Oficial N° 39.055, de fecha 10 de noviembre do 2008, dictada por el entonces Ministerio del Poder Popular para la Vivienda y Hábitat; es decir, desde el día 10 de noviembre de 2008, todo cobro que se hubiere efectuado por concepto de Índice de Precios al Consumidor (IPC) o de cualquier otro mecanismo de ajuste por inflación o corrección monetaria, después de la fecha convenida por las partes para la culminación de la obra y protocolización del documento de venta, deberá ser restituido íntegra e inmediatamente al comprador respectivo por Sujeto del Sistema, quedando a elección de aquél recibir dicho reintegro en dinero efectivo o imputarlo al monto adeudado, de ser el caso.

    (...)"

      Esta resolución comporta características propias de los actos administrativos de efectos generales, toda vez que es de alcance normativo, general, abstracto, indeterminado e impersonal. En virtud de ello, debe atenderse al criterio sostenido por esta Sala (recientemente reiterado en sentencias números 01440 del 8 de octubre de 2009 y 01789 de 9 de diciembre de 2009), en casos como el presente, en los que se ha interpuesto el recurso de nulidad conjuntamente con la acción de amparo constitucional contra un acto normativo, como es el siguiente:

    "(...) se observa en primer lugar, que se ha intentado un amparo cautelar contra un acto normativo de conformidad con lo establecido en el artículo 3 de la Ley Orgánica de Amparo sobre Derechos y Garantías Constitucionales, cuyo texto es el siguiente:

'Artículo 3: (...).

*La norma antes transcrita ha sido objeto de interpretación por esta Sala en varias decisiones y más recientemente por la Sala Constitucional de este Alto Tribunal (ver sentencia N° 0557, de fecha 17 de marzo de 2003), estableciéndose que la facultad del juez constitucional al conocer conjuntamente la acción de amparo con el recurso de inconstitucionalidad contra actos normativos es la de suspender, previa desaplicación de la norma denunciada como contraria al texto constitucional, el acto, hecho u omisión que la aplica o desarrolla. **En definitiva, se ha considerado que es el acto de ejecución de la norma el que puede ocasionar una lesión en los derechos y garantías de los particulares, y no el acto normativo que por su carácter general y abstracto le es imposible vulnerar alguna situación determinada de un particular.** (ver sentencias de la S.P.A del 12-08-92, caso: Colegio de Abogados del Distrito Federal, y 16-02-95, caso: Blanca Rosa Mármol de León y Lucía Hernández Ríos). Ello presupone que el presunto afectado debe indicar la situación concreta, representada por el acto de aplicación normativa que produce o amenaza producir la lesión de orden constitucional en su esfera de derechos. (...)" (vid sentencia N° 0078 del 22 de mayo de 2003, caso: Gobernador del Estado Miranda vs. Decreto Presidencial).*

En atención al criterio interpretativo contenido en la decisión parcialmente transcrita, se observa en el caso bajo examen que la representación de la parte presuntamente agraviada denunció la violación de sus derechos constitucionales, sin embargo, no invocó la existencia de una situación jurídica concreta que haya sido infringida o amenazada, pues de lo expuesto en el escrito recursivo no se desprende que se haya materializado algún acto de ejecución de la norma impugnada del cual pueda derivarse presunción de violación directa e inmediata de sus derechos o garantías constitucionales denunciados y que a su vez sea susceptible de revocarse o suspender sus efectos dañosos por parte de esta Sala, pues el amparo cautelar tiene por objeto restablecer la situación jurídica infringida. (Vid., sentencia de esta Sala N° 00751 del 17 de mayo de 2007).

En consecuencia, debe esta Sala declarar improcedente la medida cautelar de amparo constitucional peticionada por la representación judicial del recurrente. Así se declara..." (Negrillas de esta decisión).

En el mismo orden de ideas en relación con los recursos de nulidad interpuestos de manera conjunta con amparo cautelar, la Sala Constitucional ha establecido lo siguiente:

"...Respecto de esta modalidad de tutela constitucional, el artículo 3 de la Ley Orgánica de Amparo sobre Derechos y Garantías Constitucionales dispone:

*"**Artículo 3.-** También es procedente la acción de amparo, cuando la violación o amenaza de violación deriven de una norma que colida con la Constitución. En este caso, la providencia judicial que resuelva la acción interpuesta deberá apreciar la inaplicación de la norma impugnada y el Juez informará a la Corte Suprema de Justicia acerca de la respectiva decisión. La acción de amparo también podrá ejercerse conjuntamente con la acción popular de inconstitucionalidad de las leyes y demás actos estatales normativos, en cuyo caso, la Corte Suprema de Justicia, si lo estima procedente para la protección constitucional, podrá suspender la aplicación de la norma respecto de la situación jurídica concreta cuya violación se alega, mientras dure el juicio de nulidad".*

*Respecto de tal **modalidad de amparo, de eminente carácter cautelar** (pues los efectos de tal mandamiento son provisorios, mientras se sustancia la causa principal), la Sala ha sostenido **que la misma procede contra el acto de aplicación de la norma y no contra ella misma (dado su carácter general y abstracto, y a menos que se trate de una 'norma autoaplicativa'), por lo que está dirigida a enervar los efectos lesivos de la individualización de la norma impugnada en una situación jurídica constitucionalmente tutelada al afectado.** El objeto de tal cautela, pues, se ciñe a preservar esa esfera constitucionalmente protegida, del* *daño que deriva la aplicación de la norma impugnada a quien pretende erigirse como agraviado (Vid. Sentencia de la Sala N° 2.304 del 28 de septiembre de 2004, caso: "Distribuidora Moros Moros, C.A.").*

*Sobre el ámbito de protección del mandamiento de amparo constitucional otorgado con fundamento en el artículo 3 de la Ley Orgánica de Amparo sobre Derechos y Garantías Constitucionales, esta Sala ha fijado con anterioridad que **las normas son incapaces per se de vulnerar directamente situaciones jurídicas concretas, incluso como simple amenaza, por cuanto no sería, en principio, una amenaza inminente y no sería realizable por el imputado, puesto que el legislador no tiene a su cargo la ejecución de la norma que dicta** (al menos no a través del mismo órgano, en el caso de la Administración).*

*Así, **para que proceda la acción es necesario que el acto aplicativo de la norma lesione derechos o garantías constitucionales**, sin que exista otro medio judicial lo suficientemente efectivo como para restablecer en forma eficaz la situación jurídica infringida y que, específicamente, en cuanto a la lesión constitucional, ésta debe ser actual, reparable y no consentida, entendiéndose por actualidad la posibilidad de ser tutelable el derecho alegado como infringido mediante el amparo (Vid. Sentencia de la Sala N° 2.181 del 12 de agosto de 2003, caso: "Andrés José Verde González")...".*

Ahora bien, atendiendo a dicho criterio debe precisar esta Sala, en el caso particular que se analiza, que la parte presuntamente agraviada denunció, en el capítulo V de su escrito titulado *"Medida Cautelar de Amparo Constitucional"*, lo siguiente: *"A. Violación de los derechos constitucionales a la libertad económica y a la libertad contractual (…). ii. Violación al Principio de Autonomía de la voluntad de las partes y del principio de inmutabilidad de los contratos (…). B. Lesión del derecho constitucional a la propiedad privada y vulneración del principio de no confiscatoriedad (…). C. Violación del principio de reserva legal (…). D. Incompetencia (…). E. De la violación de criterios vinculantes del Tribunal Supremo de Justicia y de leyes de la República (…). F. Derecho a una vivienda digna (…). G. Vulneración del principio de participación y lesión del derecho a la participación ciudadana de los productores de vivienda (…). H. Violación del principio constitucional y legal de prohibición de dar efectos retroactivos a las normas jurídicas (…). I. Vulneración de los derechos subjetivos adquiridos derivados de los contratos de adquisición de vivienda. Violación del derecho de propiedad (…). J. Menoscabo de la confianza legítima o expectativa plausible"* (sic).

Sin embargo, de lo expuesto en el escrito recursivo y del examen de las actas que conforman el expediente no se desprende que se haya materializado algún acto de ejecución de la normativa impugnada del cual pudiera derivarse la presunción de violación directa e inmediata de los referidos derechos o garantías constitucionales alegados como conculcados y que como consecuencia de ello, las disposiciones recurridas pudiesen ser suspendidas cautelarmente por esta Sala. Pero las denuncias expuestas en el presente caso conllevan a que este órgano jurisdiccional precise algunos aspectos que deben tenerse en cuenta al analizar acciones de amparo constitucional como la interpuesta en el presente caso, tendentes a obtener por vía cautelar la suspensión o inaplicación de las disposiciones impugnadas, hasta tanto se dicte la decisión de fondo que resuelva sobre su inconstitucionalidad e ilegalidad.

En este sentido, cabe destacar que de manera reiterada este Máximo Tribunal ha sostenido, como se expuso anteriormente, que el amparo cautelar contra actos normativos se otorga -y, por tanto, se pretende- con respecto del acto de aplicación de la norma cuya nulidad se demanda y no en cuanto a ella misma, pues sus características de generalidad y abstracción impiden cualquier vulneración directa a la esfera jurídica de los justiciables. (*Vid., Sent. SPA-CSJ, caso: Colegio de Abogados del Distrito Federal de 12.08.92). Sin embargo, dicho criterio tiene su **excepción** en aquellos supuestos en los cuales, la referida acción ha sido interpuesta contra una 'norma autoaplicativa'.

En concreto, respecto a este supuesto excepcional se ha pronunciado la Sala Constitucional, al establecer y definir lo siguiente:

"...*No obstante, ese principio cuenta con la excepción de que la norma objeto de la pretensión de amparo -sea autónomo o cautelar- que se solicita con fundamento en el artículo 3 de la Ley Orgánica de Amparo sobre Derechos y Garantías Constitucionales, sea una norma autoaplicativa, caso en el cual el amparo tiene por finalidad la inaplicación de la norma en cuestión al caso concreto y no respecto de acto de aplicación alguno.*

Las denominadas normas jurídicas autoaplicativas son aquellas cuya eficacia no está supeditada a la aplicación por acto posterior; *por tanto, la sola iniciación de su vigencia puede suponer, respecto de un supuesto de hecho determinado, una violación o amenaza de violación a derechos constitucionales susceptible de ser objeto de amparo constitucional. Esta Sala se ha pronunciado en anteriores oportunidades, sobre el alcance de esta modalidad de normas jurídicas. En concreto, en sentencia N.º 1505 de 5-6-03 (caso: Colegio de Médicos del Distrito Metropolitano de Caracas) señaló que por norma autoaplicativa se entiende "...aquella norma cuya sola promulgación implica una obligatoriedad efectiva y actual (rectius, también inminente) para las personas por ella prevista de manera concreta, por lo que no requiere de ejecución por acto posterior...".* (Destacado de esta decisión).

Conforme al anterior criterio, acogido y reiterado por esta Sala, se estima que las normas contenidas en la resolución impugnada, no requieren de un acto posterior para resultar lesivas a los derechos denunciados como conculcados, siendo en consecuencia -conforme a la citada definición establecida por la Sala Constitucional- normas "*autoaplicativas*", las cuales si bien no son el producto de un acto legislativo formal, son actos de efectos generales y de contenido normativo en virtud de su carácter general y abstracto; por lo cual, a tenor de lo dispuesto en el artículo 2 de la Ley Orgánica de Amparo sobre Derechos y Garantías Constitucionales, resultan susceptibles de ser impugnadas bajo la modalidad prevista en el artículo 3 *eiusdem*.

Así, conforme ha manifestado este Máximo Tribunal en otras oportunidades, para la procedencia de la pretensión de *amparo constitucional* en supuestos como el que se ha planteado, el juez realizará un examen preliminar de presunción de adecuación del acto normativo a los preceptos constitucionales y legales y ponderará la inaplicación de la norma al caso concreto, lo cual dependerá de la *presencia* o *inminencia* de un acto de aplicación o de ejecución de la norma y, -si fuera el caso- decidirá lo conducente para el restablecimiento de la situación jurídica infringida.

b.   *Amparo contra sentencias*

TSJ-SC (92)   **8-3-2010**

Magistrado Ponente: Arcadio de Jesús Delgado Rosales

Caso: Iván Antonio Atencio Chacón

La acción de amparo contra sentencias no es un medio para replantear, ante un órgano jurisdiccional, un asunto ya conocido y decidido por otro mediante sentencia firme dentro de su ámbito de autonomía de aplicación del derecho, por cuanto el Juez de amparo no actúa como una nueva instancia de conocimiento, sino como juzgador de la constitucionalidad de la actuación jurisdiccional.

La acción de amparo constitucional contra sentencias está regulada en el artículo 4 de la Ley Orgánica de Amparo sobre Derechos y Garantías Constitucionales, y procede cuando el Juez ha actuado "*fuera de su competencia*", de manera que "*lesione un derecho constitucional*".

Por ello, el amparo contra sentencias está sometido a estrictos requisitos, tendentes a evitar que, con el pretexto de la supuesta violación de derechos constitucionales, se intente revisar casos ya resueltos judicialmente en ambos grados de jurisdicción, por lo que, advierte esta Sala que no es suficiente que el denunciante invoque la violación de un derecho constitucional como infringido, sino que se pueda evidenciar que la violación alegada sea producto de un hecho que no haya sido juzgado en el mérito de la causa que precede la acción de amparo interpuesta. En este sentido, atendiendo a la pretensión deducida y dado el carácter de los amparos contra decisiones judiciales, esta Sala en sentencia del 8 de diciembre de 2000 (caso: *"Haydee Morela Fernández Parra"*), estableció que:

"(...) *siendo este un mecanismo destinado exclusivamente a proteger el goce y ejercicio de los derechos constitucionales, por lo que no puede convertir en una tercera instancia en la cual se juzgue nuevamente en ella sobre el mérito de una controversia ya conocida y juzgada por los jueces de la causa, o de hacer una valoración del mérito de las pruebas que ya fueron objeto de la soberanía de apreciación de aquellos* (...)" (Subrayado del original).

De lo expuesto se desprende que la acción de amparo contra sentencias no es un medio para replantear, ante un órgano jurisdiccional, un asunto ya conocido y decidido por otro mediante sentencia firme dentro de su ámbito de autonomía de aplicación del derecho, por cuanto el Juez de amparo no actúa como una nueva instancia de conocimiento, sino como juzgador de la constitucionalidad de la actuación jurisdiccional. Al respecto, esta Sala mediante decisión del 27 de julio de 2000 (caso: *"Mercantiles Seguros Corporativos, SEGU-CORP, C.A. y Agropecuaria Alfín, S.A."*), estableció lo siguiente:

"(...) *en el procedimiento de amparo el juez enjuicia las actuaciones de los órganos del poder público o de los particulares, que hayan podido lesionar los derechos fundamentales. Pero, en ningún caso, puede revisar, por ejemplo, la aplicación o interpretación del derecho ordinario, por parte de la administración o los órganos judiciales, a menos que de ella se derive una infracción directa de la Constitución. No se trata de una nueva instancia judicial o administrativa, ni de la sustitución de los medios ordinarios para la tutela de los derechos o intereses, se trata de la reafirmación de los valores constitucionales* (...)". (Subrayado de la Sala).

Con respecto a lo anterior, esta Sala debe reiterar que la valoración y conclusiones aplicables a un determinado juicio es materia propia de los jueces ordinarios, que sólo podrá ser analizada por el juez de amparo cuando la determinación que erradamente haya hecho el juez ordinario conlleve una directa, evidente y flagrante violación de algún derecho garantizado constitucionalmente, puesto que al juzgador constitucional le está vedado conocer el fondo del asunto discutido en el proceso que motiva la solicitud de tutela constitucional (*Cfr.* Sentencia de esta Sala del 20 de febrero de 2001, caso: *"Alejandro Acosta Mayoral"*).

En este orden de ideas, esta Sala comparte lo que respecta al criterio que sostuvo el *a quo* constitucional en las consideraciones para desestimar que se haya producido violación constitucional en lo atinente a la supuesta violación de la cosa juzgada; no obstante, considera impertinente que haya entrado a conocer, analizar y decidir sobre el fondo del juicio de resolución de contrato de arrendamiento como si se tratara de una tercera instancia, toda vez que de los argumentos aducidos por la parte accionante en su escrito de amparo constitucional, se desprende que lo alegado no es más que su inconformidad con el criterio establecido en el fallo revisado en dos instancias, lo cual no puede constituir en principio, materia revisable mediante el mecanismo especial de amparo constitucional, en el que se analiza la trasgresión o amenaza de violación directa de derechos constitucionales. Por otro lado, se advierte que el *a quo* constitucional erró al conocer el fondo del asunto ya debatido y declarar la nulidad de la sentencia impugnada, cuando lo acertado era haber declarado sin lugar la acción de amparo constitucional, sobre la base de las consideraciones antes expuestas.

C. *Admisibilidad*

TSJ-SC (24)   **5-3-2010**

Magistrado Ponente: Luisa Estella Morales Lamuño

Caso: Inversiones Damaber C.A.

Para satisfacer la pretensión de tutela ha debido agotarse el recurso de control de la legalidad y, sólo en el supuesto de que fuese declarado inadmisible, podía entonces recurrir al amparo constitucional como excepción a la causal de inadmisibilidad prevista en el numeral 5 del artículo 6 de la Ley Orgánica de Amparo sobre Derechos y Garantías Constitucionales.

En lo concerniente a la admisibilidad de la pretensión de amparo *sub examine* a la luz de las causales de inadmisibilidad que estableció el artículo 6 de la Ley Orgánica de Amparo sobre Derechos y Garantías Constitucionales, esta Sala debe observar que en sentencia N° 3.315 del 2 de noviembre de 2005, que refiere el agotamiento previo del recurso de control de la legalidad para ejercer la acción de amparo constitucional en materia laboral -la cual tiene carácter vinculante-, se establecieron dos premisas importantes en cuanto a los requisitos de admisibilidad contenidos en el artículo 6, en los casos de demandas de amparo contra sentencias dictadas por los juzgados superiores laborales:

1) En relación a la causal de inadmisibilidad contenida en el artículo 6, cardinal 5, de la Ley Orgánica de Amparo sobre Derechos y Garantías Constitucionales, sin menoscabar la interpretación que sobre este aspecto ha hecho la Sala, sólo será admisible la solicitud de tutela constitucional contra las decisiones de los Juzgados Superiores, cuando el agraviado haya ejercido previamente el recurso de control de la legalidad, y éste, sea declarado inadmisible en virtud del poder discrecional atribuido en la ley a la Sala de Casación Social.

2) En relación a la causal de inadmisibilidad contenida en el artículo 6, cardinal 4 de la Ley Orgánica de Amparo sobre Derechos y Garantías Constitucionales, ha de acotarse que el cómputo de seis (6) meses para que se materialice la caducidad de la acción, comenzará a contarse, una vez agotados todos los recursos preexistentes, es decir, a partir de la fecha de publicación de la decisión que declare inadmisible el recurso de control de la legalidad.

Ahora bien, el artículo 178 de la Ley Orgánica Procesal del Trabajo, señala lo siguiente:

"El Tribunal Supremo de Justicia en Sala de Casación Social podrá, a solicitud de parte, conocer de aquellos fallos emanados de los Tribunales Superiores del Trabajo, que aún y cuando no fueran recurribles en casación, sin embargo, violenten o amenacen con violentar las normas de orden público o cuando la sentencia recurrida sea contraria a la reiterada doctrina jurisprudencial de dicha Sala de Casación.

En estos casos, la parte recurrente podrá, dentro de los cinco (5) días hábiles siguientes a la publicación del fallo ante el Tribunal Superior del Trabajo correspondiente, solicitar el control de la legalidad del asunto, mediante escrito, que en ningún caso excederá de tres (3) folios útiles y sus vueltos.

El Tribunal Superior del Trabajo deberá remitir el expediente a la Sala de Casación Social del Tribunal Supremo de Justicia de manera inmediata; la cual, una vez recibido el expediente, decidirá sumariamente con relación a dicha solicitud. En el supuesto que el Tribunal Supremo de Justicia en Sala de Casación Social decida conocer del asunto, fijará la audiencia, siguiendo el procedimiento establecido en el Capítulo anterior. La declaración de inadmisibilidad del recurso se hará constar en forma escrita por auto del Tribunal, sin necesidad de motivar su decisión. De igual manera, estará sujeto a multa el recurrente que interponga el recurso maliciosamente, hasta un monto máximo equivalente a ciento veinticinco unidades tributarias (125 U.T.). En este último caso, el auto será motivado. Si el recurrente no pagare la multa dentro del lapso de tres (3) días, sufrirá arresto en jefatura civil de quince (15) días ".

En el caso bajo estudio, tratándose de una sentencia de un Juzgado Superior del Trabajo y, que se denunció la vulneración al debido proceso, lo cual interesa al orden público, la accionante podía acudir a la sede jurisdiccional y formular sus reclamos a través del recurso de control de la legalidad, previsto en el artículo 178 de la Ley Orgánica Procesal del Trabajo, a fin de que la Sala de Casación Social se pronunciara sobre las presuntas violaciones denunciadas en el caso de autos.

En este orden de ideas, cabe reiterar que la procedencia del amparo como excepción a la vía ordinaria requiere que la violación al derecho constitucional denunciado sea tal, que muestre clara e indubitablemente la falta de idoneidad de la vía ordinaria para restablecer la situación jurídica infringida y evitar se causen daños irreparables, por lo cual deberá el accionante justificar y fundamentar la selección del amparo con prescindencia de la vía ordinaria, lo que esta Sala no advierte en este caso, pues la parte accionante no alegó ni demostró, de forma alguna, la prescindencia de la vía ordinaria por razones de idoneidad y brevedad atendiendo a la gravedad de las violaciones denunciadas y a impedir daños irreparables.

Ahora bien, sobre este particular el numeral 5 del artículo 6 de la Ley Orgánica de Amparo sobre Derechos y Garantías Constitucionales dispone:

"No se admitirá la acción de amparo:

... omissis ...

5) Cuando el agraviado haya optado por recurrir a las vías judiciales ordinarias o hecho uso de los medios judiciales preexistentes (...)".

Al respecto, la Sala ha señalado en reiteradas ocasiones que esta norma consagra simultáneamente el supuesto de admisibilidad e inadmisibilidad de la acción de amparo. En primer término, se establece claramente la inadmisión de la acción cuando: a) El agraviado haya optado por recurrir a la vías ordinarias o a los medios judiciales preexistentes, sobre el fundamento de que todo juez de la República es constitucional y a través del ejercicio de los recursos que ofrece la jurisdicción ordinaria, se pueda alcanzar la tutela judicial efectiva de derechos o garantías constitucionales; y b) Cuando el accionante pudo disponer de los recursos ordinarios establecidos por ley, pero no los ejerció previamente, salvo que justifique en este supuesto, que la vía ordinaria no es idónea, breve o expedita para la restitución de la situación jurídica infringida cuando los daños causados por la violación denunciada pudieran ser irreparables por la definitiva (*Vid.* Sentencia de la Sala N° 2.128 del 30 de noviembre de 2006).

En virtud de las anteriores consideraciones, advierte la Sala que la parte accionante intentó recurso de casación, el cual fue declarado inadmisible por la cuantía, según sentencia de la Sala de Casación Social del Tribunal Supremo de Justicia N° 468 del 2 de abril de 2009, por lo que para satisfacer su pretensión de tutela ha debido agotar el recurso de control de la legalidad y, sólo en el supuesto de que fuese declarado inadmisible, podía entonces recurrir al amparo constitucional como excepción a la causal de inadmisibilidad prevista en el numeral 5 del artículo 6 de la Ley Orgánica de Amparo sobre Derechos y Garantías Constitucionales (*Vid.* Sentencia de la Sala N° 2.480 del 20 de diciembre de 2007).

Debe señalarse, que no consta en el caso *sub iúdice* la interposición previa de dicho recurso, por lo que esta Sala estima que la presente acción de amparo se subsume en el supuesto de hecho de la causal de inadmisibilidad mencionada. Así se declara.

Voto Salvado del Magistrado Pedro Rafael Rondón Haaz

El Magistrado Dr. Pedro Rafael Rondón Haaz discrepa del criterio mayoritario respecto de la sentencia que antecede, con fundamento en los siguientes razonamientos:

En el fallo en cuestión la mayoría sentenciadora declaró la inadmisión de la pretensión de tutela constitucional, por falta de agotamiento del medio de impugnación disponible (control de la legalidad).

En opinión de quien disiente la interposición previa de la solicitud de control de la legalidad no debe considerarse como un presupuesto de admisibilidad de la demanda de amparo constitucional en virtud de que la discrecionalidad que la Ley Orgánica Procesal del Trabajo otorgó a la Sala de Casación Social para la inadmisión de dicho recurso (*"La declaración de inadmisibilidad del recurso se hará constar en forma escrita por auto del Tribunal, <u>sin necesidad de motivar su decisión</u>"*), constituye una razón valedera para que exista, en este caso, una simple posibilidad de escogencia entre la proposición del control de la legalidad y el amparo constitucional, aun cuando tal medio extraordinario suspenda la ejecución del fallo que se impugne, pues, en definitiva, la procedencia o la desestimación de la petición de tutela constitucional, por parte de los tribunales en ejercicio de la competencia constitucional (de lo cual no escapa esta Sala), <u>siempre será motivada</u>, en garantía del derecho de petición de los justiciables.

En cuanto a dicha discrecionalidad la Sala de Casación Social ha dicho:

(...) Dispone el artículo 178 de la Ley Orgánica Procesal del Trabajo, que el Tribunal Supremo de Justicia en Sala de Casación Social podrá, a solicitud de parte, conocer de aquellos casos emanados de los Tribunales Superiores del Trabajo, que aun y cuando no fueran recurribles en casación, sin embargo, violenten o amenacen con violentar las normas de orden público o cuando la sentencia recurrida sea contraria a la reiterada doctrina jurisprudencial de dicha Sala de Casación.

<u>Esta Sala de Casación Social en decisión de fecha 12 de diciembre de 2002,</u> expresó **que aun cuando los requisitos de admisibilidad se cumplan** "**corresponde a esta Sala de Casación Social restringir, atendiendo a la potestad discrecional conferida por el artículo 178 de la Ley Orgánica Procesal Laboral, la admisibilidad de dicho recurso, cuando se hallen violentadas o amenazadas disposiciones de orden público o la jurisprudencia reiterada de la Sala**".

<u>Por tanto, se refiere la Sala a que la admisibilidad del recurso se restringe a situaciones donde la violación o amenaza son de tal entidad, que resulte alterada la legalidad de la decisión o proceso sujeto a revisión. De allí, que se trate entonces, de violaciones categóricas del orden legal establecido, que en definitiva, transgredirían el Estado de Derecho, o de aquellas decisiones que contravengan la reiterada doctrina jurisprudencial de esta Sala de Casación Social, pues, ésta se contrae fundamentalmente entre otras, a preservar la uniformidad de la jurisprudencia laboral.</u>

En el caso concreto señala el recurrente en su solicitud, que la sentencia recurrida violó normas de orden público contraviniendo lo establecido en los artículos 10 y 11 de la Ley Orgánica del Trabajo y en los artículos 1°, 2° y 131 de la Ley Orgánica Procesal del Trabajo, al no considerar que la detención por un oficial de tránsito por no tener la documentación del vehículo constituye un motivo de caso fortuito o fuerza mayor, lo cual luego de un examen exhaustivo, considera esta Sala que no se trata de violaciones del orden legal establecido que en definitiva transgredirían el Estado de Derecho.

Por las razones mencionadas, con base en los criterios que fundamentan la presente decisión, se declara inadmisible el presente recurso de control de la legalidad. Así se decide (...) (*sic. s S.C.S. n° 045/04, de 20 de enero. Resaltado añadido*).

En atención a tal argumentación, no debería exigirse al demandante de amparo constitucional contra un acto jurisdiccional susceptible de impugnación mediante control de la legalidad que ponga en evidencia o justifique, tal y como sucede ante la existencia de los otros medios judiciales preexistentes, ordinarios (apelación) u extraordinarios (casación e invalidación), razones valederas por las cuales ejerció la tutela constitucional, pues, la discrecionalidad en la inadmisión de dicho recurso se erige como justificación suficiente para la admisión de la pretensión de protección constitucional.

Como corolario de lo anterior, en opinión de este salvante, cuando se impugne mediante amparo constitucional un acto decisorio susceptible de cuestionamiento mediante dicho control de la legalidad, su falta de ejercicio no debe configurar la causal de inadmisibilidad que preceptúa el artículo 6, cardinal 5, de la Ley Orgánica de Amparo sobre Derechos y Garantías Constitucionales. Sin embargo, el agotamiento previo y espontáneo de tal instrumento excepcional de impugnación de parte del justiciable, sí constituiría, en ese caso, una causal de inadmisión de la pretensión de tutela constitucional, siempre y cuando tuviese una razonada respuesta.

En ese mismo sentido se pronunció esta Sala mediante fallo n.° 3105/03, del 05-11, exp. 03-0942, donde señaló:

(...) Sin embargo, respecto del recurso de control de la legalidad se observa que su disponibilidad o ejercicio no podría impedir el del amparo constitucional puesto que son medidas para el ejercicio de pretensiones distintas y bien diferenciadas por la propia Sala de Casación Social –protección de derechos constitucionales y control de legalidad, respectivamente- de modo que con el ejercicio de uno de ellos no podría obtenerse la protección de la esfera jurídica del justiciable que el otro ofrece. Así se declara.

En razón de lo anterior, debe subrayarse que no es necesario que el recurrente en amparo contra un fallo susceptible de impugnación mediante el recurso extraordinario de control de la legalidad ponga en evidencia o justifique, tal y como sucede ante la existencia de los otros mecanismos judiciales preexistentes ordinarios (apelación) u extraordinarios (casación), razones valederas para la opción por el amparo. En consecuencia, a juicio de esta Sala, si el fallo es susceptible de impugnación mediante el recurso extraordinario del control de la legalidad, su falta de ejercicio no configura la causal de inadmisibilidad que establece el artículo 6, cardinal 5, de la Ley Orgánica de Amparo sobre Derechos y Garantías Constitucionales, sin necesidad de que, se insiste, el querellante fundamente o razone su omisión.

En otro sentido, debe aclararse que esa doble opción que se consideró ut supra, aun cuando no condiciona la admisibilidad de la pretensión de amparo, sin embargo, pudiese determinar su improcedencia incluso in limine litis, en los casos en que se pretenda mediante este mecanismo de impugnación, la sustitución de la finalidad del recurso de control de la legalidad, mediante denuncias de supuestas violaciones constitucionales cuyos fundamentos puedan subsumirse en los supuestos fácticos de procedencia del control de la legalidad, esto es, violación o amenaza de violación de normas de orden público (de naturaleza laboral, que no impliquen injuria constitucional) o que se contraríe la reiterada doctrina jurisprudencial de la Sala de Casación Social, pues al no existir, en el caso concreto, violación constitucional, la consecuencia lógico jurídica sería la desestimación de la demanda de amparo, y así se decide (...) (Resaltado añadido).

No obstante, debe aclararse que esta misma Sala emitió, antes del establecimiento del criterio que asumió el 02 de noviembre de 2005 (sentencia n° 3315), respecto a este particular, decisiones contradictorias, por cuanto, por un lado, había declarado la inadmisión de demandas de tutela constitucional por falta de agotamiento de dicho medio extraordinario, lo cual motivó, en todas, el voto salvado de quien suscribe, así, entre otras, podemos citar las siguientes sentencias: 3417/03; 448/04; 609/04; 1167/04 y 2173/04; y, por el otro, ha saltado, no obstante la declaración de improcedencia *in limine litis*, la inadmisión de pretensiones de protección constitucional no obstante la disponibilidad del control de la legalidad. Al respecto, entre otras, señalamos: 2527/04 y 2846/04, así como casos en los que se han admitido pretensiones en igual sentido (*Vid.*, más recientemente, 2246/06). En virtud de todos los señalamientos anteriores, se imponía, en este caso, la admisión de la pretensión de tutela constitucional.

TSJ-SC (7)   **5-3-2010**

Magistrado Ponente: Luisa Estella Morales Lamuño

Caso: Henrique Capriles Radonski y otro

Analizado el escrito de solicitud de amparo y declarada como ha sido la competencia de esta Sala Constitucional del Tribunal Supremo de Justicia para conocer de la acción de amparo constitucional interpuesta, la Sala observa que el mismo cumple con todos los requisitos contenidos en el artículo 18 de la Ley Orgánica de Amparo sobre Derechos y Garantías Constitucionales. Por otra parte, a los fines de realizar el examen de las causales de inadmisibilidad de la acción de amparo constitucional consagradas en el artículo 6 de la Ley Orgánica de Amparo sobre Derechos y Garantías Constitucionales, esta Sala considera necesario formular las siguientes consideraciones:

La Sala aprecia que la acción de amparo fue interpuesta contra "la Diputada Cilia Flores, en su carácter de Presidenta de la Asamblea Nacional y el Diputado Darío Vivas, en su carácter de Presidente de la Comisión de Participación Ciudadana de la señalada Asamblea Nacional, por la amenaza de violación de los derechos constitucionales a la participación libremente (*sic*) en los asuntos públicos, atribución constitucional de los estados de ser consultados por la Asamblea Nacional, cuando se legisle en materias relativas a los mismos, derechos de palabra de los respectivos representantes de los estados en el marco del procedimiento de discusión y aprobación de los proyectos de leyes, establecidos en los artículos 62, 206 y 211 de la Constitución de la República Bolivariana de Venezuela".

En atención a ello, debe destacarse que ha sido criterio reiterado de esta Sala que un acto normativo puede suponer una lesión a un derecho constitucional constituyéndose en una amenaza para ese derecho, pero para que esa lesión pueda ser tutelada mediante la acción de amparo debe ser producto de un acto aplicativo posterior, salvo que se trate de una ley autoaplicativa. En este sentido, debe destacarse lo establecido en el fallo N° 1.702/2007, mediante el cual se estableció la imposibilidad del ejercicio del amparo constitucional contra un proyecto de ley, por carecer éste de efectos jurídicos, en razón de lo cual, mal puede presuponer o evidenciarse violación alguna a un derecho o garantía constitucional. Al efecto, estableció el mencionado fallo, lo siguiente:

"Ello así, los proyectos de ley escapan a los controles de amparo, por cuanto no existen en el mundo jurídico y no han adquirido eficacia, efecto que produce luego que, conforme lo indica el artículo 1° del Código Civil, sean publicados en la Gaceta Oficial. De manera que, tratándose de uno proyecto de ley, mal podían aquellos amenazar derecho constitucional alguno mediante un acto aplicativo, por cuanto no poseían el carácter de obligatorio cumplimiento y, por tanto, ningún órgano del Estado o particular podría darle ejecución. Al respecto, puede verse sentencia de esta Sala N° 2844 del 19 de noviembre de 2002.

En este sentido, se debe mencionar que los únicos controles previos de posibles actos normativos existentes bajo la vigente normativa constitucional, son para los tratados suscritos por la República -numeral 5 del artículo 336-; para el carácter orgánico de las leyes -artículo 203-; y para el control de constitucionalidad de una ley, establecida a favor del Presidente -artículo 214-.

Por lo cual, tratándose el caso de autos de una acción de amparo contra el Proyecto de Ley Orgánica de Reforma Parcial de la Ley Orgánica para la Protección del Niño y del Adolescente, resulta obvio que éste, por cuanto no existe en el mundo jurídico, no puede lesionar derecho constitucional alguno, dado que resulta imposible dictar un acto aplicativo posterior y, por tanto, mal puede ser accionado en amparo ".

En tal sentido, es necesario acotar que, ni siquiera el hecho de que en la actualidad la Asamblea Nacional haya sancionado la Ley objeto del presente amparo, *"puede ser entendido como una modificación de la causa que excluye la posibilidad de accionar en amparo contra proyectos de ley, dado que, por una parte, no existe certeza de que el proyecto o los proyectos accionados sean los mismos publicados; y, por la otra, porque entender que se trata, luego de la publicación, de un amparo contra normas, es una actividad intelectiva que suple una defensa de la parte accionante, a quien, en todo caso, bajo tales circunstancias, es al que le corresponde reformar su escrito, dado que de lo contrario se desmejoraría en la defensa a la contraparte, de allí que esta Sala declare no ha lugar en derecho la acción propuesta"* -*Cfr.* Sentencias de esta Sala N° 2.844/02 y 1.507/09-.

Ahora bien, dado que en el presente caso la parte accionante consideró como hecho lesivo la omisión de la consulta en el proceso de formación de la ley, debe destacarse que en el transcurso del presente procedimiento de amparo, se produjo la sanción y publicación de la Ley Orgánica del Consejo Federal de Gobierno, en la *Gaceta Oficial de República Bolivariana de Venezuela* N° 5.963 del 22 de febrero de 2010, la cual generó que el amparo devenga en inadmisible -*Cfr.* Numeral 5 del artículo 6 de la Ley Orgánica de Amparo sobre Derechos y Garantías Constitucionales-, por cuanto el mismo no es la vía idónea para conocer la presunta inconstitucionalidad de la Ley, sino a través del recurso de nulidad por razones de inconstitucionalidad -*Cfr.* Sentencia de esta Sala N° 985/09-. En virtud de las consideraciones expuestas, esta Sala declara inadmisible con fundamento en el numeral 5 del artículo 6 de la Ley Orgánica de Amparo sobre Derechos y Garantías Constitucionales la acción propuesta -*Cfr.* Sentencias de esta Sala N° 2.844/02 y 985/09-. Así se decide.

Voto Concurrente del Magistrado Pedro Rafael Rondón Haaz

El Magistrado Dr. Pedro Rafael Rondón Haaz manifiesta su concurrencia con el dispositivo del fallo que antecede, razón por la cual, de conformidad con el artículo 20 de la Ley Orgánica del Tribunal Supremo de Justicia, emite su voto concurrente en los siguientes términos:

En el veredicto en cuestión se declaró la inadmisión del amparo constitucional que los ciudadanos Henrique Capriles Radonski y Armando Briquet intentaron contra los diputados Cilia Flores y Darío Vivas, Presidenta de la Asamblea Nacional y Presidente de la Comisión de Participación Ciudadana de esa Asamblea, respectivamente. La demanda se incoó contra *"la amenaza de violación de los derechos constitucionales a la participación libremente (sic) en los asuntos públicos, atribución constitucional de los estados a ser consultados por la Asamblea Nacional, cuando se legisle en materias relativas a los mismos, [y] derechos de palabra de los respectivos representantes de los estados en el marco del procedimiento de discusión y aprobación de los proyectos de leyes ".* La mayoría sentenciadora fundó su decisión, por una parte, en que los actos normativos sólo pueden ser lesivos de derechos constitucionales a través de sus actos de aplicación (salvo el caso de las normas "auto-aplicativas"); por la otra, con fundamento en que un proyecto de ley no causa injuria constitucional, *"por carecer de efectos jurídicos"* y; por último, a causa de la circunstancia sobrevenida, al inicio del procedimiento judicial, de sanción y publicación de la Ley Orgánica del Consejo Federal de Gobierno, lo cual, según la Sala, causó la inadmisibilidad sobrevenida del amparo, de conformidad con los cardinales 3 y 5 del artículo 6 de la Ley Orgánica de Amparo sobre Derechos y Garantías Constitucionales, *"por cuanto el mismo no es la vía idónea para conocer la presunta inconstitucionalidad de la Ley".*

Quien concurre con la declaratoria de inadmisión, discrepa de la posición mayoritaria porque:

1. Tal como fue declarado en el veredicto, *"la parte accionante consideró como hecho lesivo la omisión de la consulta en el proceso de formación de la ley"*; por tanto, resultan impertinentes las apreciaciones acerca de la imposibilidad de cuestionamiento de los proyectos de ley a través del amparo constitucional, en virtud de que no fue uno de ellos el objeto de la pretensión; así como la inadmisión con fundamento en el cardinal 5 del artículo 6 de la Ley Orgánica de Amparo sobre Derechos y Garantías Constitucionales por la disponibilidad sobrevenida de la demanda -que no "recurso"- de nulidad por inconstitucionalidad, ya que, de nuevo, la pretensión de los quejosos no fue la declaratoria de inconstitucionalidad de una ley que no era tal al momento del planteamiento de su pretensión de tutela constitucional.

En cambio, se aprecia la irreparabilidad de la situación que quiso prevenirse, de falta de participación en el procedimiento de formación de la Ley en cuestión, conforme a lo que preceptúa el artículo 6.3 de la Ley Orgánica de Amparo sobre Derechos y Garantías Constitucionales, desde cuando dicho trámite culminó con la sanción y publicación de dicha Ley.

La Sala ha establecido que la amenaza de violación a un derecho constitucional que admite la incoación de una pretensión de tutela es aquélla que es inmediata, posible y realizable. Al respecto, en sentencia Nº 326/01, caso: *Frigoríficos Ordaz S.A.*, se estableció:

...(L)a amenaza que hace procedente la acción de amparo es aquella que sea inmediata, posible y realizable por el imputado, estableciendo al efecto que tales requisitos deben ser concurrentes, por lo cual es indispensable -además de la inmediación de la amenaza- que la eventual violación de los derechos alegados -que podría materializarse de no ser protegidos mediante el mandamiento que se solicita- deba ser consecuencia directa e inmediata del acto, hecho u omisión que constituyan el objeto de la acción; de lo cual deviene, por interpretación a contrario, la improcedencia de la acción, cuando se le imputen al supuesto agraviante resultados distintos a los que eventualmente pudiere ocasionar la materialización de la amenaza que vulneraría los derechos denunciados, o cuando la misma no sea inmediata o ejecutable por el presunto agraviante.

En efecto, en los casos de protección constitucional contra amenazas de violación a derechos constitucionales, el análisis, lógico y coherente con la doctrina de la Sala, es la revisión de si la amenaza que se delata cumple con los requisitos de que sea *inmediata, posible y realizable*. En ese orden, en la hipótesis que se examina, la conclusión a la cual se debió llegar es que la amenaza que originalmente se denunció y que habría provocado la injuria constitucional ya se concretó, en virtud de que la ley que se encontraba en fase de discusión fue sancionada y publicada. En conclusión, quien suscribe considera que la inadmisión de la pretensión de amparo como la de autos, debió declararse con afincamiento en el artículo 6.3 de la ley especial aplicable y en el cardinal 5 de la misma disposición legal.

Queda expresado, en los términos precedentes, el motivo del Magistrado que expide el presente voto concurrente.

VIII. FUNCIONARIOS PÚBLICOS

1. *Responsabilidades: declaración jurada de patrimonio*

TSJ-SPA (0038)   **20-1-2010**

Magistrado Ponente: Emiro García Rosas

Caso: Manuel Rosales Guerrero vs. Contraloría General de la República

Siendo la declaración jurada de patrimonio un instrumento de control legal, para la verificación de la situación patrimonial de una persona obligada a prestarla, el sólo incumplimiento del deber formal de informar sobre la real situación patrimonial del declarante para el momento de la declaración dará lugar a la imposición de la sanción por la omisión u ocultamiento de los datos contenidos o que dicho instrumento deba contener, independientemente de que el funcionario haya actuado con o sin dolo.

Establecido lo anterior, pasa la Sala a resolver la denuncia de falso supuesto de derecho, para lo cual se requiere verificar si al dictar el acto sancionatorio al que se circunscriben las presentes actuaciones, la Administración subsumió los hechos referidos a la inadmisión de la declaración jurada de patrimonio del recurrente, previamente determinados en el auto de fecha 27 de julio de 2007, en una norma errónea o inexistente en el universo normativo para fundamentar su decisión de imponer la multa. Al efecto, debe atenderse a lo establecido en el numeral 9 del artículo 33 de la Ley Contra la Corrupción, norma que sirvió de fundamento a la Administración para imponer la sanción recurrida, que establece lo siguiente:

"*Artículo 33. Independientemente de la responsabilidad civil, penal, administrativa o disciplinaria serán sancionados, con multa de cincuenta (50) a quinientas unidades tributarias (500) U.T.): ...omissis...*

9. Cualquier persona que falseare u ocultare los datos contenidos o que deba contener su declaración de patrimonio o la información o datos que se le requiera con ocasión a su verificación".

El precepto normativo contenido en el citado artículo 33 de la Ley Contra la Corrupción, sanciona con multa a los sujetos mencionados en el artículo 3 *eiusdem*, por el incumplimiento de uno de los requisitos formales que debe presentar la declaración jurada de patrimonio, previstos en "*la Ley Orgánica de la Contraloría General de la República y el Sistema Nacional de Control Fiscal y los que mediante Resolución señale el Contralor General de la República*", conforme lo refiere el artículo 26 de la Ley Contra la Corrupción, como lo es el deber de reflejar la real situación patrimonial del declarante para el momento de la declaración (artículo 78 de la Ley Orgánica de la Contraloría General de la República y el Sistema Nacional de Control Fiscal), con el fin de que el órgano contralor pueda verificar la legalidad, exactitud y sinceridad de su contenido.

Para ello el artículo 23 de la Ley Contra la Corrupción impone a los sujetos mencionados en el artículo 3, el deber de presentar la declaración jurada de patrimonio al comienzo y al término del ejercicio del empleo o una función pública, sin perjuicio de que el Contralor General de la República disponga la presentación periódica de la declaración, como lo establece el párrafo único del artículo 78 de la ley que regula sus funciones; es decir, que también podrá ser requerida dicha declaración durante la actividad desempeñada por el funcionario público en el ejercicio del cargo, en razón de que el objetivo principal de las referidas leyes se orienta a prevenir, perseguir y sancionar el enriquecimiento ilícito y los delitos contra la cosa pública, mediante el control de los sujetos sometidos a sus disposiciones.

De manera que siendo la declaración jurada de patrimonio un instrumento de control legal, para la verificación de la situación patrimonial de una persona obligada a prestarla, el sólo incumplimiento del deber formal de informar sobre la real situación patrimonial del declarante para el momento de la declaración dará lugar a la imposición de la sanción por la omisión u ocultamiento de los datos contenidos o que dicho instrumento deba contener, independientemente de que el funcionario haya actuado con o sin dolo, elemento que únicamente será considerado a los efectos de analizar las circunstancias atenuantes que correspondan según el caso, conforme lo prevé el último párrafo del artículo 35 Ley Contra la Corrupción.

Del análisis anterior, constata la Sala que es falso el alegato sostenido por el apoderado judicial del recurrente, según el cual el ordinal 9 del artículo 33 de la Ley Contra la Corrupción, establece que incurre en la sanción establecida el funcionario público *"que dolosamente falseare y ocultare los hechos que deba contener su declaración de patrimonio..."* (*sic*), pues como se precisó el dolo no fue previsto por el legislador en la norma citada, bastando sólo para que opere la sanción establecida que el funcionario falseare u ocultare los datos o la información requerida en su declaración jurada de patrimonio.

Lo anterior se traduce, por lo tanto, en una responsabilidad objetiva del funcionario sancionado, como lo adujo la representación judicial del Ministerio Público al hacer referencia del fallo N° 00407 del 26 de marzo de 2009, en el que esta Sala estableció *"que en materia de responsabilidad administrativa a diferencia del Derecho Penal se sanciona la responsabilidad objetiva de los funcionarios, prescindiéndose de la intención del sujeto para su determinación, sino que basta la simple concreción del hecho consagrado en la norma como antijurídica y sancionable para verificar la responsabilidad del funcionario público"*.

La referida decisión ratificó el criterio sostenido en la sentencia N° 00013 del 9 de enero de 2008, en la que esta Sala precisó lo siguiente:

"...observa la Sala que la responsabilidad objetiva surge cuando la norma prevé la responsabilidad para el encargado del manejo de los fondos públicos prescindiendo de los elementos dolo o culpa, cuando se configura un hecho típicamente antijurídico que ha causado una lesión al patrimonio público. Es decir, por el solo hecho de realizar la conducta tipificada por la ley como antijurídica y sancionable, se incurre en responsabilidad o en delito, según sea el caso. La responsabilidad objetiva implica la negación del principio de culpabilidad.

En este sentido, no es extraño encontrar dentro del ordenamiento jurídico normas que prevean la responsabilidad objetiva, como lo son, por ejemplo, la malversación de fondos, anteriormente previsto en la Ley Orgánica de Salvaguarda del Patrimonio Público, actualmente en la Ley Contra la Corrupción...".

Todo lo expuesto permite concluir a la Sala que los hechos imputados al ciudadano Manuel ROSALES GUERRERO, contenidos en el acto administrativo declarado firme por esta Sala en sentencia N° 01678 de fecha 25 de noviembre de 2009, en el que se determinó que el recurrente omitió importantes datos e informaciones, que ha debido contener su declaración jurada de patrimonio de fecha 2 de julio de 2003, los cuales fueron debidamente apreciados por la Administración en la oportunidad de imponer la multa. Estas considerables omisiones se subsumen en el supuesto sancionatorio previsto en el numeral 9 del artículo 33 de la Ley Contra la Corrupción.

En consecuencia, se desestima el vicio de falso supuesto de derecho denunciado, así como el alegato referido a que la multa impuesta no se trata *"de una 'sanción objetiva', respecto de la cual baste comprobar únicamente el hecho de la omisión efectiva de algún elemento o dato que debía contener la declaración jurada de patrimonio, (...) sino que tanto la constitución como la norma específica que tipifica la sanción, exige la demostración de una conducta culpable"*; ya que el supuesto fáctico tipificado en la norma *in commento*, presume que la sanción es aquélla que deriva de una conducta objetiva por parte del sujeto infractor y, por tanto -en el caso de autos- cuando el recurrente omitió incluir relevantes datos en su declaración jurada de patrimonio, a juicio de esta Sala, operó la denominada responsabilidad objetiva. Así se declara.

ÍNDICE

ÍNDICE ALFABÉTICO DE LA JURISPRUDENCIA